做一个理想的法律人
To be a Volljurist

法律人进阶译丛【法学拓展】
李昊/译丛主编

医师法讲义

Interpretation of
Physician Law

〔日〕大谷实 /著

黎宏　杨轩宇　魏琪 /译

著作权合同登记号　图字:01-2024-2256
图书在版编目(CIP)数据

医师法讲义 / (日) 大谷实著;黎宏, 杨轩宇, 魏琪译. -- 北京:北京大学出版社, 2024. 11. -- (法律人进阶译丛). -- ISBN 978-7-301-35701-9

Ⅰ. D931.321.6

中国国家版本馆 CIP 数据核字第 2024E4N388 号

Interpretation of Physician Law
Copyright© 2023 by Minoru Oya
Simplified Chinese translation copyright© 2024 by Peking University Press,
All rights reserved
Original Japanese language edition published by Seibundo.
Simplified Chinese translation rights arranged with Seibundo.

书　　　名	医师法讲义 YISHIFA JIANGYI
著作责任者	〔日〕大谷实　著 黎　宏　杨轩宇　魏　琪　译
丛 书 策 划	陆建华
责 任 编 辑	韦赛楠　陆建华
标 准 书 号	ISBN 978-7-301-35701-9
出 版 发 行	北京大学出版社
地　　　址	北京市海淀区成府路 205 号　100871
网　　　址	http://www.pup.cn　http://www.yandayuanzhao.com
电 子 邮 箱	编辑部 yandayuanzhao@pup.cn　总编室 zpup@pup.cn
新 浪 微 博	@北京大学出版社　@北大出版社燕大元照法律图书
电　　　话	邮购部 010-62752015　发行部 010-62750672 编辑部 010-62117788
印 刷 者	大厂回族自治县彩虹印刷有限公司
经 销 者	新华书店
	880 毫米×1230 毫米　A5　8.875 印张　252 千字 2024 年 11 月第 1 版　2024 年 11 月第 1 次印刷
定　　　价	59.00 元

未经许可, 不得以任何方式复制或抄袭本书之部分或全部内容。
版权所有, 侵权必究
举报电话: 010-62752024　电子邮箱: fd@pup.cn
图书如有印装质量问题, 请与出版部联系, 电话: 010-62756370

"法律人进阶译丛"编委会

主 编

李 昊

编委会

（按姓氏音序排列）

班天可	陈大创	季红明	蒋 毅	李 俊
李世刚	刘 颖	陆建华	马强伟	申柳华
孙新宽	唐波涛	唐志威	吴逸越	夏昊晗
徐文海	叶周侠	查云飞	翟远见	章 程
	张焕然	张 静	张 挺	

做一个理想的法律人（代译丛序）

近代中国的法学启蒙受自日本，而源于欧陆。无论是法律术语的移植、法典编纂的体例，还是法学教科书的撰写，都烙上了西方法学的深刻印记。即使是中华人民共和国成立后曾兴盛过一段时期的苏俄法学，从概念到体系仍无法脱离西方法学的根基。自20世纪70年代末以来，借助我国台湾地区法律书籍的影印及后续的引入，以及诸多西方法学著作的大规模译介，我国重启的法制进程进一步受到西方法学的深刻影响。当代中国的法律体系可谓奠基于西方法学的概念和体系之上。

自20世纪90年代开始的大规模的法律译介，无论是江平先生挂帅的"外国法律文库""美国法律文库"，抑或舒国滢先生等领衔的"西方法哲学文库"，以及北京大学出版社出版的"世界法学译丛"、上海人民出版社出版的"世界法学名著译丛"，诸多种种，均注重于西方法哲学思想尤其英美法学的引入，自有启蒙之功效。不过，或许囿于当时西欧小语种法律人才的稀缺，这些译丛相对忽略了以法律概念和体系建构见长的欧陆法学。弥补这一缺憾的重要转变，应当说始自米健教授主持的"当代德国法学名著"丛书和吴越教授主持的"德国法学教科书译丛"。以梅迪库斯教授的《德国民法总论》为开篇，德国法学擅长的体系建构之术和鞭辟入里的教义分析方法进入了中国法学的视野，辅以崇尚德国法学的我国台湾地区法学教科书和专著的引入，德国法学在中国当前的法学教育和法学研究中日益受到尊崇。然而，"当代德国法学名著"丛书虽然遴选了德国当代法学著述中的上乘之作，但囿于撷取名著的局限及外国专家的视角，丛书采用了学科分类的标准,而未区分注重体系层次的基础教科书与偏重思辨分析的学术专著,与戛然而止的"德国法学教科书译丛"一样,在基础教科书书目的选择上尚未能充分体现当代德国法学教育的整体面貌,是为缺憾。

职是之故,自2009年始,我在中国人民大学出版社策划了现今的"外国法学教科书精品译丛",自2012年出版的德国畅销的布洛克斯和瓦尔克的《德国民法总论(第33版)》始,相继推出了韦斯特曼的《德国民法基本概念(第16版)(增订版)》、罗歇尔德斯的《德国债法总论(第7版)》、多伊奇和阿伦斯的《德国侵权法(第5版)》、慕斯拉克和豪的《德国民法概论(第14版)》,并将继续推出一系列德国主流的教科书,涵盖了德国民商法的大部分领域。该译丛最初计划完整选取德国、法国、意大利、日本诸国的民商法基础教科书,以反映当今世界大陆法系主要国家的民商法教学的全貌,可惜译者人才梯队不足,目前仅纳入"日本侵权行为法"和"日本民法的争点"两个选题。

系统译介民商法之外的体系教科书的愿望在结识季红明、查云飞、蒋毅、陈大创、葛平亮、夏昊晗等诸多留德小友后得以实现,而凝聚之力源自对"法律人共同体"的共同推崇,以及对案例教学的热爱。德国法学教育最值得我国法学教育借鉴之处,当首推其"完全法律人"的培养理念,以及建立在法教义学基础上的以案例研习为主要内容的教学模式。这种法学教育模式将所学用于实践,在民法、公法和刑法三大领域通过模拟的案例分析培养学生体系化的法律思维方式,并体现在德国第一次国家司法考试中,进而借助第二次国家司法考试之前的法律实训,使学生能够贯通理论和实践,形成稳定的"法律人共同体"。德国国际合作机构(GIZ)和中国国家法官学院合作的《法律适用方法》(涉及刑法、合同法、物权法、侵权法、劳动合同法、公司法、知识产权法等领域,由中国法制出版社出版)即是德国案例分析方法中国化的一种尝试。

基于共同创业的驱动,我们相继组建了中德法教义学QQ群,推出了"中德法教义学苑"微信公众号,并在《北航法律评论》2015年第

1辑策划了"法教义学与法学教育"专题,发表了我们共同的行动纲领:《实践指向的法律人教育与案例分析——比较、反思、行动》(季红明、蒋毅、查云飞执笔)。2015年暑期,在谢立斌院长的积极推动下,中国政法大学中德法学院与德国国际合作机构法律咨询项目合作,邀请民法、公法和刑法三个领域的德国教授授课,成功地举办了第一届"德国法案例分析暑期班"并延续至今。2016年暑期,季红明和夏昊晗也积极策划并参与了由西南政法大学黄家镇副教授牵头、民商法学院举办的"请求权基础案例分析法课程暑期培训班"。2017年暑期,加盟中南财经政法大学法学院的"中德法教义学苑"团队,成功举办了"案例分析暑期培训班",系统地在民法、公法和刑法三个领域以德国的鉴定式模式开展了案例分析教学。

中国法治的昌明端赖高素质法律人才的培养。如中国诸多深耕法学教育的启蒙者所认识的那样,理想的法学教育应当能够实现法科生法律知识的体系化,培养其运用法律技能解决实践问题的能力。基于对德国奠基于法教义学基础上的法学教育模式的赞同,本译丛期望通过德国基础法学教程尤其是案例研习方法的系统引入,循序渐进地从大学阶段培养法科学生的法律思维,训练其法律适用的技能,因此取名"法律人进阶译丛"。

本译丛从法律人培养的阶段划分入手,细分为五个子系列:

——法学启蒙。本子系列主要引介关于法律学习方法的工具书,旨在引导学生有效地进行法学入门学习,成为一名合格的法科生,并对未来的法律职场有一个初步的认识。

——法学基础。本子系列对应于德国法学教育的基础阶段,注重民法、刑法、公法三大部门法基础教程的引入,让学生在三大部门法领域中能够建立起系统的知识体系,同时也注重扩大学生在法理学、法律史和法学方法等基础学科上的知识储备。

——法学拓展。本子系列对应于德国法学教育的重点阶段,旨在让学生能够在三大部门法的基础上对法学的交叉领域和前沿领域,诸如诉讼法、公司法、劳动法、医疗法、网络法、工程法、金融法、欧盟法、比较法等有进一步的知识拓展。

——案例研习。本子系列与法学基础和法学拓展子系列相配套，通过引入德国的鉴定式案例分析方法，引导学生运用基础的法学知识，解决模拟案例，由此养成良好的法律思维模式，为步入法律职场奠定基础。

——经典阅读。本子系列着重遴选法学领域的经典著作和大型教科书（Grosse Lehrbücher），旨在培养学生深入思考法学基本问题及辨法析理之能力。

我们希望本译丛能够为中国未来法学教育的转型提供一种可行的思路，期冀更多法律人共同参与，培养具有严谨法律思维和较强法律适用能力的新一代法律人，建构法律人共同体。

虽然本译丛先期以择取的德国法学教程和著述为代表，但是并不以德国法独尊，而是注重以全球化的视角，实现对主要法治国家法律基础教科书和经典著作的系统引入，包括日本法、意大利法、法国法、荷兰法、英美法等，使之能够在同一舞台上进行自我展示和竞争。这也是引介本译丛的另一个初衷：通过不同法系的比较，取法各家，吸其所长。也希望借助本译丛的出版，展示近二十年来中国留学海外的法学人才梯队的更新，并借助新生力量，在既有译丛积累的丰富经验基础上，逐步实现对外国法专有术语译法的相对统一。

本译丛的开启和推动离不开诸多青年法律人的共同努力，在这个翻译难以纳入学术评价体系的时代，没有诸多富有热情的年轻译者的加入和投入，译丛自然无法顺利完成。在此，要特别感谢积极参与本译丛策划的诸位年轻学友和才俊，他们是：留德的季红明、查云飞、蒋毅、陈大创、黄河、葛平亮、杜如益、王剑一、申柳华、薛启明、曾见、姜龙、朱军、汤葆青、刘志阳、杜志浩、金健、胡强芝、孙文、唐志威，留日的王冷然、张挺、班天可、章程、徐文海、王融擎，留意的翟远见、李俊、肖俊、张晓勇，留法的李世刚、金伏海、刘骏，留荷的张静，等等。还要特别感谢德国奥格斯堡大学法学院的托马斯·M.J. 默勒斯

（Thomas M. J. Möllers）教授慨然应允并资助其著作的出版。

本译丛的出版还要感谢北京大学出版社学科副总编辑蒋浩先生和策划编辑陆建华先生，没有他们的大力支持和努力，本译丛众多选题的通过和版权的取得将无法达成。同时，本译丛部分图书得到中南财经政法大学法学院徐涤宇院长大力资助。

回顾日本的法治发展路径，在系统引介西方法律的法典化进程之后，将是一个立足于本土化、将理论与实务相结合的新时代。在这个时代中，中国法律人不仅需要怀抱法治理想，还需要具备专业化的法律实践能力，能够直面本土问题，发挥专业素养，推动中国的法治实践。这也是中国未来的"法律人共同体"面临的历史重任。本译丛能预此大流，当幸甚焉。

李　昊
2018 年 12 月

译者序

现在呈现在各位读者面前的这本书,是著名刑法学者大谷实教授的业余爱好之作。

在大谷教授的刑法教材中译本中,笔者已经向大家介绍过,大谷教授在读硕士研究生时,以有关刑事责任论的研究为题,撰写毕业论文,并且在之后的数年间,一直围绕这个领域展开研究,发表数篇优秀成果,并最终结集为《人格责任论研究》一书出版,获得了同志社大学的法学博士学位。按照大谷教授的说法,刑事责任论,是以为什么能够对被告人科处刑罚的痛苦为内容的学问,因此必须从多学科的角度对这一问题加以阐述,否则难以对这个问题进行有学术价值和应用价值的阐述。在此过程中,大谷教授在刑法学领域之外,还向三个相关领域发力,并成为这些领域的佼佼者:一是犯罪被害人学领域。在这个领域,他借助在英国牛津大学留学的机会,仔细研究了英国的犯罪被害人补偿制度,并将这个制度引进日本,最终促成日本国会在1980年通过了《犯罪被害人等给付金支付法》。大谷教授本人身体力行,在各种场合呼吁政府不仅应保护犯罪嫌疑人、被告人的权利,还应当保护那些悲惨的犯罪被害人的利益,他的感人事迹被拍成一部电影,并被学界誉为"日本的犯罪被害人保护制度之父"。二是精神病人的医疗和人权保障问题。大谷教授在研究犯罪被害人补偿制度过程中,发现很多恶性刑事案件的加害人,特别是街头无差别杀人的凶手,大多是精神病患者,对这些人应该如何处罚,成为一个热门话题。最初,大谷教授和其他学者一样,认为应当从社会防卫论的立场出发,为了保护社会的秩序和安宁，对这些人适用以拘禁措施为中心的保安处分。但是，1971年秋季的某天，在他从英国回来之后的第一堂课上，大约有30个头上缠着红带子的人，突然冲进教室，夺过他手中的话筒，大声嚷着让他撤回一篇建议对犯罪的精神病人予以拘禁措施的保安处分的论文，理由是这一建议会侵犯精神病人的人权。大谷教授和对方当着满教室学生的面，展开了辩论，持续了约两个半小时，最终尽管以大谷教授不撤回论文而告终，但这件事给大谷教授以很大的警醒，让他意识到在当时的日本，尚不为人所关注，甚至不为人所知的另一个领域的人即精神病人的权利和法律保障问题。之后，他和一些精神科的医师、法律工作者以及社会福祉关系的研究者一道组建了"法和精神医疗学会"，开展共同研究，该研究会一直持续至今。就他个人而言，出版了两部这一领域的专著，即《精神保健福祉法讲义》和《精神医疗的法律和人权》。三是和医师的医疗活动有关的法律领域的问题。大谷教授自孩提时代就知道自己有心脏肥大的问题，之后他在英国留学的时候到医院检查，医师告诉他，他患有一种叫心肌病的怪病。在当时，有关心肌病的研究并不发达，只知道如果是恶性的话，除进行心脏移植手术之外，别无他法。医师告诉他，眼下如果不影响日常生活的话，无须在意，今后只要定期到医院检查就可以了。尽管多年之后才发现，这件事纯属乌龙，他所患的病症纯粹就是心脏肥大，而不是可怕的心肌病，但医师的这一误诊让他关注到了器官移植问题。自20世纪70年代开始，在日本刑法学界，大谷教授最早发表了"有关器官移植的刑法问题"的论文。之后，他从保障人权的角度对当时日本的医疗现状进行审视，发现在精神病人的治疗方面，存在强制医疗、过量开药、住院中心的医疗体制等严重问题。并且就一般人的医疗而言，也存在医师自以为是不和病人沟通、过度医疗、萎缩医疗、实验医疗等大量问题。大谷教授觉得有必要在医疗诊断环节引入法律规制的研究，因此在1974年到1976年间，发表了很多论文，这些论文最终以《医疗行为与法》《生命的法律学》两书的形式结集出版，而本书，即《医师法讲义》，便是上述研究成果对《医师法》进行解释的直接体现。

本书不是针对医师法专业进行精深研究的学术著作,而是有关医师法的解释书,是面向有志成为医师的人在参加相关资格考试时使用的参考书。因此,对医师法主要内容进行解释便成为本书的主要内容。只是,本书作者的主业是刑法学。因此,在有关内容的介绍上,必定会有所偏重,即本书在有关医师违法行为的刑事责任的理解上,和一般教材相比,格外翔实。

一是对有关医疗行为正当性的根据的描述上,独树一帜。在日常生活中,医疗行为,特别是伴随有破坏身体完整性的外科手术行为,在形式上与刑法中的犯罪特别是故意伤害罪之间的界限,仅有一线之隔;现今,随着医疗理念的进步,医疗水平的提高,纹绣美容、器官移植、安乐死、尊严死、终止对脑死亡患者的维持生命措施等医疗手段纷纷出现,这些手段和非法行医、故意杀人、故意伤害之间的界限变得极为模糊,因此,如何在有利于人类健康和人类医疗事业的进步与对个人生命、身体利益的侵害之间进行平衡,成为现代医学和法学领域的重要课题。对此,本书从刑法学的角度进行了独到的分析。首先,和日本现行的通说将医疗行为认定为排除违法性事由的行为不同,本书将医疗行为作为具有社会相当性的行为,认为其应当是排除构成要件事由。换言之,只要是符合一定条件的医疗行为,即便引起了伤害、死亡等法益侵害结果,只要该行为是以医疗为目的而实施的,其手段、方法为医学上一般规则所承认,并且为社会一般观念所认可,就不能说是对他人身体或者生理机能进行不当侵害的行为,不应当认为其符合《刑法》中伤害罪的构成要件。其次,使得医疗行为被正当化,即具有社会相当性而不符合伤害罪构成要件的根据是,医疗行为的主体通常是具有医师资格的医师;其行为对于维持、增进病人的生命、健康来说是必要的,为社会一般观念所认可,即具有医学上的适应性。同时,该行为手段是按照医学上一般所承认的医疗规则而实施的,即具有医术上的正当性。最后,就具有杀人性质的安乐死、尊严死、终止对脑死亡患者的维持生命措施等缩短患者生命的医疗措施而言，尽管这些医疗行为在现阶段尚难以为社会一般观念所认可，而且也难以说其具有医学上的适应性，但在患者患有现代医学知识与技术上的不治之症、承受着难以忍受的肉体痛苦、生前留有明示的嘱托、不存在其他减轻或者免除其痛苦的手段时，尽管行为符合《刑法》中杀人罪的构成要件，但因不具有违法性的理由而被排除在杀人罪的成立范围之外。

二是与时俱进，及时反映日本医疗行为中的最新动向和争议问题。作为教材，一般来说，对学术性的要求不是很高，只要反映该领域的多数说即可，而通说的形成需要时间的积淀，因此，通说见解往往比较滞后且抽象。但本书在这一点上却不是如此。其对很多名为医疗问题，但实为刑法问题的跟踪和理解，甚至比刑法学的教材还要迅速。如《刑法》中（故意）伤害罪的构成要件应如何判断，在现代社会已经越来越复杂。这主要是因为，人们需求的多元化、医疗行为的进步，使得历来有关破坏身体的完整性或者破坏正常的人体机能的伤害的概念，变得异常复杂。如在日本，美容整形手术是不是医疗行为，长期以来一直存在争议。这一争议，直接涉及对美容整形手术的规制是否适用《医师法》。因为医疗行为是以消除疾病的危险为目的，不得已而实施的伤害人体的行为，在一定程度上具有紧急避险的性质，但美容整形手术并不具有这一前提。因此，严格意义上讲，美容整形手术不能说是医疗行为。但是，日本判例对此早就作出了肯定理解（东京地判1972年5月19日判夕280号350页；大阪地判1973年4月18日判时710号80页），1978年（昭和53年）的《医疗法修正案》也将"美容外科"作为诊疗标示科目加以规定，换言之，美容整形手术作为医疗行为已经得到了全社会的承认。但是，就刑法学界的整体情形而言，应当说，反对说是主流观点，即认为所谓医疗行为，是以减轻疾病、恢复健康为目的的，美容整形手术并不包含在内。但是，本书认为，这种反对说会导致很大的社会问题。如果说美容整形手术不是医疗行为，符合伤害罪的构成要件，则对于美容整形过程中发生的伤害案件，只能以作为排除违法性事由的被害人同意将其出罪。但这样一来，在社会上大量存在的、没有医师资格的人所进行的属于医疗行为的隆鼻术、丰胸术等美容整形手术，就会成为合法行为，在这种手术之下被害人即便遭受侵害，最终也因为自己的同意而自冒风险、自我答责，那些无证行医者所进行的美容整形行为就会无人监管。基于上述考虑，本书认为，从利益衡量的角度来讲，应将美容整形手术作为医疗行为处理。实际上，日本东京地方法院也指出（东京地判1972年5月19日判夕280号355页），虽然医疗行为以治疗、预防疾病为基本目的，但是，以"满足人们希望变美的憧憬，消解人们对丑陋的忧虑这些精神上的不满"为目的的行为，同样也应被认为是出于医疗目的。大阪高等法院也指出（大阪高判2018年11月14日判时2399号88页），消解人们对健康乃至身体美的憧憬、对美丽的向往、对丑陋的忧虑等情绪上的自卑和不满的行为，同样也是消极的医疗目的，进而承认了美容整形手术的医疗关联性。这种对于美容整形行为性质争议的变迁，不仅深化了人们对于现代社会中医疗行为的理解，也有助于人们对《刑法》中伤害罪构成要件的最新动向的理解。

　　三是基于作者本人的学术见解，结合大量具体案例，阐述相关规定的理念和具体内容。如前所述，本书作者是日本当代具有代表性的刑法学者，大谷教授认为在行为的社会危害性即违法性的判断上，除应考虑法益侵害和行为规范的违反性之外，还必须结合社会一般观念。这一点，在本书相关内容的解说上，有明显的体现。甚至可以说，司法实践中的相关案例，也采纳了本书作者的这一见解。日本最高法院有关"文身手术事件"的判决就是其体现。其案情是，2014年（平成26年）7月左右，在大阪府吹田市的一家文身店中，被告人对三名顾客先后四次使用带有针头的手术用具向顾客的上臂等部位的皮肤注入色素。被告人因无证行医，被以违反《医师法》第17条的无证行医罪提起简易诉讼。一审法院认为本案行为属于医疗行为，以无证行医罪判处被告人罚金15万日元。二审法院则认为，本案行为虽然可能造成卫生保健上的危害，但其与医疗和卫生保健上的指导不具有关联性，宣告被告人无罪。检方提起上诉。对此，日本最高法院指出，文身手术是一种需要借助与医学不同的美术等相关知识和技能的行为……在历史上，历来存在没有医师资格的文身师进行文身的情形，在此情况下，依照社会一般观念，被告人的行为很难被认为是医疗及保健指导下的行为，不属于医疗行为，进而驳回了抗诉（最决 2020 年 9 月 16 日判时 2497 号 105 页）。直到现在，关于医疗行为的认定，学界的主流学说仍然是从"危险性"和"关联性"两个方面展开的。前者是指该行为若非由医师实施则可能会造成卫生保健上的危害；后者是指该行为必须"属于医疗及保健指导"的范畴。上述日本最高法院的判决也认可，无证行医罪的成立必须以"行为与医疗和保健指导有关联"（医疗关联性）为前提，但在有无医疗关联性的判断上，认为应当以"社会一般观念"为标准来判断。这一点，应当说和本书作者作为刑法学者的基本观念完全一致。

笔者于 1992 年 10 月至 1999 年 8 月在本书作者门下研读日本刑法时，曾经读到「医师法講義」的第二版，并有心研究日本的医师法，但由于能力有限，故最终作罢。但多年以来，一直还是有所不甘、念念不忘，希望有朝一日将「医师法講義」引入国内。多年之后，终于在「医师法講義」的最新版于 2023 年在日本出版之后，征得作者同意，我便指导我的两个学生一起着手进行这项工作。其中，杨轩宇同学毕业于对外经济贸易大学，现在于清华大学法学院攻读刑法博士学位；魏琪同学从武汉大学毕业之后，于清华大学获得法律硕士学位，现在于日本大阪大学攻读刑法博士学位。他们两人出色的工作，为本书的完成提供了最基本的保证。

感谢本书作者大谷实先生的信任！也感谢日本成文堂社长阿部成一先生以及筱崎雄彦编辑在各种翻译手续上的支持与配合！感谢北京大学出版社学科副总编辑蒋浩先生，在学术著作的出版尚不景气的当下，不仅慷慨允诺出版这本在国内属于小众领域的译作，还为本书顺利列入出版计划提供了最大程度的方便。

由于我们的研究方向都不是医师法方向，因此很多专业术语的翻译上不一定精准。在此,恳请各位读者海涵并指正,以便我们进一步修改和完善。

是为序!

黎　宏

2024 年 7 月 15 日于北京清华园

中文版序言

《医师法讲义》一书由我的学生——清华大学法学院教授黎宏等人译为中文。作为作者,我感到非常荣幸。借此机会,向以黎教授为主的各位译者,再次深表谢意。

我本人是以刑事法为主要研究方向的学者,1970年我去英国牛津大学进行了为期一年半的留学,主要研究犯罪被害人学领域的问题,关于该领域的研究成果,我在日本刑法学年会上作了报告(大谷:《犯罪被害人及其补偿》,日经新书1975年)。以此为契机,日本展开了有关救济犯罪被害人的立法活动。这是众所周知的事实。

之后,我在调查关于犯罪被害人和精神病人的关系的问题时,发现在精神病人的医疗方面存在严重问题。在接下来的一段时间内,我集中开展了与精神病人医疗相关的研究(大谷、中山编:《精神医疗和法》,弘文堂1980年;大谷:《精神医疗的法律和人权》,弘文堂1995年),后来我逐渐意识到,就精神病人的医疗而言,《医师法》是不可或缺的法律,因此开始着手有关医师法的研究(大谷:《医疗行为与法》,弘文堂1997年)。

日本有关医疗的法律,肇始于1874年的《医制》,1906年以议员立法的方式制定了《医师法》,1941年制定的《国民医疗法》替代了《医师法》。1945年,随着以个人主义为中心的《宪法》的制定,日本于1948年制定了现行《医师法》。之后,随着医疗的进步,该法被不断完善,最终发展为今天的模样。

尽管日本的医疗技术已经高度发达,但有关医师诊断时所采用的法律基准的研究仍然很不充分，几乎没有与《医师法》有关的教科书，这就是目前的现实。因此，撰写一本不仅限于法律专家，而且可以让医师乃至一般人都能看懂的基础教科书，就是本书的初衷。

  在中国，近年来，医疗技术取得了令人瞩目的进步。尽管中日两国在医疗体制上存在差异，但就医师对患者的行为准则而言，两国之间存在共通之处。本书的翻译，如果能够为两国共同问题的解决提供一些参考，我将深感荣幸。

大谷实

2024 年 11 月 10 日

前 言

本书的定位是医师法教科书。医师法，是关于成为医师所需的通过国家考试并取得医师资格，临床研修，作为医师的业务（医业）以及罚则等方面的法律规定。目前，当各位医学院、法学院的学生以及研修医、临床研修医想要对医师法进行学习和研究的时候，虽然有条文的注释书可供使用，但关于医师法的系统性入门书、教科书却少之又少。此外，近年来，远程医疗与居家医疗不断推进、行医的界限、医药分业[1]等与医师法相关的医疗问题层出不穷，为了解答上述问题，有一本针对医师法的教科书想来不是很有必要吗？这便是笔者撰写本书的原因。

本书虽以医师法的解释为重点，但鉴于法律对作为医师的诊察、治疗职责，即医疗行为的实施方式几乎没有规定，所以本书尝试对医疗行为或者说行医稍加详细考察。这一点可以说是本书的特色。

作为医师从事的诊察和治疗行为，虽然或多或少会对人体造成伤害或增加负担，但仍应作为正当行为而被允许。这是因为，从医疗技术角度来看，该行为是正当的（医术的正当性），同时，利用医学及医疗技术所做出的行为为社会所容许（医学的适应性）。另外，即便是正当的行为，也不允许无视患者意愿的医疗行为发生。

因此，本书中，笔者提出了以医术的正当性、医学的适应性以及患

---

[1] 所谓医药分业，就是把开药的处方权和配药事务分开，分别由医师和药剂师负责。医师开具处方后，药剂师根据处方确认药物用量、用法等事项后进行配药，以此形成对药品使用的双重检查，提高患者用药的安全性。——译者注

者的同意作为医疗行为正当化的要件。关于医术的正当性，涉及医疗合同、善管注意义务、治疗实验、医疗费请求权和保险诊疗等内容；关于医学的适应性，则涉及美容整形手术、绝育手术、性别匹配手术[1]、人工流产、生殖辅助医疗、克隆技术、移植医疗、终末期医疗[2]等初级问题乃至现代存在的医疗问题。本书将尝试对上述问题一一进行解答。

笔者虽然是刑事法方面的专家，但基于各种原因也要解决医疗方面的问题。笔者曾以"医师诊疗时应采取之行为的法律标准"为主题，在昭和55年（1980年）出版了题为《医疗行为与法》的研究专著。该书于平成2年（1990年）完成新版，并于平成9年（1997年）完成新版补正第2版。本书的完成自然是以上述研究成果为基础的。

在历经年号从昭和、平成到令和更迭的40多年间，笔者因病在任期中辞去了同志社大学校长一职，从平成13年（2001年）至平成29年（2017年）的16年间，笔者有幸担任了学校法人同志社理事长。这次，在庆祝我米寿（88岁寿辰）的同时，本书得以付梓，我深感幸运，心中百感交集。

本书的出版，得益于日本成文堂社长阿部成一先生和编辑部的筱崎雄彦先生的费心劳力，在此，我再次表示深深的感谢。另外，曾在我担任大学教师时期参加过研讨课的比嘉一美女士，已从大阪地方法院民事（医事）部部长一职到龄退官，现作为一名律师就职于笔者担任顾问的おおみ律师事务所（大阪）。笔者将校对的事情拜托给她，并得到了宝

---

[1] 性别匹配手术（Sex Reassignment Surgery），是指通过外科手术对内外性器官进行改造，除对社会性别转换外，还希望进行身体性别转换的性别同一性障碍者（变性人）进行身体性别转换，以满足其性别认同。——译者注

[2] 所谓终末期，是指由于衰老、疾病、残疾等的发展，所有的医疗手段都已经失去了效果，寿命被判断为只剩数月的时期。在这种终末期进行的医疗，就是所谓的终末期医疗，即临终关怀。终末期医疗基本上是不以延长生命为目的实施的治疗，而是以消除身心痛苦，维持或改善生活质量（QOL）为目标。——译者注

贵的建议。承蒙她在百忙之中欣然应允,对本书的完善给予了大力支持,在此深表谢意。

大谷实

2023年（令和5年）1月15日

凡 例

矶崎、高岛 矶崎辰五郎、高岛学司《医事·卫生法》（新版，1979，有斐阁）

内田 内田贵《民法Ⅱ债权各论》（第 3 版，2016）

宇津木、平林 宇津木、平林胜政《论坛医事法学》（增补版，1997，尚学社）

大磯 大磯魏一郎、大滝恭弘、山田奈美惠《医疗法学入门》（第 2 版，2016，医学书院）

大谷 大谷实《医疗行为与法》（新版补正第 2 版，1997，弘文堂）

加藤编 加藤良夫编著《实务医事法》（第 2 版，2014，民事法研究会）

金川 金川琢雄《实践医事法学》（增补新订版，2008，金原出版）

川崎 川崎富夫《错觉的医事法学》（2021，信山社）

小松 小松进《医师法》（载平野龙一等编：《注解特别刑法》第 2 版，5—11，1992，青林书院）

手嶋 手嶋丰《医事法入门》（第 4 版，2015，有斐阁）

野田 野田宽《医事法（上）》（1984，青林书院）

樋口 樋口范雄《思考医疗与法》（2007，有斐阁）

樋口·续 樋口范雄《续·思考医疗与法》（2008，有斐阁）

樋口、岩田 樋口范雄、岩田太编《生命伦理与法》（2007，弘文堂）

平沼 平沼直人《医师法》（第 2 版，2022，民事法研究会）

町野 町野朔《患者的自我决定权与法》（1986，东京大学出版会）

山内　山内丰德《医疗法·医师法（牙科医师法）解》（1981，医学通信社）

山下　山下登　加藤良夫编《实务医事法》（第2版，2014，民事法研究会）

米村　米村滋人《医事法讲义》（2016，日本评论社）

民集　最高裁判所民事判例集

下民集　下级裁判所民事判例集

刑集　最高裁判所刑事判例集

下刑集　下级裁判所刑事判例集

判时　判例时报

判夕　判例タイムズ

百选　医事法判例百选

百选2版·3版　医事判例百选第2版，第3版

〇〇条　医师法〇〇条

施行令　医师法施行令

施行规则　医师法施行规则

目 录

第一章 医师法和医师法学 ·· 001
  一、医师法的意义 ·· 001
  二、医师法的沿革 ·· 002
  三、现行医师法的概况和特色 ······································ 003
  四、医师法学 ·· 005

第二章 医师的职责，国家考试和医师资格的授予 ············· 007
  一、医师的职责 ··· 007
  二、国家考试 ·· 008
  三、医师资格的授予 ··· 013

第三章 临床研修制度 ·· 027
  一、实地修炼制度（Intern 制度）······························· 027
  二、临床研修制度的创设 ··· 028

第四章 医业与法律规制 ·· 033
  一、医业的意义 ··· 033
  二、构成"业"的情形 ·· 041
  三、名称独占 ·· 044

第五章 医疗行为的正当化要件 ··· 045
  一、概述 ··· 045
  二、医术的正当性 ·· 046
  三、医学的适应性 ·· 046

四、患者的同意 ··· 047

第六章　医疗行为之医术的正当性 ································ 048
一、概述 ·· 048
二、医术的正当性与医疗合同 ··· 049
三、违反善管注意义务的诸类型 ·· 066
四、未达到医疗标准的诊疗 ·· 093
五、医疗过失的法律责任 ··· 096

第七章　医疗行为之医学的适应性 ································ 105
一、概述 ·· 105
二、美容整形手术 ·· 107
三、绝育手术与性别匹配手术 ·· 111
四、人工流产 ·· 113
五、生殖辅助医疗 ·· 117
六、移植医疗与医疗行为 ··· 133
七、终末期医疗 ··· 145

第八章　医疗行为与患者的同意 ···································· 154
一、概述 ·· 154
二、说明义务 ·· 155
三、强制医疗 ·· 159

第九章　医疗行为的附随义务 ······································· 165
一、概述 ·· 165
二、诊疗义务（应召义务） ·· 166
三、诊断书等的交付义务 ··· 182
四、禁止未经诊察的治疗等 ··· 189
五、禁止交付各类违法文件 ··· 193
六、异状尸体等的报告义务 ··· 196
七、处方笺的交付义务 ··· 198

  八、疗养指导义务 …………………………………… 200
  九、诊疗记录的制作、保存义务 …………………… 203
  十、厚生劳动大臣的指示 …………………………… 204
  十一、刑法上的义务 ………………………………… 205
第十章 《医师法》上的罚则 ………………………………… 207
  一、违反《医师法》的犯罪 ………………………… 207
  二、刑法上的犯罪 …………………………………… 217
  三、两罚规定 ………………………………………… 218
资   料 ………………………………………………… 220
  医师法 ………………………………………………… 220
  世界医学会赫尔辛基宣言 …………………………… 234
事项索引 ………………………………………………………… 241

第一章　医师法和医师法学

一、医师法的意义

所谓医师法，是指规定医师的身份、资格、业务以及义务等内容的法律。对医师以及医疗进行规定的法律数量很多，而在这之中，医师法是最为重要的法律。医师，是承担医疗之中心作用的专家。此外，如从外科手术中就可以看出，在进行医疗以及保健指导的过程中通常都伴随着人身危险性，因此医师必须具备专业的医学知识和高超的技能。由此，有必要对确保医疗从业者的（职业）适应性与资质，以及适当履行职责等内容进行法律规制。世界各国也都在推进针对医疗的法律规制。日本于1948年（昭和23年）所制定的，即现行的《医师法》，就是这样一部法律。

[希波克拉底誓言]　希波克拉底（Hippokrates，公元前460年—前375年），是古希腊医学的集大成者，被称为医学之父。他对医神阿波罗立下了如下誓言："我将尽一切努力进行有利于患者的治疗，绝不采取对患者不利的方法。无论收到怎样的请求也不提供致死的毒药，不为妇女实施堕胎手术。仅在为了患者利益的场合我才拜访其家庭。无论男女，无论自由人还是奴隶，我都将一视同仁。对于他人的生活秘密我必定保守。"这一誓言，从古至今一直被视为西方医学道德的最高准则。

二、医师法的沿革

医师法始于1874年（明治7年）明治政府为宣示其医疗行政的方针，参考欧美国家的医疗制度而颁布的《医制》。[1] 日本过去的医疗运行一直处于以中医为中心的放任状态之下。后来，日本以西方医学为基础构筑起了近代医疗制度，并以政府通告的形式发布了关于医疗行政、医学教育、医师资格和业务等方面的内容，改变了这一现状。然而，《医制》的全面实施受制于各种原因而困难重重，因此，只有1875年（明治8年）的医师开业考试贯彻实施了《医制》的宗旨。在此之后，1883年（明治16年）制定的医师资格规则与医师开业考试规则，才初步确立了近代的医师制度（小松·3页）。

此后，随着医疗制度的不断完善，在1906年（明治39年）的帝国会议上，作为议员立法的《医师法》被制定下来，其在整合历来关于医师的身份、资格、义务等内容的同时，也纳入了设立医师协会等新规定。但是在1941年（昭和16年），第二次世界大战开始后，以确保支撑兵力和生产力的人力资源为目的而制定的《国民医疗法》替代了《医师法》。而在1946年（昭和21年）日本制定宪法后，由于不能及时适应社会形势的变化，《国民医疗法》于1948年（昭和23年）被全面修改，同时，作为新的国家医疗制度之根基的《医师法》《牙科医师法》以及《医疗法》被制定下来。至此，现行的《医师法》得以成立，并在此后经过多次修改一直沿用至今（呗孝一《迈向医师法学》〔1970〕309页）。

---

[1] 所谓《医制》，是指1874年（明治7年）8月18日文部省向东京府、京都府、大阪府三府颁布的一部日本法令，其中规定了有关医疗制度和卫生管理的各种条例。该法共76条，主要规定了医疗行业的许可制度。——译者注

三、现行医师法的概况和特色

1. 概况

现行《医师法》，共有八个章节。在制定之初，正文共 33 条，条文数量并不多，后经屡次增改形成了现行正文共 50 条的法律。

第一章"总则"，第 1 条对于医师的职责作了规定："医师负责医疗和保健指导，助力于提高和增进公共卫生，以确保国民的健康生活。"该条明确指出了具备专业医学知识和高超技术的医师，肩负着由《宪法》所规定的确保国民健康生活、提高和增进公共卫生的社会任务。

第二章"执业资格"，围绕取得医师资格的事项展开，规定了资格持有者、资格的要求等有关医师执业资格的基本事项。也就是说，医师的执业资格，是由厚生劳动大臣授予给通过国家医师考试且不存在不适格事由者的资格。该资格是通过在厚生劳动省[1]设立的"医籍"系统中进行注册的方式而授予的。

第三章"考试"，对从事医师职业所必需的国家医师考试和国家医师考试预备考试的内容、应试资格、应试不适格事由等事项进行规定。所谓国家医师考试，是关于作为医师在临床医学及公共卫生方面所必需的知识及技能的考试，该考试每年至少举行一次。

第四章"研修"，规定了希望从事诊疗的医师在取得医师资格后，必须在都道府县知事或厚生劳动大臣指定的医院，接受 2 年以上的临床研修。通过临床研修，在实践中掌握与诊疗相关的知识和技能，培

---

[1] 厚生劳动省（the Ministry of Health, Labor, and Welfare, MHLW）是日本的行政机关之一，于 2001 年（平成 13 年）由厚生省和劳动省合并而成。"厚生"一词出自中国古代《尚书·大禹谟》，意为使人民生活富足。故该机关主要负责管理食品药品安全、医疗保健、公共卫生、社会福利、社会保障、劳动就业、社会保险和社会保障等事务。——译者注

养能够提高自身诊疗能力的基础素养，以适应医学的不断进步，从而实现提高医师素质的目的（昭和43年7月16日医发第843号之2厚生省医务局长通知）。

第五章"业务"，对于作为医疗行为之核心的业务，该章规定了医师的业务垄断、名称独占以及附随于医疗行为的医师义务等内容。但医师业务的核心，即诊察、治疗（诊疗），法律未就此作出规定，只有关于无证行医（第17条）与禁止使用医师名称等针对医师以外的人的禁止规定。另外，对于医师的义务，仅规定了如下内容：①诊疗义务；②保密义务；③禁止未经诊察的治疗；④诊断书等的交付义务；⑤异状尸体等的报告义务；⑥处方笺的交付义务；⑦疗养指导义务。该规定的理由在于，医疗行为是复杂微妙的，对诊疗内容加以限制并不能提高医师的诊疗技术（小松·10页；山内·9页）。

第六章"医师考试委员"，规定了为管理国家医师考试事务所设置的医师考试委员，并禁止考试委员的不当行为。

第七章"附则"，规定了医师姓名公开等其他事项。

第八章"罚则"，规定了以下三方面的内容：①对非医师人员行医行为的处罚；②对国家医师考试工作人员不当行为的处罚；③对医师医疗行为之附随行为的处罚。

2. 特色

《医师法》沿袭了1903年（明治36年）制定的旧《医师法》，如上所述，其内容是对于医师在行政上的法律规制，属于行政法的分支领域。现行的《医师法》，一方面要求医师具备高水准、高素质，另一方面将对医师业务的法律规制降至最小限度，以尽可能使医师自由发挥其技能（《厚生省医务局医师法100年史》399页），同时该法以"严格的执业许可条件，最小限度的业务限制"为方针。

四、医师法学

1. 研究对象

以医师法为研究对象的学问被称为医师法学。法学,包括法哲学、法史学、比较法学、法社会学等内容,占据法学中心地位的则是法解释学。法解释学是指系统地阐明法院等国家机关在实际案件中所应适用的法律之含义的学问。而医师法学,实质上是以与医师的素质、资质的确保以及业务的适正性相关的法律为研究对象的学问,实际上也就是解释名为"医师法"的法律条文的学问。因此,有必要将与《医师法》相关的政令、省令、通告[1]和行政指导等政府当局的见解,乃至判例均纳入研究范围。如此说来,既然是学问,就不单纯是获得知识,而必须遵循一定的指导原理,使各条文间的解释没有矛盾,并将各个部分体系化地统一起来。

[**成文法与不成文法**] 以条文文本的形式所呈现的法被称为成文法、制定法或者法规。作为成文法之基本法的是《宪法》,而经国会决议制定的法即为法律。为了实施法律,由内阁制定的法被称为命令或政令(如《医师法施行令》);由厚生劳动省等政府部门所制定的法被称为省令(如《医师法施行规则》)。所谓不成文法,是指不以条文文本作为其存在形式的法。如部分法院作出的判决被作为先例而与法律具有同等效力,特别是日本最高法院的判例即为此类。不成

---

[1] 政令是根据日本《宪法》第73条,为实施宪法和法律而由内阁所制定的行政法规。省令是根据日本《国家行政组织法》第12条,各省大臣对于其主管的行政事务,为了实施法律或政令,或者根据法律或政令的特别委托,可以分别发布省令作为各自机关的命令。政令与省令均由行政机关制定,但是行政机关的制定主体不同。通告(通达)是根据日本《国家行政组织法》第14条第2项规定,各省大臣、各委员会及各厅长官就机关所负责的行政事务,对所辖机关和职员发布训令或通告。其是行政机关制定的内部文件,主要是对法律的解释,用于指导行政机关的行政行为。——译者注

文法除了判例以外，还包括习惯法（医疗惯例）以及条理法。

2. 指导原理

医师法学，虽是阐明《医师法》内容的法解释学，但在解释《医师法》各条款时，必须以现在法律价值之根源的最高法规——《宪法》作为解释的指导原理。《宪法》[1]第13条规定："全体国民，均作为个人而受到尊重。国民对于生命、自由及追求幸福之权利，以不违反公共福祉为限，于立法及其他国政上，须受最大之尊重。"人类社会的价值根源在于每一个具体的、活生生的个人。该规定宣示了对个体的尊重高于一切的个人主义之原理，即在不违反公共福祉的前提下，保障个人的生命权、自由权、追求幸福权和自我决定权。医师和患者作为独立个体的人权必须得到保障，故在解释、适用《医师法》时，应当以对个体的尊重以及幸福追求权为指导原理来展开。

另外，《宪法》第25条规定，"全体国民都享有保持其健康、文化之最低限度的生活权利。在国民生活之一切方面，国家必须努力发展及增进社会福祉、社会保障及公共卫生"，以此来保障国民的生存权。因此，《医师法》第1条规定："医师负责医疗和保健指导，助力于提高和增进公共卫生，以确保国民的健康生活。"该条明确指出《医师法》的目的在于"确保国民的健康生活"。如此说来，在《医师法》中应当贯彻《宪法》第13条之"对个体的尊重"，第25条之"享有健康和文化的生活权利"以及《医师法》第1条之"确保国民的健康生活"的基本原理（参照樋口·7页）。

---

[1] 未经特别注明，本书的法律规范性文件均指日本现行的法律规范性文件，全书同。——译者注

第二章 医师的职责，国家考试和医师资格的授予

一、医师的职责

1. 医师的意义与任务

《医师法》第1条规定："医师负责医疗和保健指导，助力于提高和增进公共卫生，以确保国民的健康生活。"

所谓医师，是指根据《医师法》第17条规定的业务垄断，经国家许可后从事一般人被禁止参与的医疗业务的人。如前所述，于1946年（昭和21年）11月3日公布、次年5月3日施行的《宪法》在第25条第1项中规定，"全体国民都享有保持其健康、文化之最低限度的生活权利"，以保障"国民的生存权"；同条第2项则规定，"在国民生活之一切方面，国家必须努力发展及增进社会福祉、社会保障及公共卫生"，明确了国家的职责和义务。立足于《宪法》第25条，《医师法》将医疗及保健指导规定为医师的职责，医师通过履行该职责，助力于提高和增进公共卫生，实现确保国民健康生活的目的。医师并不是单纯的职业人员，而是被赋予了公共性质，肩负着确保国民健康生活的使命（平沼·11页；山下·515页）。

为了确保国民的健康生活，国家必须设置国家医师考试和执业许可制度，只有具备专业的医学知识和高超技术的人方能被授予医师资

格,实施医疗和保健指导。因此,《医师法》设定了仅为国家医师考试合格者授予医师资格的许可制度,并对国家医师考试、医师执业资格的取得与丧失、医籍、医业、所在地等事项的报告义务,以及临床研修等内容作出了规定。

2. 医师资质的提高

《医师法》第1条之2规定:"国家、都道府县、医院或诊所的管理者,基于《学校教育法》(昭和二十二年法律第二十六号)设立的大学(以下简称'大学'),医学医术相关的学术团体、有诊疗相关学识经验者的团体,以及其他相关各方,为了提高和增进公共卫生、确保国民的健康生活,实现提高医师资质的目的,应在进行适当分工的同时,相互联合,努力协作。"

上述条文是2018年(平成30年)《医疗法及医师法部分修正案》的新增规定,通过消除地域之间医师资源不平衡的情况,从而确保地方的医疗资源供应体系。该法规定了如下措施:制定都道府县医疗计划中医师资源保障的相关事项,将临床研修医院的指定权及研修医名额的决定权移交给都道府县。[1] 前述措施旨在营造提高医师资质的环境氛围,并已取得了一定的成效。

二、国家考试

《医师法》分别于第二章"执业资格"和第三章"考试"中规

---

〔1〕一方面,临床研修医院的指定权原本属于厚生劳动大臣,随着法律的修改,该指定权被移转给都道府县知事,在满足国家设定的标准,听取地区医疗对策协议会意见的基础上,由都道府县决定临床研修医院的指定权;另一方面,过去一直由国家指定各临床研修医院招募的实习医师名额,今后修改为国家仅指定分配各都道府县的名额,具体各医院的实习医师名额由都道府县决定。由此压缩资源充足的大都市医院实习医师的招募名额,增加各地方医院的实习医师名额,以达到消解地域间医师资源不平衡的目的。——译者注

定，若要成为医师，首先必须通过国家医师考试。在此，本书先对"国家医师考试"的有关内容进行介绍，再对"资质"一章展开探讨。

1. 国家医师考试

《医师法》第9条规定："国家医师考试，是关于作为医师在临床工作中所必须具备的医学以及公共卫生方面的知识及技能的考试。"即针对医师所应具备的，关于患者的诊察和治疗（以下简称"诊疗"）所必需的医学与公共卫生方面的知识和技能进行考试。对国家医师考试的合格者将授予合格证书，同时，合格者可以对授予合格证书提出申请（《医师法施行规则》第18条）。[1]

2. 考试资格

《医师法》第11条规定，"一、在大学完成医学正规课程并毕业的；二、通过国家医师考试预备考试，并在通过考试后经过一年以上的诊疗及公共卫生相关的实地修炼的；三、毕业于外国医学院校，或在外国取得医师资格，经厚生劳动大臣认定与前两项所列者具有同等以上的学力和技能，且适合应试的"。

根据上述规定，第一，于日本国内的大学医学院毕业者均可以获得参加国家医师考试的考试资格。大部分考生都属于此类情形。防卫医科大学毕业生自然享有考试资格（《防卫省设置法》第17条第1项）。第二，预备考试合格者，在经过1年以上诊疗及公共卫生方面的实地修炼后亦能获得考试资格。实地修炼，原则上必须在作为大学医学院、医学研究所的附属设施的医院等地进行。第三，外国医学院校毕业者和外国医师资格取得者，需经厚生劳动大臣认定具备与国内医学院毕业者或经过研修的预备考试合格者同等以上的学力和技能，并且适合应试的，方

---

[1] 日本《医师法施行规则》第18条规定："国家医师考试或国家医师考试预备考试合格者，可以申请授予其合格证明书。根据前项规定，申请授予合格证明书者，必须缴纳两千九百五十日元的手续费。"——译者注

能获得考试资格。另外，虽然《医师法》没有规定，但预计于考试进行当年的3个月之内从大学医学院毕业的学生，也可基于厚生劳动大臣发布的公告取得应试资格。

[国家医师考试预备考试] 《医师法》第12条规定："即使是外国医学院校毕业或是在外国取得医师资格者，如果不符合前条第一项第三号之条件，被厚生劳动大臣认定为不适合应试的，就不得参加国家医师考试预备考试。"这里的预备考试就是为了获得国家医师考试的应试资格而进行的考试。《司法考试法》第5条亦规定了同样的预备考试。该条是为了认定前述人员具有与医学院毕业生同等学力而举办的国家考试。并且，对于在外国医学院校毕业或是在外国取得医师资格者，如果没有被厚生劳动大臣认定为适合参加，则不能参加预备考试。

3. 国家医师考试的实施

《医师法》第10条第1项规定："国家医师考试以及国家医师考试预备考试，每年至少举行一次，由厚生劳动大臣负责举行。"同条第2项规定："厚生劳动大臣在决定国家医师考试以及国家医师考试预备考试的科目、考试的实施或合格者的判定方法时，应听取医道审议会的意见。"由此，为期2天的国家医师考试和国家医师考试预备考试，每年至少由厚生劳动大臣负责在2月中旬举行1次，在决定考试的具体日期、科目、合格人数等事项时，厚生劳动大臣还必须听取医道审议会的意见。另外，国家医师考试主要围绕医师所应当具备的与临床医学及公共卫生相关的知识和技能进行。有关医师考试的内容仅限上述规定，而不像司法考试那样由法律规定具体的出题科目，基础医学、临床医学、社会医学等与医学相关的全部科目均在出题范围之内。医师考试不区分科目进行专门考试，而是采用将所有科目融合在一起的综合测试形式。

此外，《医师法》第16条规定："除本章规定的事项外，考试科目、应试手续以及其他与考试和实地修炼相关的必要事项,由厚生劳动省令另行规定。"但是,国家医师考试的考试科目等内容并不由厚生劳动省令直接决定,而是在参考厚生劳动省医政局医事科的国家医师考试出题基准和 Blueprint(国家医师考试设计表)的基础上,开展试题制定等工作(平沼·82页)。考试题目,由各个专业领域选出的"国家医师考试委员"负责出题,出题范围大体上以每4年更新一次的《国家医师考试出题基准》(guideline)中所列举的项目、疾病、症状等为基本内容。具体的出题科目以2009年(平成21年)3月编制的《国家医师考试改进审查会报告书》为基础,以一般题目250问和临床实际题目250问的形式出题,由"必修的基础知识""医学总论""医学各论"三部分构成。

[Blueprint] 所谓"蓝图",是指显示国家医师考试出题基准等各项目之出题比例的表,即国家医师考试设计表被称为"blueprint"。根据此表,在了解国家医师考试出题倾向的同时,也可作为社会关心医学的参考资料。

目前,国家医师考试于每年2月在全国各地举行,于3月公布合格与否的考试结果。于2021年(令和3年)2月4日进行的第115次国家医师考试,参加应试人数为9910人,合格人数为9058人,合格率为91.4%。如上所述,考试科目、应试手续以及其他与考试和研修相关的必要事项由厚生劳动省令另行规定(《医师法》第16条)。顺便一提,若出现与考试相关的不当行为,对涉及不当行为的人,可责令停止其考试或取消其考试成绩。在这种情况下,对与不当行为有关的应试者,可在规定时间内不允许其参加考试(《医师法》第15条)。另外,这里的"不当行为"包括考试作弊、试题泄露、篡改考试结果等,而该不当行为的关联者除直接实行者以外,也包括协助实施者。

[医道审议会] 医道审议会是基于《厚生劳动省设置法》第10条所设立的审议会,由作为厚生劳动省令的医道审

议会令所规定的 8 个分科会构成。其中，负责对有关医师资格的行政处分的是医道分科会。医道审议会由日本医师会会长、日本牙科医师会会长、厚生劳动省医务局长以及有学识经验的人等组成，其职能在于"审议作为医师所必需的品格和适格性、事件的重大性、对国民造成的影响等内容"。

4. 国家医师考试委员

《医师法》第 27 条规定，"为了管理国家医师考试以及国家医师考试预备考试相关事务，在厚生劳动省配置医师考试委员"。这些考试相关事务在 1969 年（昭和 44 年）《医师法》修改之前都由医师考试研修审议会负责，而在该审议会改组时，就被从审议会分离出来转由医师考试委员负责。《医师法施行令》第 9 条对委员作了具体规定[1]，依此规定，医师考试委员的人数在 145 人以内，委员属于非全职工作，任期为 2 年，补缺委员的任期为前任者的剩余任期。

作为医师考试重要事项咨询机关的是医疗关系者审议会。另外，《医师法》第 30 条的规定："医师考试委员以及主管国家医师考试或国家医师考试预备考试事务的人员，在执行事务时必须保持公正严明，杜绝不当行为的发生。"这是理所当然的要求。如果实施了不当行为，势必会损害医师的社会信誉，因而会对相关人员课以特别的公正严明义务。此外，根据《医师法》第 33 条的规定："违反第三十条的规定，因故意或重大过失导致试题事前泄露，或故意进行不当评分的，处一年以下惩役或五十万日元以下罚金。"

---

〔1〕 原书写作时有关医师考试委员的内容规定在日本《医师法施行令》第 9 条，但该施行令经过数次修改，在《〈医师法施行令〉的部分修改政令》（「医师法施行令の一部を改正する政令」，令和 4 年政令第 131 号）于 2022 年 3 月 30 日公布、2023 年 4 月 1 日正式实施后，有关医师考试委员的规定位于现行施行令第 14 条。——译者注

三、医师资格的授予

1. 医师资格

《医师法》第 2 条规定:"欲成为医师者,必须通过国家医师考试,并取得厚生劳动大臣的执业许可。"这里的"执业许可",是指国家许可从事特定事项。所谓医师资格,则是指国家对从事医疗行为的许可,如果通过国家医师考试,原则上就可以被授予医师资格。但是,也存在即使国家医师考试合格也不能取得医师资格的情况。通过国家医师考试,就证明其具备作为医师所需要的医学知识,但由于医师从事的是对人的生命、身体健康有直接影响的工作,因而除了具备专业的医学知识以外,还要求具备能够适当履行职责的能力。因此,即使通过了国家医师考试,但对缺乏上述能力的人也有必要认定其不能获得执业资格。欠缺所要求之资格的情形被称为"欠格",造成欠格原因的事态则称为"欠格事由"。

2. 欠格事由

欠格事由分为绝对的欠格事由和相对的欠格事由。绝对的欠格事由是指,若符合该事由所述之情形则完全丧失获得执业资格的可能性;相对的欠格事由则是指,即便符合相应事由也仍保留被授予执业资格的余地。

(1) 绝对的欠格事由

《医师法》第 3 条规定:"对未成年人不得给予执业许可。"因而,未满 18 岁者属于绝对的欠格事由。过去,成年被监护人[1]、被保佐人也属于绝对的欠格事由,但根据 2019 年(令和元年)颁布的《关于整备相关法律以确保成年被后见人等权利限制措施之适当性的法律》

―――――――
〔1〕 日本《民法》称监护为后见,即在背后看顾、照顾之意。——译者注

（令和元年法律第37号），上述事项已经被厚生劳动省令确定为相对的欠格事由，仅有未成年人属于绝对的欠格事由。

[成年被监护人] 这里的成年被监护人是指，"因精神障碍而长期欠缺事理辨识能力的"（《民法》第7条），并接受了家事法院作出的开始监护决定的人（《民法》第8条）。被保佐人则是指，"因精神障碍而导致事理辨识能力显著不足的"（《民法》第11条），并接受了家事法院作出的开始保佐决定的人（《民法》第12条）。上述两者若是作为绝对的欠格事由是对有障碍者之权利的不当限制，故均被认定为相对的欠格事由。

另外，根据修改后的《民法》，"年满18岁的，为成年人"[《民法》（平成30年法律第59号）第4条]。虽从现状来看，18岁的人要取得国家医师考试的考试资格是不可能的，但从理论上讲，年满18岁、19岁的人均非欠格事由。[1]

（2）相对的欠格事由

《医师法》第4条规定："属于下列情形之一的，不给予执业许可：一、由厚生劳动省令规定，因身心障碍不能正常履行医师业务的；二、麻药、大麻或鸦片中毒的；三、受过罚金以上刑事处罚的；四、除符合上述情形外，有过医事相关犯罪行为或不当行为的。"

a. *存在身心障碍的场合*

符合《医师法》第4条第1号规定的情形是指，"由于视觉、听觉、声音机能、语言机能或精神机能的障碍，无法进行适当履行医师工作所必要的认知、判断和沟通等工作"（《医师法施行规则》第1条）。

---

［1］ 由于日本《医师法》仅规定未成年人不能取得医师资格，未明确规定参加医师考试的年龄限制，因而年满18岁、19岁的人（符合日本《民法》中的法定成年年龄）并不是法定欠格事由。但是，一般而言，正常学生高中毕业后还需在大学医学部进行长达6年的专业学习方能参加医师考试，因而几乎不可能在年满18岁、19岁时就通过医师考试并取得医师资格。——译者注

过去,"眼睛看不见者,耳朵听不见者或不能说话者"都属绝对的欠格事由,但基于实现残疾人和一般人平等生活之社会的人道主义理念,1993年(平成5年)的法律将上述事项修改为相对的欠格事由。但是,即使符合《医师法施行规则》第1条规定的事由,也应根据第1条之2"厚生劳动大臣在决定是否授予医师资格时,必须考虑该申请人现在使用的弥补障碍的手段或状况"这一规定,关注存在身心障碍者能否充分发挥其能力(参照人礒·22页)。

b. 麻药等中毒者

所谓"中毒"是指,由于药物或化学物质等被吸入人体,其毒性在身体上显现出来的状况。《医师法》第4条仅将"麻药、大麻或鸦片"中毒(成瘾)者列为相对的欠格事由,因此酒精中毒者不包含在内。

c. 被处以罚金以上刑罚者

例如,在"惩役1年,缓期2年执行"的场合,虽然引发了不少关于"因为缓期执行的存在,所以不就等同于没有被判处刑罚吗?"这样的质疑,但是刑事裁判的判决仍然以主文"判处被告人1年惩役。但是,自判决确定之日起2年期间内暂缓其刑罚的执行"的形式进行,所以即使存在缓期执行,也仍然属于"被判处刑罚的人"。然而,在违反交通规则的场合,例如,因超速或酒后驾驶罪等被科处罚金的交通违规行为,在一定期限内缴纳违章款[1]的人,不在上述范围之列。"罚金以上之刑"是指死刑、惩役、监禁和罚金,比之更轻的拘留和科料(1000日元以上1万日元以下的财产刑)则不在此列。

除此之外,当事人符合下列情形之一时,则不属于"被判处刑罚的人":①缓刑的宣告未被撤销并经过缓刑期间的,刑罚的宣告丧失效

---

[1] 在交通违规的场合,"违章款(反则金)"与"罚金"是不同的处罚类型。违章款,是指根据"交通违章通告制度",对于比较轻微的交通违法,作为行政处罚缴纳的罚款;而对于严重违反交通规则的行为,作为刑事处分而被处以的财产刑称为"罚金"。因此,受到违章款处罚显然不属于"被处以罚金以上刑罚的人"的范围。——译者注

力（《刑法》第 27 条）；②监禁以上的刑罚执行完毕或者免予执行的，经过 10 年，没有被判处罚金以上刑罚的，其刑罚的宣告丧失效力（《刑法》第 34 条之 2 第 1 项）；③罚金以上刑罚已经执行完毕的，或者免予执行且经过 5 年没有被判处罚金以上刑罚的，刑罚宣告丧失效力（同项后半段）。

d. 有过医事相关犯罪或不当行为者

医事，即诊察、治疗、用药处方等与医学相关的事务。与之相关的犯罪者，若被处以罚金以上刑罚，即使在刑罚效力丧失后也仍属于相对的欠格事由（医道审议会医师分科会：《对于医师和牙科医师行政处分的考量方法》之基本方针⑤平成 31 年 1 月 30 日最终修改）。另外，有关医事的不当行为主要是指违反《医师法》上的义务、诊疗报酬的不当请求，以及医疗过失等问题。反复出现医疗过失的医师，即所谓医疗过失的"惯犯"，是该条处分的对象。

3. 医籍

《医师法》第 5 条规定："厚生劳动省设置医籍，其中规定登记注册时的年月日、第七条第一项规定的相关处分事项以及其他有关医师资格的事项。"

(1) 医籍的登记

国家医师考试合格且不存在欠格事由者，由厚生劳动大臣授予医师资格。想要获得医师资格的人，需将附上厚生劳动省规定资料的申请书经由其住所地的都道府县知事，向厚生劳动大臣提出申请（参照下图）。所谓的医师资格，要经过国家医师考试合格者的申请，并在"医籍"中注册登记后，方才生效。所谓医籍，就是为了公证医师资格获得的厚生劳动省的账簿（公簿）。在该账簿上记载医师资格的行为被称为"登记"。

厚生労働省記入欄	登録番号		収　入　印　紙　欄
	登録年月日		（収入印紙は消印しないで下さい）

第一号書式（第一条の三関係）

医　師　免　許　申　請　書

平成令和		年		月施行 第		回医師国家試験合格	受験地		受験地コード			
									受験番号			

1～5の有無について**必ず**該当するどちらかを○で囲むこと。
1. 罰金以上の刑に処せられたことの有無。（有の場合、その罪、刑及び刑の確定年月日）
　　有・無　　＿＿＿＿＿＿＿＿＿＿＿＿＿＿＿＿＿＿＿＿＿＿＿＿＿＿＿＿＿
2. 医事に関し犯罪又は不正の行為を行ったことの有無。（有の場合、違反の事実及び年月日）
　　有・無　　＿＿＿＿＿＿＿＿＿＿＿＿＿＿＿＿＿＿＿＿＿＿＿＿＿＿＿＿＿
3. 出願後の本籍又は氏名の変更の有無。（有の場合、出願時の本籍又は氏名）
　　有・無　　＿＿＿＿＿＿＿＿＿＿＿＿＿＿＿＿＿＿＿＿＿＿＿＿＿＿＿＿＿
4. 旧姓併記の希望の有無。
　　有・無
5. 過去に医師免許を有していたことの有無。（有の場合、登録番号）
　　有・無　　＿＿＿＿＿＿＿＿＿＿＿＿＿＿＿＿＿＿＿＿＿＿＿＿＿＿＿＿＿

上記により、医師免許を申請します。
　　　　　＿＿＿年＿＿＿月＿＿＿日

本　籍（国　籍）		都道府県			
住　　所	〒		都道府県		
電　　話	（　　　　）				
ふりがな	（氏）		（名）		
氏　　名					
	（旧姓）				
通　称　名					
生年月日	昭和平成令和西暦	年	月	日	

	性別	男
		女

厚生労働大臣　殿

厚生労働省の受付印	都道府県の受付印	保健所の受付印
	都道府県コード	

图2-1　医师资格申请书

(2)登记事项

在医籍中须登记下列事项：①注册编号和注册日期；②原籍地都道府县名、姓名、出生年月日及性别；③国家医师考试合格的年月；④《医师法》第7条第1项规定的相关处分事项；⑤同法第7条之2第2项规定的完成再教育研修；⑥同法第16条之6第1项规定的完成临床研修；⑦获得《医疗法》第5条之2第1项的认定[1]；⑧其他须由厚生劳动大臣规定的事项。登记事项发生变更时，必须在30日以内申请医籍订正（《医师法施行令》第5条）。

(3)变更、注销登记事项

当医师的原籍地都道府县名（没有日本国籍者以其原国籍为准）、姓名、出生年月日及性别发生变更时，必须在30日以内提出医籍订正申请（《医师法施行令》第5条第1项）。申请医籍订正时，必须在申请书中附上证明申请事由的相关文件，经由住所地的都道府县知事提交给厚生劳动大臣（同法第5条第2项）。并且，在注销登记时，同样须经由住所地的都道府县知事，将注销申请书提交给厚生劳动大臣（同法第6条第1项）。另外，在医师死亡或被宣告失踪的场合，《户籍法》规定的申报义务人（同住的亲属等）须在30日以内提出注销医籍登记的申请。

4. 医师资格的授予、医师资格证、医师的报告义务

《医师法》第6条规定："1. 医师资格，由国家医师考试合格者申请注册医籍后取得。2. 厚生劳动大臣在授予医师资格时，颁发医师资格证。3. 医师应按照厚生劳动省令规定，将每两年的十二月三十一日时目前的姓名、住所（从事医业者，另加从业场所的地址）及厚生劳动省令规定的其他事项，于翌年的一月十五日前，经由住所地的都道府县知事向厚生劳动大臣报告。"

---

[1] 根据日本《医疗法》第5条之2的规定，对于完成临床研修的医师申请人，厚生劳动大臣须认定其是否具有在规定区域行医的医疗知识和相关经验，并对符合条件者出具认定证明。——译者注

（1）医师资格的授予

想要获得医师资格的人，须在申请书中附上厚生劳动省所规定的文件（国家医师考试合格证书的复印件、户口副本或居民卡的复印件等），经由住所地的都道府县知事提交给厚生劳动大臣。厚生劳动大臣在授予医师资格时，颁发医师资格证（《医师法》第6条第2项）。不过，由于医师资格要在医籍中注册登记后方能生效，所以申请者从医籍注册登记之日起才具有医师身份。因此，医师资格证不过是证明其已经在医籍中注册登记的文书而已（平林·204页；野田·27页）。举例来讲，即使因丢失等原因未持有医师资格证，同样可以合法地实施医疗行为。没有必要像驾照一样在行医诊疗时随身携带医师资格证（野田·82页）。相反，即使持有医师资格证，若在因吊销资格等事由被注销医籍的情况下行医，则会构成无证行医罪而被处罚（《医师法》第31条第1项第1号）。

（2）资格证的更换

当资格证中的记载事项发生变更时，医师可以提出更换资格证的申请。在此种场合下，须在申请书中附上（原）资格证，经由住所地的都道府县知事提交给厚生劳动大臣（《医师法施行令》第8条）。

（3）资格证的再交付

医师在资格证灭失或是毁损时，可以申请重新补发资格证。"灭失"即遗失、丢失的意思；"毁损"即毁坏或损伤的意思。在将资格证弄脏而无法使用的场合，也属于"毁损"的范围。在发生上述情况时，同样须经由住所地的都道府县知事将申请书提交给厚生劳动大臣。另外，在补发之后若是发现了原先遗失的资格证，须在5日以内交还给厚生劳动大臣（《医师法施行令》第9条）。

（4）资格证的交还

医师在申请注销其医籍登记时，须经由住所地的都道府县知事将资格证交还给厚生劳动大臣。在医师死亡或被宣告失踪的场合，《户籍法》规定申报义务人须在30日以内提出注销医籍登记的申请。另外，医师在受到吊销医师资格的处分时，也须将资格证交还给厚生劳动大臣（同法第9条第2项）。

(5) 报告义务

医师须依厚生劳动省令，在每2年的12月31日时，将目前的姓名、住所（从事医业者，另加从业场所的地址）及厚生劳动省令规定的其他事项，于翌年的1月15日之前，通过其住所地的都道府县知事向厚生劳动大臣报告（《医师法》第6条第3项）。医师若怠于申报，将被处以50万日元罚金（《医师法》第33条之3第1号）。

在现行的医师资格制度中，只将每2年一次的申报义务化，而没有采用所谓的更新制度，因此一旦取得医师资格，只要不因惩戒等行政处分而被吊销，便终身有效。虽然有观点批判现行《医师法》没有采取更新制，但在发达国家中普遍也没有采取更新制，而且律师资格也同样没有采用该制度，所以目前并没有积极推进更新制度的动向。但是，在医学及医疗技术显著进步的现代社会，医师行医反复出现医疗事故（所谓的"医疗事故惯犯"）也成为问题，因而应该考虑在取得医师资格后课以研修义务的方案（手嶋・45页；山下・509页）。

[专门医制度] 在日本，医师资格仅有一种，在法律上并不区分一般医和专门医。在医院和诊疗所会显示内科、外科、精神科、神经科、呼吸科等34个诊疗科目的名称（《医疗法》第6条之6第1项），患者由此可以大致了解主治医师的专业或擅长的诊疗科目。另外，医师还可以就除此以外的其他科目进行公示宣传。此外，《医疗法》规定的可以进行公示宣传的医师等相关专门性资格共有55项。就各个诊疗所及医院来看，将内科与皮肤科、性病科作为诊疗科目并列显示的例子并不少见。这种诊疗科目"自由标榜制度"的缺陷在于，一方面从患者的角度来看，其难以信赖医师的医疗技术，无法安心就诊；另一方面从医师的角度来看，由于可以标榜其不擅长的诊疗科目，恐怕会疏于对诊疗的学习和钻研。

对于所显示的诊疗科目，医师应当受过适当的教育，具有充分的知识和经验，能够提供受患者信赖的诊疗服务，因此建立培养上述医师的制度是十分必要的。原本应该通过充实研修制度来改善上述状况。不过，以培养顺应专科领域的明确化和医学、医术之进步的医师为目标，以1963年（昭和38年）日本麻醉学会将麻醉指导医师作为学会认证医为开端，近年来，约有100个学会开展了上述认证。各个学会根据自身独立的研修方法来进行对专门医的认证。名称除了专门医外，还有注册医、认证医、指导医等。

但是，基于对十分零散的研修内容和认定方法的反省[1]，以设定统一的研修内容和认证方法为目标，日本于2014年（平成26年）创设了"一般社团法人日本专门医机构"。在专攻医经过指导医3年的研修后，作为第三方机关的日本专门医机构将基于认定程序的评估，来对专门医进行认证。并且，从2018年（平成30年）起开始招募专攻医，接受指导医的研修。于是，在2021年秋诞生了第一个不是由学会而是由作为日本的社会制度所认证的专门医。以专门医为目标的"专攻医"在2022年度的聘用人数为9519名。关于专门医制度，由于其与医疗制度、医学教育制度、医学研究体制、研究生教育等方面的关系略微紧张，今后仍有慎重探讨的必要。不过，专门医制度有利于维护患者的利益，提高医师的医术，可以期待日本专门医机构的新认证制度能够得到妥当的运用。

(6) 不授予资格时的处理措施

《医师法》第6条之2规定："对于申请了医师资格的申请人，当

---

[1] 在当时的专门医认定制度下，专门医是由各个医学领域的学会自行认定的，缺乏统一的专门医认定机构和认定标准，导致出现了各类专门医泛滥，业务素养参差不齐的问题。——译者注

厚生劳动大臣认为其属于第四条第一号所列，根据同条规定决定不授予资格时，应事先将此决定通知该申请人。当申请人提出异议时，应由厚生劳动大臣指定的职员听取其意见。"

a. 本条的意旨

本条是对存在相对的欠格事由不授予医师资格的场合，为保护申请者权利而设置的制度。立足于"正常化（normalization）"[1]理念，在2001年（平成13年）制定的《为谋求有关残疾人等的欠格事由规定之适当性而部分修改医师法等的法律》中，在决定是否授予残疾人医师资格时，为了进一步完善相关程序，而追加了此制度。

b. 意见的听取

基于上述法律的修改，医政局、医药局长发布了题为《为谋求有关残疾人等的欠格事由规定之适当性，关于进行医师等内容修改的医师法部分修正案之法律施行》（平成13年7月13日医政发第754号）的通告。根据上述文件，"意见的听取是由厚生劳动省的负责人以及厚生劳动省选任的外聘专家进行的。关于专家的条件：①与该资格相关；②精通该申请人所具有的障碍；③从与该资格的培养、教育相关的专家中指定"。该通告恰当地遵循了《医师法》第6条的意旨，并对听取意见的程序作出了妥当的指示。

5. 资格吊销，重新授予资格等

《医师法》第7条第1项规定："医师符合第四条各号规定的情形之一，或者有损害医师品格的行为的，厚生劳动大臣可以进行以下处分：一、警告；二、三年以内停止行医；三、吊销资格。"

（1）行政处分

医师在符合《医师法》第4条规定的相对的欠格事由，或者存在

---

[1] 厚生劳动省提倡的"正常化（normalization）"理念旨在"建立一个残疾人和普通人能够同等生活、一起充满活力地活动的社会"。换言之，不是去改变残疾人，而是通过改变周围的环境使他们能够与普通人共同正常生活。——译者注

"损害医师品格的行为"时，厚生劳动大臣根据裁量，可采取吊销资格，责令在3年以内这一规定期间停止从事医业，或者处以"警告"等处分措施。这里所谓的"损害医师品格的行为"，例如，不当地收取高额诊疗报酬、根据患者的贫富差异极端地采取不同的诊疗措施、反复违反诊疗义务（详见边码161等；东京地判2006年2月24日判夕1251号166页；野田·31页；山内丰德《医疗法、医师法解说》〔1981〕345页；山下·510页）。厚生劳动大臣在作出行政处分的命令时，应事先听取医道审议会的意见（《医师法》第7条第3项），综合考虑处分对象所实施行为的种类、性质、违法程度、动机、目的、涉事医师的性格和受处分经历等事项，作出合理的裁量。

[医业停止处分的判例] 最判1988年7月1日判时1342号68页刊载：对于胎儿已经成长到可以在母体外维持生命时，仍要求人工流产的女性，行为人使其放弃流产，为出生的新生儿开具虚假的出生证明书，并将其介绍给愿意抚养的人。行为人因违反《医师法》规定被处以罚金20万日元，并根据《医师法》第7条第2项被给予6个月的医业停止处分。"根据《医师法》第7条第1项（现为第2项），医师符合'被处以罚金以上刑罚的'〔同法第4条第2号（现为第3号）〕"这一情形时，被上诉人厚生大臣（现厚生劳动大臣）可以吊销其资格，或命令其在一定期间内停止从事医业。医师因为符合《医师法》第4条第2号（现为第3号）规定的情形，被认定为欠缺作为医师应有的品格，即不具有人格的适格性，在这种场合可以剥夺医师的资格。此外，即使不能说达到上述程度，只要能够认定为有损医师的品格，或者违反了医师的职业伦理，就应该命令其在一定期间内停止从事医业并敦促其反省，由此来保证医业等事务的正常进行。进一步讲，医师在符合上述各项规定的情况下，对于是否要吊销其资格或是命令其停止从事医业以及停止的期间，应当综合考虑成为刑事处罚对

象的行为种类、性质、违法的程度、动机、目的、影响，以及涉事医师的性格、受处分经历、反省程度等各种要素，依照《医师法》第7条第2项规定的意旨进行判断。该判断，只有以听取基于同法第25条规定之意旨而设置的医道审议会的意见为前提，委托作为医师资格许可权者的厚生大臣进行合理的裁量，方为妥当。因此，基于厚生大臣裁量权之行使而作出停止从事医业的处分，除非在社会观念上认为明显不当、脱离了赋予其裁量权的目的，才能被认定为是滥用裁量权，否则就属于裁量权的范围之内，而不应认为是违法的（小幡纯子·百选13页）。

此外，东京地判2006年2月24日判时1950号49页刊载了另一则以医师被处罚金以上刑罚为由而作出医业停止处分的案例。涉事医师因过量使用抗癌药导致患者死亡而被认定为构成业务过失致死罪，被判处监禁2年缓期3年执行，并受到3年6个月的医业停止处分。该案同样没有被认定为脱离了裁量权的范围。

(2) 处分的程序

厚生劳动大臣在作出资格吊销、医业停止或者警告的处分时，应事先听取医道审议会的意见（《医师法》第7条第3项）。另外，对于那些受到不利处分者，在资格吊销的场合，由厚生劳动大臣举行"听证"或者由都道府县指定的职员来"听取意见"；在作出医业停止处分的场合，厚生劳动大臣须给予相对人"申辩的机会"，或者由都道府县知事抑或医道审议会委员"听取申辩"（《医师法》第7条第5项、第11项和第13项）。此程序意在防止行政处分的恣意，确保其客观上的妥当性。并且，对于受处分者而言，由于行政处分属于重大的权利侵害，必须给予本人充分的申辩机会，在斟酌对本人有利情况的基础上再作出决定［平林·205页；山下·510页］。再有，关于行政处分的现状和方式，参见厚生劳动省《关于医师的行政处分方式等的讨论会》报告书

（2005年12月）及樋口·61页]。另外，厚生劳动大臣基于2022年（令和4年）7月22日医道审议会的答复，发布确定受到刑事处罚的医师有11人，受到行政处分的牙科医师有6人，同时，被吊销资格的医师有11人，停止业务2个月的有2人，受警告的有3人。

[**损害医师品格的行为**] 包括违反《医师法》、进行盗窃或诈骗等无耻行为，不当地要求高额报酬的行为，根据患者的贫富差异极端地施以不同诊疗内容的行为，反复违反诊疗义务的行为，等等。东京地判2006年2月24日判夕1251号166页刊载，"在'不实施作为医师所通常要求的行为，或者实施了作为医师通常被禁止的行为'的场合，存在'有关医事的不当行为'，属于'损害医师品格的行为'"。

(3) 重新授予资格

《医师法》第7条第2项规定，自受到行政处分之日起经过5年的，"当其被吊销的事由已不存在，或根据其被吊销后的表现认为对其重新授予资格恰当时，可以重新授予其医师资格"。依照这一规定，当认定适宜重新授予其资格时，根据本人的申请，厚生劳动大臣可以事先听取医道审议会的意见，依职权重新授予申请人医师资格。不过，对于因"被处以罚金以上刑罚""有医事相关犯罪或不当行为"以及"有损害医师品格的行为"而被吊销资格的人，必须是自受处分之日起经过5年。

被吊销医师资格的人申请重新授予资格时，厚生劳动大臣派遣指定的职员听取意见后，"认为对其重新授予资格恰当时"，可依职权重新授予医师资格。

(4) 重新授予资格研修

《医师法》第7条之2规定，对于想要重新获得医师资格的人，厚生劳动大臣可命令其接受由厚生劳动省令规定的，有关保持医师伦理或作为医师应具备的知识及技能的研修（以下简称"再教育研修"）。

a. 意义

再教育研修是指，对受到行政处分的医师所进行的有关保持医师伦理或作为医师应具备的知识及技能的研修。有关保持医师伦理的研修称为"伦理研修"；而有关医师必备知识及技能的研修称为"技能研修"。

b. 个别研究计划书

收到厚生劳动大臣作出的关于伦理研修或者技能研修这一再教育研修命令的人，在相应研修起始日的30日前，须制作个别研修计划书，并将：①姓名和出生年月；②个别研修的内容；③实施时间；④建议指导者等事项记载在计划书上，而后提交给厚生劳动大臣。

c. 个别研修完成者

受到与个别研修有关的再教育研修命令的人，在完成个别研修之时，须尽快制作个别研修完成书，并将其提交给厚生劳动大臣。厚生劳动大臣根据申请将已完成再教育研修的事实记录于医籍，并向申请人交付再教育研修结业登记证（《医师法》第7条之2第3项）。

第三章　临床研修制度

一、实地修炼制度（Intern 制度）

1946 年（昭和 21 年），在麦克阿瑟统帅的驻日盟军司令部指导下，为了培养能够与欧美发达国家医师匹敌的高水准的本土医师，实地修炼制度（Intern 制度）被引入日本。为了取得医师资格，申请人从大学医学院毕业之后（或者通过国家医师考试预备考试），须前往大学医院或者实地修炼指定医院以及指定的保健所，依次进行各诊疗科和公共卫生的临床实地修炼，这被作为参加国家医师考试的必要条件。没有经过实地修炼的人，是无法取得国家医师考试应试资格的。

然而，Intern 制度也被指出存在一些问题：①见习生的身份并不明确，其对于诊察、治疗行为的权利与责任是模糊的；②由于缺乏完备的实地修炼设施和指导体制，因此指导效果不佳；③对于见习生没有提供经济保障，单纯是强制他们提供劳动。以上述动向为契机，围绕东京大学为中心的学生运动就此展开，在 1968 年（昭和 43 年）随着《医师法》的修正，Intern 制度被废止，取而代之的是引入"临床研修制度"（详细情况可参阅大谷・12 页；以及参照呗・前引书 309 页；山下・511 页）。

二、临床研修制度的创设

1. 背景

根据1968年（昭和43年）修正后的《医师法》，虽然大学医学院的毕业生可以直接参加国家医师考试，不过，对于取得资格的医师，为了提高医师的资质而追加了《医师法》第16条之2的规定，以新设的临床研修制度取代原先的Intern制度。"医师在取得资格之后，应在大学医学院，作为大学附设研究所之附属设施的医院，或者厚生劳动大臣指定的医院，进行二年以上的临床研修。"即对其课以了毕业后进行临床研修的努力义务。

然而，在临床研修制度中存在以下问题：①很多研修医为了维持生计不得不兼职打工，因为提供给他们的"经济待遇"并不充分；②由于研修机关是以其毕业院校及其关联医院为中心，而且偏重于进行各专门诊疗科的研修，所以研修效果不佳；③由于临床研修只是作为努力义务，从而出现了没有经过研修的医师。基于上述原因，在2000年（平成12年），将毕业后进行临床研修规定为必修，并于2004年（平成16年）诞生了如今的临床研修制度。

2. 临床研修制度

《医师法》第16条之2规定，"1. 欲从事诊疗工作的医师，必须在都道府知事指定的医院或者厚生劳动大臣指定的外国医院进行两年以上的临床研修。2. 前项规定中的指定，基于欲承接临床研修的医院的开设者之申请来进行。3. 对于前项申请的医院，若厚生劳动大臣或都道府县知事认为其不符合下列各项标准，则不能根据第一项的规定进行指定。一、设有进行临床研修所必需的诊疗科。二、具有进行临床研修所必需的设施和设备。三、临床研修的内容是在合适的诊疗科实施研修，并且使受训者能够掌握基本的诊疗能力。四、除前三号所列之外，还须符合厚生劳动省令规定的有关临床研修实施的基准"。

(1) 基本理念

《医师法》第 16 条之 2 规定，欲从事诊疗工作的医师，必须在都道府知事指定的医院或者厚生劳动大臣指定的外国医院进行 2 年以上的临床研修，从而将临床研修必修化，赋予欲从事诊疗的医师接受 2 年以上临床研修的义务。并且"参加临床研修的医师，应当专心于临床研修，为了提升其专业资质而努力"（《医师法》第 16 条之 5）。该规定的基本理念是，"在成为医师的基础阶段，通过加深对初期治疗（Primary Care）的理解，掌握能够全面观察患者的基本诊疗能力；并且，无论将来专攻的领域是什么，都应认识到医学及医疗所承载的社会任务，具备基本的诊察能力以妥当应对一般诊疗中的常见疾病"（平成 14 年厚劳省令第 158 号）。

过去的临床研修制度大部分是在大学医院进行的，研修指导医通常由其中的专门医、认定医等来担任。因此，有观点指出，由于大学医院的转诊患者较多，无法确保获得初期治疗的初诊病例，并且仅仅依靠专门医、认定医也很难实现充分的指导。为了避免上述困境，新的研修制度规定了初期治疗的标准程序，以此来实现提高医师基本诊疗能力之目的。

因此，为了解决 Intern 制度及过往临床研修制度存在的问题，在现行的临床研修制度中提出以下目标：①确立研修医的身份；②培养作为医师的人格；③掌握全面、综合的基本诊疗能力；④充实研修指导体制及研修设施；⑤对研修医给予保障其专心进修的经济待遇（参见前述厚劳省令第 158 号），并一直延续至今（参照山下·514 页）。

[指定医院的要件] 符合研修指定医院的要件，研修医的招募方法等内容，在《关于医师法第 16 条之 2 第 1 项所规定的临床研修省令》中有详细的规定。另外，对于临床研修程序和研修指导体制，研修所必需的设施及设备等事项，被规定在《关于医师法第 16 条之 2 第 1 项所规定的临床研修省令

的施行》(平成15年6月1日医政发)当中。

(2) 在指定医院的研修

临床研修如果不在设施齐备、适于研修的地方进行,就无法达到理想的效果。临床研修,原则上应在都道府县知事指定的医院进行,而达到指定标准的要件包括如下四项:①基于医院开设者的申请;②设有进行临床研修所必需的诊疗科;③配有进行临床研修所必需的设施和设备;④临床研修的内容是在合适的诊疗科实施研修,并且使受训者能够掌握基本的诊疗能力(《医师法》第16条之2第2项、第3项)。并且,在厚生劳动大臣或者都道府县知事认为该医院不适于承担临床研修时,可以事先听取医道审议会的意见,进而撤销原指定(《医师法》第16条之2第4项)。另外,厚生劳动大臣为了提升临床研修的效果,规定了各都道府县的研修医以及研修医院的人员名额(《医师法》第16条之3)。同时,由都道府县知事在厚生劳动大臣划定的范围内决定其辖区的名额配置。此外,作为参考,介绍一下日本招募人数的现状:在临床研修医的招募方面,各都道府县的名额上限为11287人,而希望参加临床研修的人数在2020年、2021年和2022年分别为10288人、10085人和10052人。

(3) 研修义务

想要从事诊疗的医师,必须在设有医学进修课程的大学附属医院或者厚生劳动大臣指定的医院,接受2年以上的临床研修义务(《医师法》第16条之2第1项)。[1] 即在取得医师资格后,想要进行诊疗的医师被法律课以了2年的临床研修义务。与修改前"要努力进行临床研修"之努力义务的规定不同,而是被课以了"必须接受研修"的强制义务。不过,由于对违反该义务并没有相应的罚则规定,所以未进行临床研修的医师并不会受到处罚,但是根据其具体情形可能会构成"损

---

[1] 此处为2018年(平成30年)日本《医师法》修改前第16条之2第1项的条文内容。——译者注

害医师品格的行为",从而依照《医师法》第7条的规定受到行政处分。

问题在于,存在研修医进行所谓"兼职诊疗"的情形。其虽然接受了法律规定的临床研修义务且不会因违反该义务成为法律制裁的对象,但在研修指定医院明确规定了禁止兼职诊疗的场合,可能会因违反该规定受到所在医院的惩戒处分。并且,根据兼职诊疗的具体情形,也存在受到上述行政处分的可能性(大礒·25页)。另外,如前所述,"参加临床研修的医师,应当专心于临床研修,为提升其专业资质而努力"。(《医师法》第16条之5),此为努力义务的规定,故即便违反该义务也不会成为法律制裁的对象。

(4)临床研修医的劳动者身份

在临床研修医因诊疗患者而过劳死的场合,应当如何处理?对于1998年(平成10年)发生的关西医科大学26岁研修医过劳死事件,日本最高法院作出了如下判决:"这里的临床研修,是以提高医师的资质为目的,虽然具有教育的一面,但根据其程序设定,研修医是在临床研修指导医的指导下从事相应的医疗行为。并且,研修医在从事上述医疗行为的场合,由于这些行为不可避免地具有为医院开设者履行劳务的一面,能够被评价为是在医院开设者的指挥监督下进行的。因此,上述研修医应当被认定为具有《劳动基准法》第9条所规定的劳动者身份"(最判2005年6月3日民集59卷5号938页)。临床研修医的劳动者身份得到了法律上的认可(参照大礒·26页)。

(5)医籍中的登记

对于完成临床研修的人,根据本人的申请,厚生劳动大臣应当将申请人完成临床研修的事项记入医籍之中,并向其交付临床研修结业登记证(《医师法》第16条之6)。这样做的目的是向公众证明申请者已经完成了临床研修。另外,想要接受医籍登记的人,以及想要领取书面临床研修完成登记证或想要重新领取的人,须缴纳相应的手续费(《医师法》第16条之7)。

3. 其他的研修

考虑到获取医疗相关的最新知识及技术之研修的必要性，《医师法》第16条之9对临床研修制度之外的研修作出了规定，国家、都道府县知事、医院或诊所的管理者、大学、医学医术相关的学术团体、有诊疗相关学识经验者的团体，以及其他相关各方，考虑到其对确保医疗供给体制所产生的影响，为了对医疗进行深入研究，上述人员在进行适当分工的同时，必须相互联合，努力协作。另外，由于研修会对医疗供给体制产生影响，医学医术相关的学术团体等在制定或变更医师研修的计划时，必须听取厚生劳动大臣的意见（《医师法》第16条之10第1项）。并且，厚生劳动大臣在就研修的实施等事项陈述意见时，应当听取相关都道府县知事的意见。另外，为了确保医师不会因为长时间的工作而损害健康，并能有机会获取有关医疗的最新知识和技能的研修，厚生劳动大臣在认为特别有必要时，可以听取医道审议会的意见，要求医学医术相关的学术团体等就研修之实施采取必要的举措（《医师法》第16条之11）。

第四章　医业与法律规制

一、医业的意义

1. 概述

《医师法》第17条规定："非医师者,不得行医。"医师以外的人被禁止从事医业,唯有医师是该业务的独占者。这就是所谓的医师的业务独占或者说医业独占。同法第18条还规定："非医师者,不得使用医师或易与其混淆的名称。"这被称为医师的名称独占。并且,违反同法第17条规定的行为将构成无证行医罪,被处以3年以下的惩役,单处或并处100万日元以下的罚金(同法第33条之3第1号)。而违反同法第18条规定的行为,将被处以50万日元以下的罚金(同法第31条第2项)。这里的"医业",可以理解为以反复持续的意思实施医行为,不过这里的"医行为"是什么,所谓"业"又是什么,上述含义仍有进一步明确的必要。

[医业独占与职业选择的自由]　　由于医业是与公众卫生直接相关、确保国民健康生活的重要事项,所以法律对医师资格在规定了绝对的、相对的欠格事由之外,设置了通过国家考试并获得厚生劳动大臣的许可等严格规定,非医师者则不得从事医业。因此,法律禁止医师以外的人行医是出于维护公共福祉的需要,而不能被认为是不当限制了公民的职业选择自

由，也就不能说其违反了《宪法》第22条的规定（东京高判1961年12月13日下刑集3卷11=12号1016页。参照平沼·104页）。

2. 医行为（医疗行为）

"医行为"并非医师法中的用语，而是从《医师法》第17条对"医业"的解释中得来。所谓医业就是"将医行为作为职业而进行"的意思，由于其具体内容伴随着医学的进步而不断发生变化，从而难以对其下定义，即使进行了定义也被认为是不妥当的。

有判例认为，"医业是指以反复持续的意思进行医行为"（大判1916年2月5日刑录22卷109页），还有判例作出了"医行为泛指医师对人的疾病进行诊察治疗的行为"的定义（大判1927年11月14日刑集6卷453页），而战后日本最高法院的判决指出，"所谓医行为，如果不是由医师作出的，则是会对人体造成危害或者有可能产生危害的行为"（最判1955年5月24日9卷7号1093页）。

《医师法》设立了国家医师考试与医师资格制度，由具有专业的医学知识和高超技能的医师来实施医疗和保健指导，同时禁止无资格者从事医业，在无资格者行医的场合，则依照前述规定处以3年以下的惩役，也可单处或并处100万日元以下的罚金。依照《医师法》的上述规定，第17条是为了防止无医师资格者僭越实施本属医师职责的医疗和保健指导行为，从而产生人体或卫生保健上的危险。如此说来，所谓医行为，在属于医疗及保健指导的行为中，被定义为"若非根据医师的医学判断及技术而实施，则是在卫生保健上有可能产生危害的行为"是合适的（最判1955年5月24日刑集9卷7号1093页；最判1981年11月17日判夕459号55页；最决2020年9月16日刑集74卷6号581页。佐伯仁志·百选3版4页；大谷实《医疗行为法序说》，载《同志社法学》73卷7号11页）。这里的"属于医疗及保健指导行为"的性质被称为"医疗行为性"。因此，不具有医疗行为性的行为（如后述的

"文身手术行为"），若不是由医师实施的，即便对人体有危险，也不属于医疗行为。

另外，很多文献将医行为称作医疗行为。其实，两者是同义的，只是因为在判例（前述最判1955年5月24日等）和医疗行政中较多使用"医行为"一词［厚生劳动省平成17年通知（医政发第0726005号）］，不过由于诸如医疗法、医疗机构等术语广泛使用"医疗"这一表述，笔者也从很早就开始使用"医疗行为"一词，是故在下文中统一称作"医疗行为"。

3. 医疗行为的具体事例

在过往的判例和行政解释中，问诊、叩诊[1]；X光照射；涂抹医药品；口服内服药；摘戴隐形眼镜（contact lens）；检查血液、粪便、尿液等；根据检查结果诊断病名；检查眼底[2]等均被视作医疗行为。此外，近年来，还发生过无医师资格者在没有医师的情况下在植发诊所进行植发治疗的案件；缺乏医学根据就进行手术并收取高额费用的案件（札幌地判2004年10月29日判夕1199号296页）；无医师资格者用激光脱毛器进行脱毛手术的案件（东京地判2002年10月30日判时1816号164页）等，上述均属于在无资格情形下将医疗行为作为业务而实施，以无证行医罪被处罚。

[**文身（tattoo）手术行为**] 被告人虽然不是医师，但却在一家文身店使用附有针头的设备进行了4次将色素注入顾客皮肤之中的行为，因涉及医业，被指控触犯了《医师法》第17条规定的无证行医罪。一审肯定了该罪的成立，对被告

---

[1] 叩诊，即医师用手指叩击身体表面某一部位，使其震动而产生声响，通过声音特点来判断被检查部位脏器的功能状态及病变性质，具体参见万学红、卢雪峰主编：《诊断学》（第8版），人民卫生出版社2013年版，第188—192页。——译者注

[2] 眼球内面的网膜部分。——译者注

人作出了处以15万日元罚金的简式命令[1]。与之相对,二审则认为"文身"手术虽然是卫生保健上具有危险性的行为,却不能说是属于医疗及保健指导意义上的行为,因而撤销了原判决并宣告被告人无罪。检方对此提起了抗诉。日本最高法院认为:"所谓医疗行为,是指属于医疗及保健指导的行为,即在社会通常观念上若非由医师实施则有可能产生卫生保健上危险的行为",进而支持了二审判决(前述2020年9月16日)。尽管对于日本最高法院的这一判决存在不同的理解(川崎友巳《非医师的文身师所实施的文身手术与〈医师法〉第17条中"医业"的意义》,载《同志社法学》426号155页),但要将某行为认定为医疗行为应满足以下要件:①该行为被认为属于医疗及保健指导行为(具有医疗关联性的行为);②该行为如果不是由医师实施,则会产生卫生保健上的危险。日本最高法院在本案中的判决应被理解为一个新的先例,它认为涉案行为不符合上述①的要件。基于此判决,虽然在美容整形中实施文身等行为的人不构成违反《医师法》的相应规定,但美容外科中的纹绣美容[2]、丰胸、乳房假体和乳头手术等若是由医师以外的人实施的,则会构成无证行医罪(详见边码104)。此外,在平成13年11月8日医政医发第105号厚生劳动省医政局医事课通知中,将"文身"界定为了医疗行为。

4. 医疗行为的判断标准

问题在于,"在卫生保健上可能产生危害之行为"中"可能"的

---

[1] 根据简易程序作出的裁判。——译者注
[2] 原文为"アートメイク"(Art Makeup),是一种用针在皮肤上注入色素来画眉毛、眼线、嘴唇等的面部美容技术。即使被水淋湿或出汗也能保持数年不脱落,而且可以节省化妆的时间,因此受到女性的欢迎。——译者注

判断标准。学说中的一种有力见解认为,《医师法》第 17 条既有业务规制的一面,亦有行为规制的一面,应该在综合考虑两个方面的基础上进行具体判断(米村·44 页)。也有观点主张,应当从对无资格行医者的管制角度和行为对人体的危险角度出发,来确定医疗行为的范围。

但是,现行《医师法》规定,医师的职责是确保国民的健康生活和人体的安全,因而应当以卫生保健上的危险性为基准来确定医疗行为的范围。不过,这种危险性是指社会通常观念上的危险,即只要达到使一般人感觉到有危险的程度就足够了。这里的"危险"是指对人体的抽象危险,而相应诊疗方法在卫生保健上具有的危险性是否会现实发生则在所不问。因此,即使无医师资格者对实施该诊疗实质上具有所需的医学知识和技术,其行为也成立无证行医罪。而且,虽然行为自身不具有危险,但在伴随结果存在危险的场合也属于医疗行为。比如,对于希望入住绝食道场的人,有判例将询问入住目的、入住当时的症状和病情的行为视为"问诊",认定该行为属于"医疗行为"从而构成无证行医罪(最判 1973 年 9 月 27 日刑集 27 卷 8 号 1403 页)。该判例立足于上述见解,即问诊行为本身虽然没有危险,但考虑到基于错误的问诊而进行绝食疗法可能产生危险,遂将问诊本身也理解为"医疗行为"。虽然也有观点主张应以发生具体的危险为要件(高山佳奈子《对医行为的刑事规制》,载《法学论丛》164 卷 6 号 383 页,加藤久雄《新订医事法入门》〔2005〕75 页),但如果这样的话不就无法实现"确保国民的健康生活和人体的安全"之目的了吗?(山下·517 页;大谷·22 页)。

[医师的医业类似行为] 医师实施按摩、针灸等业务是否属于医业的类似行为?对此,1950 年(昭和 25 年)2 月 1 日医收第 62 号文件作出了回答:"医师可以将疾病的诊察、治疗等医疗行为全部作为业务来进行,特别是当其行为的内容、方法等在法律上并不存在限制时。在《按摩、针灸、柔道正

35

骨师等营业法》第1条中虽然规定，医师可以在没有许可的情况下采取按摩、针术、灸术以及柔道正骨术等方式实施疾病治疗行为，但这只不过是规定了理所当然的事情。"

不过，随着医疗技术的进步，一般社会医学知识的提高，以及行政居家医疗的推进等，对于"若非医师实施则可能产生卫生保健上之危害"的判断，正在逐渐发生巨大的变化。过去被认定属于医疗行为的如血压测量、体温测量，对轻微擦伤、烧伤等的治疗，根据厚生劳动省的通知，已不再被认为是医疗行为（平成17年医政发第0726005号）。

5. 绝对的医疗行为与相对的医疗行为

在医疗行为中，就医师通常必须亲自实施的具有高度危险的行为而言，禁止医师以外的人实施。这种行为被称为绝对的医疗行为。例如，外科手术和局部麻醉等就属于典型的绝对的医疗行为。通常由医师进行的治疗行为，被认为是只有医师才能实施的行为。因此，如果护士实施了上述行为就违反了《医师法》，将以无证行医罪论处。

与之相对，不具有如此程度的危险性，可以由护士等其他医疗从业者根据医师的指示安全实施的医疗行为，被称为相对的医疗行为。例如，护士可以在医师的指示下对患者进行静脉注射。静脉注射属于《保健师、助产师、护士法》第5条规定的诊疗辅助行为的范畴（平成14年9月30日医政发第0930002号）。急救人员的救生行为也属于相对的医疗行为。

[医疗从业者、医疗类似行为]　一方面，医疗从业者是指从事医疗工作的人员，包括医师、牙科医师、护士、助产师、临床检查技师、急救员、药剂师等，他们根据《医师法》《牙科医师法》《药剂师法》《保健师、助产师、护士法》《关于临床检查技师等的法律》等大约20部法律法规，分别通过国家考试获得相应的执业资格。本书是以《医师法》为中心

展开探讨的,原则上不涉及医师法以外的法律所规定的医疗相关人员。另一方面,所谓医疗类似行为,是指以治疗伤病或者保健为目的,使用、应用高热器械、器具以及其他物品,或者利用四肢、精神作用而进行的各种技术手段,是不属于西方医学诊疗范畴的疗法。如推拿、按摩、指压、针灸、柔道正骨术等法律上认可的手段以及"其他的医疗类似行为"。对于上述内容,本书同样不涉及。

6. 由患者及其家属实施的医疗行为

随着居家医疗的推广和医疗技术的进步,即使由患者本人或其家属实施的医疗行为也不被认定为"可能有危险"的案例有所增加。在医师等专业人员的教育、指导、训练下实施,而不被认为是"可能有危险"的场合,以相对的医疗行为作为标准而将其排除出医疗行为范畴的做法,正逐渐被实务所采纳。造成这一趋势的开端性事件是患者本人或其家属在家自行注射胰岛素。厚生劳动省对此的态度是,"在对其进行相关教育的基础上,在适当的指导和管理下,患者或家属所实施的自行注射胰岛素的行为并不违反《医师法》第17条"(昭和56年5月1日医事第38号)。

此后,随着国家居家医疗方针的不断推进,如今诸如居家氧疗的气瓶更换和气量设定、吸出人工呼吸器佩戴者的痰、通过胃瘘注入营养剂、在家更换注射药物,操作输液泵等医疗措施,均已为患者本人和家属、护理人员作为居家医疗所实施。AED(Automated External Defibrillator,自动体外除颤器)也可以被一般市民合法地使用(平成16年7月1日医政发第0701001号)。对于这样的发展趋势,也有观点对其正当性依据提出了怀疑(米村·43页),正当化的依据应该立足于是否能够通过医师的教育、指导、训练而消除卫生保健上的危险性。本书想强调的是,包括相对的医疗行为在内,是与否的标准应当在于通过医师的教育、指导、训练从而"确保安全性"或者消除危险性(另见樋口范雄

《"医行为"概念的再检讨》，载樋口范雄、岩田太编：《生命伦理与法 II》〔2007〕14页）。

[**厚生劳动省医政局长通告**] 下列情形原则上不属于医疗行为：①用水银体温计或电子体温计在腋下测量体温，以及用耳式电子体温计在外耳道测量体温；②用自动血压测量器测量血压；③对于不需要住院治疗的非新生儿，为了测量动脉血氧饱和度而安装脉搏血氧仪；④对于轻微的割伤、擦伤、烧伤等不需要专业的判断和技术的处理；⑤医师、牙科医师或护理人员已确认患者的状态满足以下3个条件，并且向患者本人或家属传达了可以由无相应资格的人帮助使用医药品，此时，可以根据事前本人或家属的具体委托，接受医师的处方，预先用药袋区分开患者使用的医药品，基于医师或牙科医师的处方及药剂师的服药指导，遵照护士的保健指导和建议，协助患者使用医药品。具体包括，帮助在皮肤上涂抹药膏、在皮肤上敷贴湿药布、服用一包化[1]的内服药、从肛门插入栓剂或者使用进入鼻腔黏膜的药剂喷雾。以下略（详见平成17年7月26日医政发第0726005号）。

如上所述，吸出居家患者的痰液等事项一般被委托给家属，如果其是让家庭助手（homehelper）等护理人员来处理应当如何呢？厚生劳动省对此十分重视并展开了讨论，最终决定允许护理人员来吸痰（平成15年7月17日医政发第0717001号）。在那之后，《社会福祉士及介护福祉士法》于2011年（平成23年）被修改，该法第2条第2项规定除原先的业务外，还追加了"咳痰、吸痰或其他患者日常生活所必需的，在医师的指示下实施的介护行为"。但只有在经过一定的指导和训

---

〔1〕 一包化是指服用时间相同的药，或者一次服用好几种药片的情况下，将这些药片合并成一袋。——译者注

练并获得从业者身份的认证后，介护福祉士[1]才得以实施吸痰、从胃瘘处补充营养等行为（参照米村·42页）。

二、构成"业"的情形

1. 反复持续的意思

单纯的医疗行为，并不是法律所规制的对象。《医师法》第17条规定："非医师者，不得行医。"禁止并处罚非医师者以实施医疗行为为"业"的行医行为。另外，对于不是基于医师的医学判断和技术而作出的行为，当其与医疗及保健指导无关时，即使对人体具有危害，也不属于医疗行为。"医业"，是指将医疗行为作为"业"来实施。问题是，所谓"业"具体是指何种样态的行为呢？

在判例上，虽然有"营业说""生活资料取得行为说"以及"营业目的说"等见解，但将"医业"界定为基于反复持续的意思而实施医疗行为的"反复持续意思说"（大判1916年2月5日刑录22辑2号109页，最判1953年11月20日刑集7卷1号2249页）占据主流地位。这一观点遵循了一般的法律用语，根据该观点，只要能够认定行为人具有反复持续进行医疗行为的意思，哪怕只有一次性的行为，亦属于"业"，也无须考虑该行为获得了什么报酬。即便在作为志愿者而实施了医疗行为的场合，只要具有反复持续的意思，就属于行医。然而，例如，对于被吊销医师资格的医师，如果受朋友之托而仅进行了一次外科手术，则不成立无证行医罪。与之相对，若存在持有大量医疗器具和医用药品、穿着和言行举止表现得像医师等客观情形，则认定其具有反复持续的意思（东京高判1967年3月10日高时报18卷3号8页）。

---

[1] 介护福祉士，简称"介护士"，是日本的一种特殊护理人员。他们以专业知识和技能为因身体或精神残疾而在日常生活中遇到困难的人提供介护服务，或为其介护人员提供介护指导，通常就职于养老院、老年人保健中心、医院及残障人士服务机构。——译者注

[**医业的意义与判例**] 如上所述,《医师法》第17条及第31条规定了医师的医业独占,禁止并处罚医师以外的人从事医业。厚生劳动省将医业定义为:"所谓医业,是指以反复持续的意思实施该行为,且如果不是基于医师的医学判断和技术则可能会对人体产生危害。"过去,厚生省将为了使用隐形眼镜而进行的验光和佩戴指导行为认定为"医疗行为"。但是,既非医师也非护士的X,是经营隐形眼镜店的眼科医师Y的店员,在Y不在场时,X指导多名顾客佩戴、摘取隐形眼镜并开具处方。X被以无证行医罪起诉,同时Y被指控为共谋共同正犯。一审判决在判定"医疗行为是指若非由医师实施,则可能产生卫生保健上之危害的行为"的基础上进一步指出:①开具隐形眼镜处方的行为,如果处方错误的话,就应当属于可能产生卫生保健上之危害的行为;②验光和隐形眼镜的佩戴、摘取行为本身,虽难以直接说是有可能产生卫生保健上之危害的行为,但隐形眼镜的佩戴、摘取行为应当属于隐形眼镜处方的一部分,故无论哪个行为都是医疗行为,从而认定被告人构成无证行医罪,对X作出了惩役5个月、缓期2年执行,对Y作出了惩役8个月、缓期2年执行的有罪判决。Y对此提出了上诉,但被二审法院驳回。Y据此主张隐形眼镜的佩戴和摘取对人体没有危险,并且验光是由医师以外的人在隐形眼镜店和驾照考试的考场进行的。对此,日本最高法院认为,"原审判决将为了开具隐形眼镜处方而实施的验光及测试所用眼镜的佩戴和摘取之行为,认定为属于《医师法》第17条所规定的作为'医业'之内容的'医疗行为'这一判断,是妥当的",进而再次否定了Y的上诉(最决1997年9月30日刑集51卷8号671页)。对于该判决,赞成者(佐伯仁志·百选5页等)与反对者(高山佳奈子·百选2版5页等)皆有之,不过本书认为赞成的立场是妥当的。

2. 临床实习生的场合

2017 年（平成 29 年），作为一般社团法人的日本医学教育评价机构（JACME）开始对医学教育各领域分别作出评价，并期望进一步加强临床实习（参照平沼・111 页），作为诊疗参与型临床实习的具体化，引入了临床实习制度。换句话说，根据 2021 年（令和 3 年）修正后的《医师法》，增加了第 17 条之 2 的规定（令和 3 年法律第 49 号，令和 7 年施行），"对于在大学就读医学专业的学生，在开始临床实习之前，为了评估其是否具备应有的知识和技能，由厚生劳动省令规定了大学的共用考试[1]，通过共用考试者，在该大学中进行临床实习时，为了学习掌握作为医师所应有的知识和技能，可在医师的指导监督下行医"。由此，在满足如下要件后进行上述的临床实习便成为可能：①仅限于特定侵害程度不高的行为；②作为医学部教育的一环，在符合规定要求的指导医的细致指导和监督下进行医疗行为；③须在进行临床实习前对医学生进行事先评估；④医学生在明确说明其学生身份并征得患者同意后方能实施。

3. 临床实习生的保密义务

随着临床实习制度的引入，对于实习生之医疗行为的保密义务也成为问题。新增的《医师法》第 17 条之 3 规定，以临床实习生的身份从事医业的人，除有正当理由之外，不得将基于业务获得的他人秘密泄露出去，当其不再是医学生后，亦同（参照边码 209）。

---

[1] 医学院的学生，在六年的学习期间，必须通过大学实施的升级考试和毕业考试。除此之外，还必须在以下三项全国考试中合格，分别是：①临床实习前的全国统一考试；②临床实习后的全国统一考试；③国家医师资格考试。考试①和②是由医疗类大学间共用考试实施评价机构组织开展的考试。该类考试从各大学制作的考题中，收集优质的问题存入试题池内，据此制作一套试题提供给各大学。这样一来，考试的可信度就大大提高。换言之，因为是各大学共同利用优质的试题进行的考试，所以被命名为共用考试。——译者注

三、名称独占

40　　《医师法》第18条规定："非医师者，不得使用医师或易与其混淆的名称。"该规定意在使医师独占"医师"的名称。因此，当不是医师的护士等医疗辅助者以"医师"的名义从事医业时，便违反了名称独占规则，将被处以50万日元以下的罚金（《医师法》第33条之3第1号）。"易与医师混淆的名称"是指诸如"针灸医、接骨医"的称呼，在社会通常观念中，似乎给人以作为医师治疗疾病之印象的名称。"使用"则是具有使用该名称的意思，例如，在名片上印刷"医师"字样。

第五章　医疗行为的正当化要件

一、概述

　　作为医业而进行的医疗行为是指，与医疗和保健指导相关的，如果不是医师基于医学的判断和技术而实施则有可能对人体造成危害的行为，即医疗侵害行为。但并不是说只要该行为是由医师实施的就可以被正当化。为了将医师的诊疗行为正当化，医师有必要遵循医学和医疗技术的正当性。这被称为医疗技术的正当性或医术的正当性。

　　那么，凡是具有医术的正当性的行为，是不是全部都可以正当地作为医业而实施呢？一般的诊疗是为了治疗、减轻、预防疾病而适用医疗技术来进行的，应用医疗技术的必要性被称为"医学的适应性"。若没有正确地应用医疗技术，就不能算是正当的医疗，因而将医学的适应性作为医疗侵害行为的正当化要件是不言而喻的。在通常的诊疗中，医学的适应性很少成为问题，但是随着医学及医疗技术的进步，在美容整形、器官移植、临终医疗等领域，作为医疗技术之适用的"医学的适应性"成了很大的问题。

　　即使在医术上是正当的且具有医学的适应性之医疗行为，但由于该行为仍可能是对人体造成危害的侵害行为，因此未经相对方同意而强行实施，属于不被允许的侵害患者自我决定权的诊疗。当然，相对方的同意也可以是默示作出的，但医疗行为无论如何都不能欠缺相对方的同意（手嶋·41页；町野·94页）。

此外，一方面，医学的适应性涉及的是医疗行为是否应该被实施的问题；另一方面，医术的正当性则是指采用何种方法实施医疗行为的问题，因而有力见解主张应该优先讨论医学的适应性问题。不过，对一般的诊疗来说，重要的是采用在医学上被认可的正当的方法，故本书首先就医术的正当性展开探讨。

这样说来，为了将本身是侵害行为的医疗行为正当化，必须具备医术的正当性、医学的适应性以及患者的同意这三个要件。尽管侵害行为是《医师法》第五章"业务"中的核心要素，但作为对《医师法》的解释，私以为就该问题的讨论似乎并不充分，故下文将就此进行稍作详细的探讨。

二、医术的正当性

所进行的医疗行为，在医学上是被普遍承认的，换言之，必须采取在医学上被认可的方法实施医疗，这就是医术的正当性。只要欠缺此要件，该行为就不能作为医疗行为而被正当化。虽然也有观点将此理解为医疗行为之方法的相当性（手嶋·43页），或是医学的正当性，不过既然是在医疗技术的层面讨论其正当性，本书还是想将其作为医术的正当性（米村·169页）来展开探讨。具备何种条件才能被认定为普遍承认的医疗行为呢？另外，对于尚未确立治疗方法的实验性治疗，是否能认可其正当性也成为问题。这些问题将在本书第六章进行探讨。

三、医学的适应性

所谓医学的适应性，是指所适用的医学判断和技术，对于疾病的治疗、减轻和预防是必要且相当的，在社会一般人看来也是被允许的。通常情况下，医师对患者所实施的医疗行为并不存在医学的适应性的问题。但是，如对于活体器官移植，基于何种根据允许医师实施从供者（donor，器官移植的提供者，详见边码128）的身体中摘取器官的行为呢？在学说上，如同基于捐献者同意，该行为才会被允许一样，有力见解主张从被害者同意的法理来寻求允许的根据。如此一来，不是医师的人也可以实施器官摘取手术，这是可以的吗？虽然该行为是根据医学判断和技术应用正当进行的，但该行为并不能直接作为医疗行为而被容许。该行为作为对受者（器官移植的接受者，详见边码128）的治疗是必要的，且从供者体内摘取器官的行为在社会一般人看来也是被容许的，换句话说，其必须具有社会相当性。为此，该问题由国会来议决再合适不过，《关于器官移植的法律》也是为了承认器官移植的医学的适应性而制定的法律。不过，即使不这么做，在社会一般人看来容许的场合，例如，提取体外受精所需要的卵细胞，作为具有社会相当性的行为，其医学的适应性也是能够被认可的。在医学的适应性上存在问题的场合，如美容整形手术、绝育手术、性别匹配手术、人工流产、人工授精和体外受精，等等，上述情形都包含了难以解决的问题，本书将在第七章进行探讨。

四、患者的同意

未基于医师的医学判断和技术而实施可能会对人体造成危害的行为，原本就属于医疗侵害行为，是对人体产生危害的危险行为。因此，医师强行对患者施加治疗，是对《宪法》上对个体的尊重之原则、基于幸福追求权之自我决定权的侵害，是不被允许的。如此说来，医师要提供给患者充分的信息，并在征得患者同意之后才能进行诊疗。所谓的知情同意（informed consent），现已成为医疗上的基本原则（大谷·72页）。因此，无视患者同意而实施的医疗行为，作为专断的治疗行为将会被追究伤害罪或强要罪的刑事责任，同时在民事上也要承担损害赔偿责任。此外，在法律上认可强制医疗行为的场合，如因精神科医疗措施而住院、因医疗保护住院、采取传染病防治等强制医疗措施，无须征得本人的同意。关于患者的同意将在本书第八章中展开探讨。

44

第六章 医疗行为之医术的正当性

一、概述

45　　医业中的医疗行为（诊察、治疗行为）是指，若非医师基于医学的判断和技术而实施，则可能产生卫生保健上（人身的）之危害的行为。因而在实施医疗行为的场合，为了防止人身危害的发生，必须采用医学上认可的方法正确地进行，这就是医术的正当性。虽然也有说法称之为医疗行为之方法的相当性，但是医师的诊疗行为同后述的医学的适应性一样，如果不是以医学上认可的方法正确地进行的话，就不能被认为是医疗行为。

　　为了确保作为医疗行为之医术的正当性，例如，应当设置像《道路交通法》或《劳动安全卫生法》那样保障安全的行政法规。但是，对于医疗行为，如基于《医师法》第24条之2的规定而作为厚生劳动大臣指示的《关于输血疗法适正化的指南》（平成元年健政发第502号）、《关于输血，医师或牙科医师应遵守的准则》（昭和27年厚生省告示第138号）、《关于以人为对象的医学系研究的伦理指南》（平成26年文部科学省、厚生劳动省告示第3号）、《关于终末期医疗的决定程序指南》（平成27年医政发0325第2号）等，均以行政当局的指示、告示或指南的形式而存在，而诊疗相关的法律规制的缺乏，导致在现行法中原则上应由医师自行判断以确保医术的正当性（参照樋口·续85页）。

[EBM（Evidence-Based Medicine）循证医学]与医术的正当性相关，EBM（基于科学证据的医疗）的发展动向备受关注。基于科学证据的医疗是指"良心地、明确地、有区分地使用最新最优的医学知识的医疗"，也被称作遵循证据的医疗。以美国为中心在世界范围内开展了医疗改革运动，而日本也基于这样的想法，为了普及有科学根据的医疗，各专科医学会根据各个疾病类型的证明程度制定了多种诊断、治疗方案，并正在推进制定实施医疗行为时相关注意事项的指南。

二、医术的正当性与医疗合同

1. 意义

现行法律中存在四个与确保医术的正当性相关联的制度。其一，作为医疗合同上的义务，在医师有违医术的正当性之行为给患者造成损害的场合，患者可以债务不履行为由要求医师进行损害赔偿的制度（《民法》第415条）。[1] 其二，在医师因故意或过失作出有违医术的正当性之行为给患者造成损害的场合，患者可以遭受侵权为由要求医师进行损害赔偿的制度（《民法》第709条）。[2] 其三，在医师违反了业务上的注意义务作出有违医术的正当性之行为给患者造成损害的场合，医师构成业务上过失致死伤罪，处以5年以下惩役或者监禁，或100万日元以下罚金的制度（《刑法》第211条）。[3] 其四，在医师作出有违医术

---

[1] 日本《民法》第415条规定："债务人不按照债务的本旨履行或者不能履行债务的时候，债权人可以要求赔偿由此产生的损失。但是，该债务的不履行，根据合同及其他债务的发生原因以及交易上的社会一般观念，存在不能归责于债务人的事由时，不受该条限制。"——译者注

[2] 日本《民法》第709条规定："因故意或过失侵害他人的权利或法律上受保护的利益的人，对由此产生的损害承担赔偿责任。"——译者注

[3] 日本《刑法》第211条规定："懈怠业务上必要的注意，因而致人死伤的，处五年以下惩役或者监禁，或五十万日元以下罚金。"——译者注

的正当性之行为给患者造成损害的场合,由医道审议会(分科会,详见边码11)规定吊销医师资格等措施的制度(《厚生劳动省设置法》第7条第1项、第3项)。无论哪一种制度,其功能都在于通过对医师施加制裁或不利处分,以确保医术的正当性或正当医疗的进行。

2. 医疗合同

(1) 合同当事人

首先对上述第一项制度展开思考。合同一般是由具有行为能力(意思能力)的人发出要约,经相对方承诺后成立。基于把医疗合同视作准委托合同的立场(详见边码50),在医疗合同的当事人是个体开业医时,合同双方当事人是患者本人和医师,但在介入医院等医疗机构的场合,接受患者诊疗委托的是医院开设者(东京地判1975年1月20日判时764号19页)。有观点认为,在这种情形中,主治医师在法律上单纯只是合同的履行辅助人,这与诊疗的实际状况不符。另外,由于患者的同意不是委托合同的要件,而不包含在医疗合同中(内田·300页),虽然受托人在法律上是医院开设者,但作为具体委托事务的医疗必须由该主治医师进行主体性的判断,即作为主治医师必须根据自己的判断来"应对患者时刻变化的病情,尽到善良管理者的注意,有必要遵照医学上的技术标准采取适当的措施"(中野贞一郎《过失的推定》增补版〔1987〕89页)。不过,作为合同效果的治疗费请求等将发生在医院开设者等人身上。如此说来,作为准委托合同的医疗合同,由患者发出作为委托事项的诊疗要约,作为受托人的医师等对此作出承诺,合同即告成立。

(2) 急救医疗

在患者失去意识或是幼儿、精神障碍者等无意识能力的场合,合同的主体即委托人究竟是谁就成为问题。例如,倒在路上昏迷不醒的男性X被路人Y呼叫救护车送至甲医院进行紧急救治。对于上述情形,在学说上存在不同观点:①有观点认为Y为救第三人X而与甲医院缔结合同，即 Y 有权利为了第三人向甲医院寻求诊疗而订立合同；②也有见解将此理解为代理订立医疗合同。不过私以为将事实上不是代理人的 Y 拟制为代理人并不妥当，理解为无因管理更加符合实际情况。

根据《民法》第 697 条规定，无因管理是指"没有义务而为他人开始管理事务者，应根据该事务之性质，以最适合本人利益的方法，对该事务进行管理"。上述的甲医院对 X 在法律上虽不具有救助义务却仍让其入住了医院，即属于没有义务而为了他人开始管理诊疗事务，构成无因管理，故甲医院采取了最符合患者本人利益的住院措施。并且，无因管理人"在知道或者能够推知本人的意思时，必须按照本人的意思管理该事务"（同条第 2 项）。

（3）无因管理与自杀者

由于关系到本人的意思，对自杀未遂者进行急救医疗成为问题。在本人拒绝医疗而仍实施急救医疗的场合，是否违反无因管理的规定？根据家长主义（paternalism）的观点，基于自杀的意思拒绝诊疗在法律上是无效的，作为一般的无因管理处理即可。此外，还可能涉及紧急无因管理，即"管理者为了避免对本人的身体、名誉或财产的紧迫危害而进行事务管理时，若无恶意、故意或重大过失，不承担由此产生的损害赔偿责任"（《民法》第 698 条）。

（4）合同的意义

合同是指，基于多数人的合意而在当事人之间产生法律上的权利和义务的制度，即期望能够在具有法律约束力的合意下达成契约（内田·11 页）。以典型的买卖合同为例，想要购买某物品的甲请求所有人乙出售该物品，乙对此作出承诺，则甲购买要约的意思表示同乙作出承诺的意思表示达成一致，买卖合同就此成立（《民法》第 555 条）。同时，双方无须交换书面合同。买卖合同一旦成立，一方面，甲就负有了向乙支付合意价款的义务（债务），同时也拥有了请求乙交付标的物的权利（债权）。另一方面，乙也拥有要求甲支付价款的权利（债权）和向甲交付标的物的义务（债务）。当双方没有履行各自的义务时，最终可以向法院起诉，请求对方履行义务。

医师和患者的关系，也可以看作是医师对患者的诊疗要约作出承诺的合同关系。在医乃仁术的时代，医患关系并不被视为是权利义务关系，但随着《宪法》第13条规定的个人主义原理深入人心，出于对患者意思或自我决定权的尊重，将医患关系理解为权利义务关系的见解逐渐变得有力。法院也认可了这一观点，虽然根据《医师法》，医师被课以诊疗义务（详见边码160），但对于患者而言，医师对患者诊疗要约作出承诺（接受）的法律关系是成立的。

(5) 医师与患者的关系

在此尝试思考一下医师与患者之间的法律关系。患者通常是委托医师诊疗，在法律上，这就是患者向医师发出想要寻求诊疗的要约，医师对此表示接受并作出承诺，双方的意思表示一致从而成立医疗合同。因此，医师在负有实施诊察、治疗的医疗行为之义务——债务的同时，也产生了向患者收取治疗费的权利——债权。与之相对，患者在拥有向医师求诊之权利的同时，也负有支付治疗费的义务。因此，在医师不进行充分的治疗或是患者不支付治疗费的场合，均属于债务不履行，最终可以向法院诉请对方承担损害赔偿责任。

话说回来，在医疗合同中，患者发出诊疗要约是因为希望医师能够治好自己的疾病。但是，即使运用了现代医学的最优手段，仍然存在因患者的个体差异、病因未定、甚至是患有疑难杂症而无法根治的情形。因此，对于无法准确预测的疾病，承诺治愈或是完全根治在大多数情况下对于医师而言都是轻率的。医师接受并进行医疗行为时，并不需要向患者许诺一定能够治愈疾病，但需承诺为了完全治好病患而遵照医学和医疗技术进行适当的治疗。因而，医师基于医疗合同而产生的债务，并不是像建筑承包合同那样，是实现内容确定之结果的义务（结果债务），而是以"向着患者（债权人）所希望的疾病治愈结果（努力），实施谨慎细致的治疗或适当的治疗行为"为内容的手段债务。对此这样进行理解才是妥当的（中野贞一郎《过失的推定》增补版

〔1987〕188页）。

鉴于医疗合同的上述特征，围绕医疗合同产生了"无名合同说""事实行为说""准委托合同说"等诸多学说观点（大谷·54页；村山淳子《医疗合同论》，载《西南大学法学论集》38卷2号68页）。不过，医疗合同在内容上是将诊疗行为这一工作（事务）"委托"或"托付"给对方，与委托合同非常相似。

民法将委托合同规定为"当事人一方将法律行为委托给另一方，另一方对此作出承诺后产生效力"（《民法》第643条）。另外，对于非法律行为的事务的委托，被称为准委托，准用上述关于委托的规定（《民法》第656条）。所谓委托，例如，当事人将诉讼这一法律行为委托给律师；而患者委托医师诊疗，由于委托医师诊疗并非法律行为的工作（事务），所以不属于委托。但是，就把工作托付给他人这一点而言等同于委托，因而在法律上应以委托为基准来处理。基于此，笔者过去一直采用准委托合同说（大谷·54页）。但通过对学者观点和司法判例的考察表明，准委托合同说是当今的多数理论。

[围绕医疗合同当事人的问题] 医疗合同基本上是根据患者的要约和医师的承诺，由医师和患者作为当事人而订立的合同。不过，关于谁是合同的当事人这一问题存在以下两个观点：一是，有力见解主张在医师于医院和诊所等医疗机构从事诊疗的场合，医疗机构的开设者才是合同的当事人。但是，如前所述，医疗合同的义务应由负责诊疗的医师来承担，因此应考虑将医师作为合同的当事人。二是，在社会保险诊疗中，医师在保健医疗的范围内负有提供医疗的义务，所以有学说主张合同的当事人就是保险人。但是，医疗合同是在全民保险的制度下，基于医师和患者的自由选择而达成合意，因而将其与保险外（自由）的诊疗作同样考虑便足够了。

（6）医疗合同的内容

医疗合同是根据医师对患者诊疗要约的承诺而成立的。患者在医院或诊所的前台出示健康保险（被保险人）证并提出诊疗申请，随后进入诊室，在医师开始问诊的阶段，合同关系就此产生。值得注意的是，患者的病情并非固定不变的，而是处于不断变化中，正如人们所说的"疾病的过程和医疗行为是一种对抗和竞争的关系"（唄·前引书81页），诊疗的内容在医疗过程中是被迫发生变化的。再者，诊断也不可能一下子就发现所有的病变，在治疗过程中医师不得不时刻作出调整变化。甚至有这样的说法，"所谓医疗合同，从一次诊疗到下一次诊疗都是一个合同"（渡边治夫《医患关系的思考》，载《法律时报》47卷10号15页）。但是，从医疗行为的特征来看，在寻求诊疗的阶段，总体上可以理解为患者是以治愈疾病为目的而请求提供诊疗，医师对此进行回应，双方从而形成了持续性的关系。医疗合同的成立，在医师对患者的诊疗要约作出回应的时点成立，此后，直到医疗合同失效为止，医师都承担着这一债务。因此，如果诊察停留在开始阶段，之后若医师拒绝治疗则会被追究债务不履行的责任。

3. 医疗合同的效力

关于医疗合同的效力，有三个方面的内容：①医师作为受托人的善管注意义务；②患者对诊疗报酬的支付义务；③医师的说明义务和患者的同意。

（1）善管注意义务

a. 意义

医疗合同中的义务，最重要的是作为民法上准委托合同中的受托人的义务，即处理合同所约定的委托事项。对于作为受托事项的医疗行为应该如何处理，《民法》第644条规定了重要的规则，亦即"受托人，负有遵循委托之本意，以善良管理人之注意来处理委托事务的义务"。此条规定的义务被称为委托合同中的善管注意义务。同时，由于本书采取了将医疗合同界定为准委托合同的见解，基于《民法》第644条的规定，作为受托人的医师应具有善良管理者的注意，换言之，其具有以善良医师的注意来进行医疗这样的"义务负担"。于是,医师被课以了在诊疗当时尽到临床上所要求的最大程度之注意的诊疗义务。这里的"善良管理者的注意"是指,受托人在进行事务等的管理时,应尽到其职业或地位所通常要求之程度的注意义务。准委托合同是以当事人间的信赖关系为基础订立的合同,善管注意义务的内容也要根据当事人各方知识、能力的差别,以及委托人对受托人的信赖程度等因素综合判断(内田·291页)。因此,医疗合同有助于确保医疗行为的医术的正当性。

民法上的善管注意义务是指,"对与受托人具有相同职业、地位的人所一般期望的注意义务"。但是,善管注意义务在医疗中是指,由于患者是将与自己生命、健康相关的事务(医疗)委托给医师,并基于高度的信赖与医师订立合同,所以合同约定的"委托的本意"即指应尽到"为了防止危险而在实验上所必要的最大程度的注意义务"(后述最判1961年2月16日),若医师违反该注意义务没有进行适当的诊疗而给患者造成损害,即属非法行为,必须对由此产生的损害承担赔偿责任(《民法》第415条;河上正二《医疗合同与医疗过失》,载矶村等编《民法试验教室》〔1999〕365页)。

[东大输血梅毒事件] 此事件的判决(最判1961年2月16日民集15卷2号244页)对于此后医疗事件的处理具有极为重要的意义,故在此作简要介绍以供参考。X女为治疗子宫肌瘤而住进东大医院,A医师在为其输血时采用了从职业卖血人B处采集的血液,因B感染了梅毒,X也被传染,随后不仅出现了行走困难、视力减退等后遗症,还导致丈夫与其离婚。由此,X要求作为A医师之雇主的国家应对其承担损害赔偿责任。B在采血前因接触了卖淫女而感染梅毒。A医师知晓B感染梅毒的唯一途径是在采血时对其问诊,但A依照当时的医疗惯例,只询问了一句"您身体还好吗"。对此,日本最高法院在判决中论述道,"既然是从事应当管理人之生命及健康

业务的人，应依照其业务的性质，必须要求其承担为了防止危险在实验上所必要的最大程度的注意义务"，A医师"如果诚恳地诱导该人作出真实的回答，进行详细而具体的问诊的话，就不能断言其无法得到推知该人的血液中带有梅毒感染之危险的结果"，进而认定医师违反了注意义务。在此判决中，日本最高法院引入了医疗上注意义务的判断基准（浦川道太郎·百选170页；米村滋夫·百选2版98页）。

b. 医疗标准

如前所述，医师被课以了在实施诊疗时应尽到临床上所要求的最大程度的注意义务。不过，在通常的诊疗中医师同样应当时刻尽到临床上所要求的最大程度的注意义务，若对此懈怠的话则违反了注意义务，因而没有必要特意将"最大程度的注意义务"作为问题，仅要求医师达到相应的医疗标准就足够了。成为问题的是，在采用新疗法或技术上有困难的诊疗时，如何判断是否尽到了"最大程度的注意义务"，以及其标准是什么。

关于这一问题，实务界对以诊疗当时的医学水平为基准来作为注意义务之上限的想法进行了探讨，日本最高法院认为，最大程度的注意义务之标准应是"在诊疗当时的临床医学实践中的医疗标准"（最判1982年3月30日判时1039号66页）。关于"医疗标准"的意义及机能也有不同看法（加藤编·110页；川崎·79页），早产儿视网膜症一案的判决认为，在判断医疗标准时，要考虑"医疗机构的性质、所在地区的医疗环境特征"等各项因素（最判1995年6月9日民集49卷6号1499页），"医疗标准"对于所有的医疗机构而言并不相同，若新的医学知识在该医疗机构及与之同等程度的医疗机构中，已经被相当程度地普及了，能够期待该医疗机构掌握这一知识的话，那么该知识便可以被归结为该医疗机构的医疗标准。这样一来，医师在面对新疗法或技术上有困难的诊疗时，有义务基于诊疗当时的医疗标准，尽最大程度的注意进行诊疗。

[**早产儿视网膜症**] 早产儿视网膜症是指,为了挽救极小早产的新生儿的生命,在保育器中注入一定浓度的氧气时引发视网膜障碍从而导致其失明的一种疾病。大约在 1965 年,在氧气疗法普及的同时,发病数也在不断增加,一种被称作光凝固术的疗法被研究开发出来。此后,在 1974 年,以开发诊断与治疗的统一标准为目的,当时的厚生省组织了研究小组。于是,在 1975 年 3 月,研究小组发表了《关于早产儿视网膜症的诊断及治疗标准的研究报告》,这一报告被认为是当时医疗标准的显示,并且此后被顶尖医疗机构陆续实施。但是,也有观点对光凝固术作为治疗方法的有效性提出了质疑。在此情况下,对于未实施光凝固术的医师究竟是否违反了注意义务,引发了争议。

如此说来,医师被课以了根据医疗标准来判断、以最大程度的注意进行诊疗的义务。虽然医疗标准也可以被理解为是唯一、绝对、无差别的东西,但患者是基于作为相对方的医师或医疗机构的诊疗条件来缔结医疗合同的,因而对于医师最大程度的注意义务之判断,应该综合考虑订立医疗合同时该医疗机构的条件和医疗环境等具体情况,这是理所当然的。上述日本最高法院的判例也指出:"在以某一新疗法的存在为前提进行检查、诊断、治疗等事项时,对于如何认定基于医疗合同对医疗机构所要求的医疗标准这一问题,应当综合考虑该医疗机构的性质、所在地区医疗环境的特征等各项情况",进而提出了这样的医疗标准判断框架:医疗标准不应被理解为是所有医疗机构共通的、绝对的东西,而应根据各个医疗机构的特性进行具体的判断。

c. 超过医疗标准的诊疗

上述日本最高法院的判例是关于新疗法的判决,与此问题相关而被探讨的是,在特定医师具有超过医疗标准之技能的情况下,该医师的善管注意义务(河上正二《医疗合同与医疗事故》,载矶村等编《民法试验教室》〔1999〕358 页)。关于这一点,日本最高法院在判决中指出:

"医师,只要没有与患者达成特别的合意,就无须负担以超越医疗标准的医疗合同为前提的缜密、真挚、诚实的医疗注意义务"(最判1992年6月8日判时1450号70页),由此引发了争议。关于医疗标准这一判断,本来就是在考虑了包括主治医师的知识及技能在内的有关医疗机构等各项情况的基础上,推导出医师所负的最大程度之注意义务,因而主治医师所具有的专业知识和高超技能,同样是判断医疗标准的要素之一。在这个意义上,认为应以医疗机构为单位来理解医疗标准的观点就难言妥当。

医疗标准是基于在具体的临床实践中推导出最大程度之注意义务而提出的概念,因而"其与普通医师在当时实施的医疗惯例未必一致,即便医师遵循了医疗惯例,也不能直接认为其履行了符合医疗标准的注意义务"(最判1996年1月23日民集50卷1号1页。小谷昌子·百选102页)。例如,使用麻醉药的医师一般应负有按照说明书记载的每隔2分钟进行一次血压测量的注意义务。假设当时的一般开业医都没有遵循说明书上的这一注意事项,以每隔5分钟测量血压作为常识并实践,即便如此,这也不过是普通医师在当时所实施的医疗惯例,仅仅照此实施的医疗行为并不能说是尽到了医疗机构所要求的符合医疗标准的注意义务。

不过,如前所述,作为准委托合同,患者所委托医师的是在医疗技术上进行正当的诊疗,而不是完全治愈疾病。由于治疗效果伴随着不确定性,因此即便患者死亡也不违反合同。医师负有"治疗责任",但不必负担"治愈责任"(中野·前引书89页)。医疗合同中最重要的不是结果的好与坏,而是在医疗技术上是否进行了正当的诊疗。

[医疗过失与债务不履行、侵权行为] 对于诸如患者死亡等不幸、不好的结果,应该作为因债务不履行引起的损害赔偿请求案件,但在现实的诉讼中,由于后述(详见边码92)的过失所引起的侵权行为而争讼的情形居多。私以为这是由民事审判中的举证问题所导致的,作为医疗行为的问

题,一是应考虑将坏的结果理解为合同违约,二是再讨论基于故意或过失的侵权行为。

(2) 医疗费请求权

根据医疗合同,医师应承担实施合理诊疗的债务,对此医师自然享有向患者收取符合合同的诊疗报酬或医疗费的请求权。但是,由于各种社会保障制度的存在,医师并没有请求患者全额支付诊疗费的权利,即不享有这样的债权。无须多言的是,在1961年(昭和36年)引入的国民皆保险制度下(如下图所示),基于工薪职员等加入的《健康保险法》《船员保险法》、各种互助公会法[1]适用的职域保险,以及地区居民适用的地域保险等,多数诊疗费采用现金支付的方式,保险医对于适用《健康保险法》的患者仅收取初诊费和诊疗费的30%或10%。基于此,认为医疗合同属于不同于一般合同的无名合同的观点变得有力,但是由于医疗合同上的债权是根据各个不同的保险人支付保险金,所以保险医可以获得与债权相符的诊疗报酬,不会产生合同上的问题。只不过,作为医师,在经营符合保健医疗的医疗业务时,有必要充分理解保健医疗制度(川崎·264页)。

[医疗保险制度概要] 作为医师,了解医疗保险制度是极其必要的,以下对此进行简要的介绍。

所谓医疗保险,是指在被保险人患病、受伤、死亡或者生育等相关情况下,由经营保险的保险人为被保险人支付因诊疗等医疗服务而产生的医疗费的70%~90%,这是为了防止国民因医疗费用陷入贫困而设置的社会保障制度。被称为保健医疗制度,其以《健康保险法》《国民健康保险法》为基础。

---

[1] 日本的互助公会(共济组合)是指在一定历史条件下,社会某一行业、团体,为维持、保障和促进自身正常生存和发展,自愿有组织地进行经济上相互接济的社会保障组织。——译者注

保健医疗制度大致可以分为以受雇者为对象的健康保险和以一般国民为对象的国民健康保险。前者称为职域保险，后者则称为地域保险。保险人是健康保险事业的运营主体，具体分为：①职域保险的保险人是全国健康保险协会或各个事业的健康保险组合，其保险费财源是来自雇主（用人单位）和国库的补助金；②国民健康保险的保险人则是各都道府县市镇村，其财源则是各家庭缴纳的保险费和国库的补助金。

医疗保险的种类具体包括以事业单位的职员等为对象的受雇者保险，以一般国民为对象的地域保险以及以全体75岁以上老人为对象的后期高龄者医疗保险。无论哪一个制度，都是要求强制加入的。虽然作为被保险人的患者可以依自己的意愿自由选择医院和诊所，但如果不是由厚生劳动大臣指定的保健医疗机构的保险医来诊疗，就不能享受医疗保险。

厚生劳动大臣的《疗养担当规则》对诊疗内容进行了具体而详细的规定，保健医疗机构和保险医必须遵照此规则实施诊疗。不遵照实施的，则取消该保健医疗机构的指定资格。保健医疗机构在为医疗保险加入者即被保险人诊疗的场合，于窗口收取患者一部分自负费用（诊疗报酬的10%~30%）。同时，将1个月的诊疗汇总记录在诊疗报酬明细表中，根据分数向审查支付机构申请诊疗报酬。诊疗明细表记载了不同诊疗行为的频率和分数，分数的单价是10日元。

保健医疗机构也可以实施保险外（自由）诊疗。在此场合，诊疗费自然是由患者全额担的。另外，原则上禁止同时接受保险诊疗和保外（自由）诊疗的混合诊疗，不过在特殊情况下，也可以支付相应诊疗的保险外并用诊疗费。

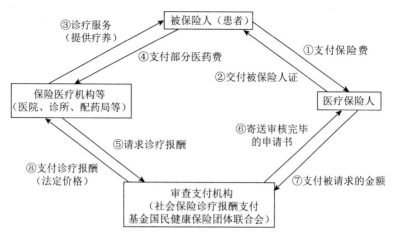

图 6-1 保险诊疗示意图

表 6-1 日本医疗保险制度概览表

		被保险人	保险人	个人负担的受诊费	费用来源
职域保险（受雇者保险）	健康保险	一般雇员	全国健康保险协会	一般为 30%；未上学儿童 20%；70 岁以上者 20%（在职且有收入者为 30%）	保险费（本人、雇主）；国库负担、补助（给付费的 16.4%）
			各健康保险组合		保险费（本人、雇主）
	船员保险	船员	全国健康保险协会		
	国家公务员互助公会	国家公务员	各省厅等互助公会		
	地方公务员互助公会	地方公务员	各地方公务员互助公会		
	私立学校教职员公会	私立学校教职员	私立学校振兴、互助事业团		

(续表)

		被保险人	保险人	个人负担的受诊费	费用来源
地域保险	国民健康保险	一般国民（农业从事者、个体经营者等）	各都道府县各市镇村	一般为30%；未上学儿童20%；70岁以上者20%（在职且有收入者为30%）	保险费（每户）；国库负担、补助（给付费的41%）
			各国民健康保险公会		保险费（每户）；国库负担、补助
		受雇者保健退职者	各市镇村		保险费（每户）
后期高龄者医疗制度		75岁以上者，以及65—74岁有一定程度残疾并经广域联合会认定者	后期高龄者医疗广域联合会	10%（在职且有收入者为30%）	保险费（约10%）；援助金（约40%）；公费（约50%）

（3）说明与同意

医疗行为中诊疗的具体内容是多方面的：①经过一系列诊断过程，如问诊、视诊、触诊、听诊、血液检查、尿液检查等检体检查，X光片、CT和MRI等画像诊断，心电图与超声波等生理检查；②随后实施用药、内窥镜治疗、导管治疗和外科手术等治疗措施；③进行预后的康复治疗等。

虽然医师与患者缔结了属于准委托合同的医疗（诊疗）合同而进行诊疗（详见边码50），但上述的医疗行为或多或少作为医疗侵害是对人体有危险的行为。因此，立足于《宪法》第13条的幸福追求权是以自我决定权为基础，未经患者同意的诊疗作为专断的医疗行为是违法的，即便医疗合同成立，医师也不能仅凭此就进行诊疗。通过解释说明让患者理解并接受诊疗难道不是必要的吗？虽然诊疗是对人体有害的行为，但医师应向患者说明由此而使病情好转的好处以及伴随诊疗行为的健康危险，提供与诊疗相关的充分信息并促使患者自主判断这一程序，对医师课以了说明义务，得到患者同意后方可实施诊疗。这样，作为受托人的医师负有关于医疗行为的说明义务（详见边码43）。说明义务可分为以下三种类型：①为了治疗行为的说明义务；②对坏（不幸）结果的说明义务；③为了自我决定权的说明义务（内田·301页）。

a. 医疗行为与说明义务

医疗行为是为了治疗和预防疾病而进行的，在这一过程中由于伴随着人身危险，为了能让患者接受，将治疗内容、用药处方、疗养方法等一一进行说明是必要的。另外，《医师法》第23条规定："医师在诊疗时，应对本人或其保护者，就疗养的方法及其他促进保健所需事项进行指导。"该说明义务的必要性及范围受到医师在治疗上的裁量权的制约，诸如可选择但尚未确立的疗法与医师的说明义务（千叶华月·百选2版68页），分娩方法相关的说明义务（峰川浩子·百选2版70页）等也成为问题，尤其是病名的告知受到关注。

[**病名的告知义务**] 最判1995年4月25日民集49卷4号1163页载：原告主张医师没有将可能患胆囊癌的疑虑告诉患者，因而错失了合适的治疗机会。在此事件中，患者是初次就诊，对疾病的性质也并不清楚，在这种情况下，癌症医师一般会告知别的病名。患者原本向医师表示同意住院后又单方面取消住院。在这样的事实关系下，未告知怀疑其患有癌症这一行为并不构成医疗合同上的债务不履行（樋口范雄·百选2版64页）。与之相对，最判2002年9月24日判夕1106号87页载：日本最高法院认为，即便向癌症晚期患者本人告知是不合适的，但医师仍负有对患者家属的告知义务（桥口贤一·百选104页）。

b. 不良结果与说明义务

患者本人自不必说，其保护者和家属同样也是抱有使病情好转的目的而接受医疗的，例如，在原以为可以治愈的病症却不断恶化甚至死亡的场合，难道不应该向本人或家属说明是什么原因导致了这一不幸结果吗（儿玉安司·百选 2 版 76 页）？然而，有见解认为，主治医师总是反复给出含糊的回答、不诚实的说明或者错误的说明，这有违说明义务，构成违反医疗合同的债务不履行。

笔者曾经主张在上述情况下可以类推适用《民法》第 645 条的受托人报告义务[1]，以此来认定医师违反了说明义务而应承担债务不履行的责任（大谷·104 页）；也有有力观点认为在这种情况下以《民法》第 645 条为根据而承认病历阅览请求权。换言之，《民法》第 645 条是（患者及家属等）要求阅览、誊写病历、检查结果等相关文件的实体法上的请求权依据（新堂幸司《新民事诉讼法》第 6 版〔2018〕415 页），如果该观点是"类推"适用第 645 条之意思的话，笔者也表示赞成。

[诊疗记录的公开]　案件事实情况如下：2002 年 10 月 31 日，A 被紧急送往甲医院并被诊断为肺炎，第二天转至由 Y 开设的乙医院接受治疗，最终于同年 11 月 6 日死于肺炎。A 的兄长 X 在 A 死亡后到乙医院对事务长 Y 等人在 A 死亡时的应对和治疗进行投诉。虽然 Y 向 X 说明了治疗经过和死因，但 X 表示不接受，并要求公开诊疗记录，Y 对此未同意。于是在 2005 年，X 以侵权行为或债务不履行为由向 Y 等提起诉讼，要求赔偿 6490 万日元。之后，在 2006 年，X 申请了要求 Y 出示诊疗记录的文书提交命令，然而该申请却以诊疗记录已于 2003 年丢失而不能认定 Y 仍持有该记录为由被驳回。于是，在 2007 年，X 以当时的乙医院院长及事务长等人为对象，再次申请要求出示诊疗记录的文书提交命令。虽然法院作出了命令院方提交诊疗记录的决定，但（前）医院院长以未

---

[1] 日本《民法》第 645 条规定："委托人请求时，受任人须随时报告委托事务的处理情况。委托终止后，须毫不迟延地报告其经过或者结果。"——译者注

持有该记录为由拒不出示诊疗记录。2008年，X提起了基于Y等的侵权行为要求赔偿700万日元的损害赔偿请求诉讼，理由是Y等人毁灭诊疗记录这一证据的行为侵害了其知晓事实真相的权利（部分内容省略）。对此，东京地方法院2010年1月28日的判决（判夕1328号167页）认为："患者的生命、健康，不仅对患者本人，对其家属也是极为重要的保护法益。此外，医疗机构基于医疗合同（准委托合同）对患者本人或家属负有报告诊疗内容的义务，因此在经过医疗行为之后却产生不良后果的场合，应当认定患者本人或家属在试图查明原因上具有法律上的利益。诊疗记录和看护记录是记载医疗行为的最重要的资料，因而医疗机构疏于对诊疗记录、看护记录的妥当管理，导致患者本人或家属查明造成不良后果之原因的手段受到限制，从而使患者或家属遭受到了精神上的痛苦。在这种场合下，根据医疗机构的应对情况，有可能成立侵害患者或家属之法律利益的侵权行为。"在本案中，法院认定医院"虽然已经敦促X采取有关公开本案诊疗记录的法律措施，但以诊疗记录下落不明为由未在本案诉讼中出示，因而对于X查明医院的医疗行为是否适当的要求，知情的医师们无法出示本案的诊疗记录"，由此Y"基于故意或过失的侵权行为侵害了X公开本案诊疗记录的法律利益"，最终命令Y对X支付50万日元的赔偿款（我妻学·百选2版48页）。

c. 自我决定与说明义务

这是为了在实施医疗行为时保护患者的自我决定权而进行的说明。甲是"耶和华见证人"的信徒，具有在任何情况下都拒绝接受输血的坚定意志，因而住进了无须输血也可以做手术的东京大学医科学研究所附属医院（以下简称"医科研所"）。在患者是"耶和华见证人"信徒的场合，该医院尽可能尊重信徒拒绝输血的意志而不输血，但在陷入除输血以外没有其他救助手段之事态时，采取了不论患者及家属是否同意均实施输血的方针。虽然甲在住院后向医师 X 等表明了不接受输血的意愿,但在进行肿瘤摘除手术时,X 认为如果不输血将很难挽救甲的生命,因此决定输血。对于该案,最判 2000 年 2 月 29 日民集 54 卷 2 号 582 页载,"医师 X 等人在直到实施本案手术为止的 1 个月时间里,尽管已经认识到手术中出现必须输血之情形的可能性,却没有对甲说明在医学上采取的上述方针,进而在未告知患者本人及被上诉人等(甲的亲属)可能会输血的情况下实施了手术,并按照该方针进行了输血措施。如此一来,在本案中,由于医师 X 等人怠于说明上述情况,因此剥夺了甲按照自己的意思来决定是否接受该伴有输血可能性的手术的权利,在这一点上侵害了其人格权"(参照石桥秀起·百选 3 版 70 页)。日本最高法院以该判决首次明确了所谓知情同意的法理,值得铭记。在次年的判例中(最判 2001 年 11 月 27 日民集 55 卷 6 号 1154 页),日本最高法院认为在进行乳腺癌手术时,对于作为疗法尚未确立、但患者密切关心的乳房温存疗法[1],院方并未对此进行说明,从而剥夺了患者基于适当信息而作出自由判断的权利,因而院方违反了说明义务(畑中绫子·百选 3 版 64 页)。

关于自我决定权的说明义务,还有其他判例,如最判 2006 年 10 月 27 日判时 1951 号 59 页所载的认定存在保存治疗法时的说明义务(林诚司·百选 3 版 74 页),最判 2008 年 4 月 24 日民集 62 卷 5 号 1178 页所载的在团队医疗中的说明义务(北山修悟·百选 3 版 138 页),等等。

三、违反善管注意义务的诸类型

作为医疗行为上的注意义务,不容忽视的是善管注意义务与医疗过失中的注意义务(详见边码 91)的区别。不过,就医师应该履行的注

---

〔1〕 乳房温存疗法意在缩小切除范围,尽可能保留女性乳房的完整性,该手术通常适用于直径小于 3 厘米的肿瘤,对肿瘤及周围 2 厘米左右的正常组织采取局部切除。目前已在日本得到广泛应用。——译者注

意义务的内容而言，二者并无实质区别。故在本节，将医疗过失中的注意义务也作为善管注意义务的其中一环一并探讨。

1. 违反诊察上的义务

以治愈疾病为目的的诊疗行为，首先从诊断开始。医师在开始治疗前，必须掌握患者的健康状况，判断所应实施的治疗内容，这样的判断被称为诊断（植木哲《医师的注意义务》，载《法律时报》45卷7号207页）。具体而言，医师不仅需要对疾病的有无、种类、严重程度等进行判断，还要对基础疾病、注射及用药等诊疗过程中的副作用、副反应乃至并发症的征兆等进行确认。客观认识临床上各症状的方法包括诊察、检查及其他信息的收集等〔野田宽《日本医师的诊疗事故诉讼（民事）的实况及其问题》，载《法学论丛》77卷3号113页〕。

诊断的出发点是诊察。诊察是指为了判断病因、病状而对患者身心进行检查的行为。在诊察中，除了有问诊、视诊、触诊、叩诊、听诊等一般的诊察方法外，还有适用器具等的特殊诊察方法，医师为了得到正确的判断，从诊察阶段开始便被课以善管注意义务。甚至有"诊察，始于问诊，终于问诊"的说法，问诊作为诊察的核心方法，其本质是一种重要的医疗行为（松仓·前引判夕334号83页；大谷·153页）。

所谓问诊，就是为了获得诊断的线索，向患者本人询问其病情、现有病历、既往史、体质、患病的经过、状况，并得到回答。作为问诊的基本事项，可以列出患者主诉的症状或者被推定的疾病等相关事项。对于这些事项，由于是问诊不可或缺的，故课以医师问诊义务，若未经问诊即作诊断则违反了善管注意义务。对于有关的特殊情况，尤其是对由医疗侵害引起事故的相关事项的询问是必不可少的。法院认定医师应当询问如下事项：①有无既往病史（过敏性疾病、心脏病、高血压、肝病、肾病等）；②有无既往用药史及过敏症状〔注射：比林（pyrine）类制剂、青霉素（penicillin）制剂、预防针接种〕，口服药

(比林类制剂、青霉素制剂）等；③有无家族遗传、特殊体质等（癌症、脑血管障碍、糖尿病、心脏病、猝死等）（最判 1976 年 9 月 30 日民集 30 卷 8 号 816 页；札幌高判 1994 年 12 月 6 日判时 1526 号 61 页；东京地判 2001 年 3 月 28 日判夕 1168 号 141 页等）。

对于上述基本事项，医师应以简单易懂的方式询问患者，但问题是患者和家属并不总是如实回答。必须谨记，问诊时患者没有回答或虚假陈述的部分，采取何种方法询问才能让患者如实回答是个难题。例如，对于除问诊以外无法发现患者是特殊体质，向其询问，"到目前为止，在打针或吃药的时候有没有不舒服、意识不清或者昏倒的感觉"，而明明有这种异常感受的患者却回答"没有"。有判例认为，在医师相信了该回答进行治疗，结果导致误诊的场合，就问诊而言是适当的（神户地姬路支判 1968 年 9 月 30 日下级刑集 10 卷 9 号 948 页；京都地舞鹤支判 1974 年 11 月 13 日判夕 319 号 302 页等）。除问诊以外，医师无法知晓患者的既往病史、特殊体质以及其他经历时，暂且只能在患者尚未作出正确回答的前提下进行问诊。

在此，举几例因患者一方的回答而出现问题的判例。①关于 X 光照射的总量，医师因为疏忽没有询问患者之前是否在其他医院做过 X 光照射，而对于同样也没有将该事实告诉医师的患者，判例认为"作为外行完全无法预料照射量过大会导致本案这样的重大后果"，故患者方不存在疏忽（东京地判 1964 年 5 月 29 日判时 379 号 18 页）。②患者的母亲和妹妹均有链霉素（streptomycin）[1] 致听力衰减的经历，在医师注射链霉素时，患者没有提及上述事实，而只是单纯就安全性询问了医师，医师以为患者是出于不安而询问，故回答说不用担心。于是，医师在没有询问患者不安缘由的情况下注射了 29 支链霉素，结果造成患者无法恢复听力的障碍。对此，判例认定医师因问诊不充分而违反了注意义务（札幌高判 1972 年 1 月 28 日判时 659 号 68 页；东京地判 1985

---

[1] 链霉素是一种氨基糖苷类抗生素，对结核杆菌有显著的抑菌和杀菌作用。——译者注

年 10 月 29 日判时 1213 号 98 页)。

关于问诊的方法,在前述的梅毒输血事件中日本最高法院已经明示了一般的注意事项(详见边码 52)。在该案中,院方因对职业供血者的问诊不当被起诉,这与对患者问诊的事例不同,但由于法院认为"如果医师进行适当的问诊就能预见结果发生",故特此介绍一下。职业供血者 B 面对医师"身体还好吗?"的询问,回答"没事",于是医师在采血后给 X 输血,结果因 B 携带梅毒导致 X 感染了梅毒并造成其行走困难等后遗症。对于这一案件,日本最高法院认为医师"如果认真地引导 B 作出真实的回答,进行详细而具体的问诊的话,就不能断言无法推知该人的血液中带有梅毒感染之危险的结果","既然是从事监督管理人的生命及健康之业务(医业)的人,依照其业务的性质,为了防止危险,必须要求其承担在实验上所必要的最大程度的注意义务"(前述最判 1961 年 2 月 16 日)。赞同与批判该判决的两种观点皆有之(浦川道太郎《东大输血梅毒事件》百选 179 页),不过既然医师知道 B 是职业供血者,就应对其感染梅毒的可能性进行更为详细的问诊,就此来说该判决是妥当的,但是其中关于"实验上所必要的最大程度之注意义务"的表述想来是没有必要的。

综上所述,问诊是掌握患者病变的实际情况的重要手段,因此应尽可能地开发和运用问诊技术,力求获得患者的真实回答。不能将走流程式地问一遍或是仅以所谓的问诊单进行问诊理解为是尽到了善管注意义务。在按照惯例使用问诊单,或者省略一部分问诊内容的场合,医师有时也会以医疗惯例为由主张尽到了注意义务,但惯例并不能成为免责事由,而应立足于患者的主诉或者可推认的关联疾病的严重性、侵害的危险程度、副作用等的相关联系,来考虑问诊义务的界限。另外,在紧急诊疗时允许医师省略部分或是全部的问诊,虽然也有无法问诊的情况,但大多是由于实施治疗的紧急性所致(有关问诊的判例可参见最判 1976 年 9 月 30 日民集 30 卷 8 号 816 页;札幌高判 1994 年 12 月 6 日判时 1526 号 61 页;东京地判 2001 年 3 月 28 日判夕 1168 号 141 页)。

问诊单是在医师与患者面对面问诊之前由辅助者或医师填写的,而且,在接种预防针的场合也有被接种者自己直接填写的情形。总而言之,问诊单不过是问诊的辅助手段,当然需要医师通过与患者直接面谈来对其进行补充和订正。另外,在与辅助者的关系上,对于辅助者遗漏患者申请的事件,有判决认定由医疗机构的开设者承担责任(东京地判1972年3月7日判夕278号311页),对于辅助者误记了问诊单的场合,也存在同样的问题。

2. 检查

为了进行适当的诊断必须实施必要的检查。具体而言,包括血液检查、细菌检查、生理学检查(如心电图、呼吸机能检查、超声波检查)等各种各样的检查措施。此外,检查也分为术前检查、术中检查和术后检查,医师有义务在必要的时期进行必要的检查,如果因为不适当的检查而导致误诊并对治疗造成不良影响的话,则医师违反了注意义务(东京高判1983年3月15日判时1072号105页),因此检查当然也要慎重进行。再者,在委托检查机构进行检查的场合,如果发生检查错误,那么检查机构的违法行为将成为问题,但如果是因疏忽大意而未能预见的话,则医师也违反了注意义务(札幌高判1985年2月27日判时555号279页)。如果患者在接受X光检查时受到辐射,当然也属医疗过失(名古屋高判1981年10月29日判时1040号61页)。另外,对于检查而言,说明和同意也是必要的。

3. 诊断

医师经过各种诊察和检查,从医学上解明病症,进行综合诊断。"所谓诊断,就是认识疾病的实际状况,在此基础上判断治疗方法,并在此过程中对疾病进行治疗状况预后判断"(植木·前引论文207页)。诊断上的失误,即不恰当的诊断就是误诊。误诊是指主治医师的判断与客观上疾患的实际情况并不相符(藤木英雄《刑法各论》〔1972〕193

页)。由于生命体的复杂性与变化的动态性,要作出适当的诊断十分困难。但无论如何,由于误诊与治疗措施的错误选择直接相关,作为医师,必须立足于医疗标准,根据诊察和检查等结果慎重地进行诊断。像感冒和阑尾炎那样,从症状就容易诊断疾病的情形暂且不论,初诊阶段的诊断,要综合考虑患者的陈述、症状、检查结果等,必须依靠医师的经验和直觉(野田宽《日本医师的诊疗事故诉讼的实况及其问题》,载《法学论丛》77卷3号113页),因而正确的诊断是相当困难的,事实上,在很多情况下误诊不一定是由医师的疏忽造成的。在实务中,即使事后查明诊断结果与疾病的实际情况存在出入,也并未认定医师违反注意义务的诸多判例便印证了这一点(东京高判1976年10月31日医疗民集75页;福岛地会津若松支判1971年7月7日判时636号34页等)。

顺带一提,在医疗过失诉讼中关于误诊的案件极为罕见,而且原告的胜诉率不到20%(植木·前引207页)。如此说来,因为诊断具有不确定性,所以当作为专家的医师从一般所期待的医疗技术即医疗标准来判断,也无法认识疾病的实际情况的话就不属于误诊。[认定误诊的判例,可参见广岛高判1992年3月26日判夕786号221页(阿司匹林哮喘的遗漏);大阪地判2003年12月18日判夕1183号265页(恶性淋巴肿瘤的遗漏)等]。

如上所述,虽然要避免误诊是困难的,但是如果没有发现误诊就开始治疗,病情非但不会好转,反而会进一步恶化。因此作为医师,要时刻意识到"误诊的危险",在诊断开始后、临床治疗过程中,对检查结果等保持充分的注意,承担病情观察义务。医师还负有"即使认为作出了正确的诊断,也要再次确认以迅速发现误判"的注意义务(那霸地判1996年7月2日判时1612号109页;前引福岛会津若松支判1971年7月7日)。另外,当确认了某一症状并开始治疗后,对于怀疑存在其他病因属于医学常识时,也有注意义务采取新的检查方法。当因患者不到医院或诊所就诊而无法诊断时,医师负有采取适当方法劝告患者前来就诊等的注意义务(大阪高判1962年2月2日医疗民集68页)。再者，医师在无法确认自己是否误诊时，应及时向其他有能力的医师报告，寻求他们的指示或是请他们直接来诊疗以实施适当的治疗，抑或是将患者转移到手术所需人力、物力设施均完备的其他医院等。总之，医师负有在诊疗上采取随机应变的措施这一注意义务（神户地判 1955 年 7 月 19 日下民集 6 卷 7 号 1519 页）。

4. 转医劝告义务（转医义务）

转医劝告义务或转医义务，是指医师在自己无法诊断患者或者判断自身无法提供符合医疗水平的医疗服务的情况下，劝告患者到其他适合的医疗机构就医的注意义务（最判 1997 年 2 月 25 日民集 51 卷 2 号 502 页；最判 2003 年 11 月 11 日民集 57 卷 10 号 1466 页；最判 2005 年 12 月 8 日判时 1923 号 26 页）。该义务也被称为转送义务，其要件包括：①在自身缺乏临床经验或者相应设备难以改善患者疾病的场合；②有适合的医疗机构可供运送；③通过转医有可能使患者病情好转。另外，虽然转医劝告义务也被称为转医义务或转送义务，但是只有在患者本人表示接受时才能开始实施转送，因此患者对此的同意是必不可少的。如此说来，称为转医劝告义务才是正确的。再者，转医劝告义务在确定诊断前或确定诊断后均可能存在。前者例如，即使无法确定病名，但"包含患有急性脑病等某种重大、急性疾病的可能性很高"，且医师判断自身没有能力治疗的场合（前引最判 2003 年 11 月 11 日；桥口贤一·百选 2 版 104 页）；后者例如，虽然诊断出患有急性脑部疾病，但判断该院不具备直接实施手术的条件，因犹豫是否转医而导致患者死亡的场合。

综上，对医师在诊断上的善管注意义务进行了探讨，其要点在于"运用现代的医学知识和技术，尽可能迅速地诊断出患者疾病的病因和病名，在此基础上采取适当治疗措施的义务"（旭川地判 1970 年 11 月 25 日下级民集 21 卷 11·12 号 1451 页），而诊断的正当性则是通过医师遵照医疗标准，履行相应义务来确保的。

[高端医疗机构的转送劝告义务] 1988 年 9 月 29 日，小学生 X 因头痛和前颈部痛而到被告医师 Y 开设的 A 医院就诊，小学生 X 被诊断为患有淋巴腺炎并被开具了抗生素处方。此后不仅不见好转还出现了发烧症状，于是 Y 开具了将一部分药物加大 2 倍剂量的处方。后 X 因发烧且感到恶心前往综合医院 B 接受节假日急诊并被开了药，但在此之后情况仍未好转。于是 X 再次于同年 10 月 30 日，分别在上午和下午两次接受 Y 的诊疗并输液，X 的母亲对 X 的言行感到不安，要求 Y 给 X 做检查，Y 认为 X 已经退烧了，呕吐也好了，如果回家后不见好转则再来住院。回家后的 X 仍呕吐不止，第二天无论怎么呼叫也没有反应，Y 认为有必要紧急住院，并将前一天开好的介绍信交给了 X 的母亲，让其前往综合医院 C 就诊。在立即进行检查后，根据检查结果，X 被高度怀疑患有包括雷氏综合症在内的急性脑病。1989 年 2 月 20 日，X 被诊断为患有原因不明的急性脑病。其被认定为一级残疾人，处于需要长期看护的状态。因此，X 的母亲对 Y 主张其怠于履行及时将 X 转入综合医院的义务，导致 X 留下了严重残疾，基于其侵权行为要求 Y 赔偿损害 9051 万日元。

对于以上事实，一审及原审判决认为，考虑到 X 呕吐曾经停止，Y 没有因怀疑是急性脑病而将 X 送往综合医院的义务，进而驳回了诉讼请求。日本最高法院则认为（最高裁 2003 年 11 月 11 日民集 57 卷 10 号 1466 页），关于上述事实，"Y 从初诊开始的第 5 天……在本案诊疗开始的时点，其基于初诊时的诊断用药却未见任何好转，虽然从当天上午开始便给患者输液，但从前一天晚上开始，X 的呕吐症状完全没有缓解，从上述情况来看，应当能够认为 Y 可以认识到自己基于诊断而采取的上述治疗并不适当，并且，从 X 的状态来看，Y 明明能够认识到上述治疗是不适当的，在本案诊疗开始后，Y仍在无法随时监测状况的2楼处置室实施与上午相同的输液，在输液过程中X的呕吐症状仍未缓解，而且出现了疑似有轻度意识障碍的言行。对此感到不安的X的母亲向Y求诊，Y在该时点应当能够认识到即便无法确定X的病名，但A医院对此无法提供适当的检查和治疗，X患有包括急性脑病等在内的某种重大、紧急的疾病的可能性很高。""这种重大、紧急的疾病，其预后情况一般非常不好，恢复的好坏取决于急性脑病等能否得到尽早治疗。就上述事实关系，Y在本案治疗中，尽管实施了输液治疗，X的呕吐症状却并未缓解，且出现了疑似轻度意识障碍的言行举动，在对此感到不安的X的母亲向其求诊时，Y直接对X进行了诊断。从X上述一系列的症状来看，应该说Y有义务将X转送至能够妥当应对包括急性脑病等在内的重大、紧急疾病，具有尖端医疗器械并能提供精密检查和住院治疗的医疗机构，使X获得适当的治疗。不得不说，Y对此存在疏忽的过失。"关于是否存在转送义务、是否存在相当程度的可能性，原审判决对此存在法令解释、适用上的错误，故被日本最高法院撤销原判并发回重审（桥口贤一·百选2版104页）。

5. 健康诊断

健康诊断是指通过诊察及各种检查对健康状况进行评估，以达到维持健康，预防并及早发现疾病的目的。体检，又叫作健康诊断。以发现特定疾病为目的的检查，被称为"检诊"，其具体称呼如"癌症检诊"。

健康诊断不是以治疗疾病为目的，而只是为了寻求用于指导个人活动的医学判断，是认识个人当前健康状态的行为。虽然通常也附带进行健康指导，但和保健指导存在区别。与健康诊断相关的法律问题，主要包括如下内容：

其一，既然健康诊断也是医疗行为，医师就必须基于医疗标准进行正确的诊断，客观地确定患者健康的实际状况。对于问诊和检查，原则上也适用本书前述对于治疗上诊断的说明（详见边码66）。因此，如果医师因为误诊而不当限制了个人的活动，给受诊人造成损害，则视具体情况可能要承担损害赔偿责任。

其二，在只接受健康诊断的情况下，只要患者没有提出治疗要求，即使发现了特定疾病，相关医师也不负有治疗义务。健康诊断书上应当只记载了解到的健康状态，如果在检查出患有特定疾病时，只需要记载是否有必要治疗，在没有发现疾病时，只需要记载各项检查未发现异常即可，没有判断患者能否进行特定活动的义务。但是，例如一个人在问及能否参加马拉松比赛的场合，虽然医师有必要示明其判断，但为了避免不必要的纠纷，医师只需要陈述检查结果即可，是否参加比赛则由本人自行定夺。如果根据医学上的合理判断，从诊断当时的健康状态来看可以参加马拉松比赛，也不会立即产生法律上的问题。当受诊人基于这一健康诊断而参加了马拉松比赛，即使出现了心脏病发作等事故，也可以说在诊断时是不可能预见到该事故的。与之相反，如果受诊人心脏状态异常，根据医学常识明明无法承受马拉松比赛的强度，医师却作出了可以参加马拉松比赛的诊断结论的场合，当然违反了注意义务。

其三，法院判决认为（东京高判1998年2月26日判夕1016号192页），关于多数对象的定期健康诊断，对此必须降低注意义务，想来是不妥当的。其理由在于，医师必须在短时间内完成多个定期健康诊断对象胸部X光片的拍摄，但如此一来，健康诊断的宗旨不就被抹杀了吗（大谷·164页；另见，米村·119页）？

6. 生命保险诊查医的诊断

生命保险诊查医的诊断与健康诊断相似却又存在不同。生命保险诊查医的职责是，对被保险人的健康状态，以及其他与危险测定相关的事项进行诊查，为保险人（保险公司）提供生命保险合同上的资料信息

（大森忠夫《生命保险合同的诸问题》〔1958〕184页）。

诊查医分为生命保险专属医和嘱托医，前者是根据民法上的委托，后者则是根据准委托合同履行职责，二者均负有前述的善管注意义务。诊查医的诊断与健康诊断一样都不是以治疗为目的，因而其善管注意义务不是以被保险人，而是以保险人为对象，所谓的医患关系在此并不成立（野田·前引《医疗上的注意义务》序论226页）。当诊查医对被保险人进行审查时，若未发现涉及保险条款规定的疾病等重要事实，保险人在对被保险人进行的审查中便丧失了向其解除保险合同等的利益。由此，当诊查医违反善管注意义务时，保险人便取得对诊查医的损害赔偿请求权。

诊查医在法律上的地位，分为其与保险人的关系（对内关系）及与被保险人的关系（对外关系）两部分，具有尤为复杂的法律关系。问题的要点在于，诊查医在诊断上所负注意义务的程度。判例和通说认为，尽到一般（普通）开业医的注意义务就足够了，不过考虑到保险诊查的诊断特质以及诊断上的限制（对象者的目的是保险合同，为此会隐藏疾病或不认真回答问诊），也有观点认为其注意义务低于通常的诊断（大河内寅四郎《判例中审查过失概念的变迁》生命保险经营21卷2号26页）。由于社医[1]和嘱托医与保险公司的关系不同，因此他们所负注意义务的程度存在差异也是不可避免的。

7. 治疗

一旦确诊，接下来便涉及到疗法的选择。在花费时间诊断而无法确诊的期间，是否可以放任对患者不采取任何措施成为问题。既然医疗合同已经成立，就应该认为负有对推测可能患有的疾病采取应急治疗的善管注意义务。反之，如果因为没有采取应急治疗而导致延误病情等后果，则违反了注意义务（稻垣·前引判夕294号10页）。但是，在临床

---

[1] 社医即指前述的生命保险专属医是生命保险公司的内部职员。——译者注

医学上无法推断病名时，则不产生治疗义务。另外，只要所进行的治疗在临床医学上具有合理性，即便事后认定是不适当的治疗，也不违反合同。但是，治疗上的说明和同意仍是必要的。相反，在这种情况下没有采取应急治疗而导致病情延误的话，就会产生医师债务不履行的责任问题。但在因不可能推测病名而无法采取措施的场合，很难认定医师负有善管注意义务。还有，在虽然是误诊，但从结果上来看采取了正确疗法的场合（川上武《医疗过失的技术查明》，载《法律时报》43卷6号11页），理论上有见解认为是违法行为，但既然进行了适当的治疗，债务就是被正常履行的，因而并不违反合同。

医师在完成了问诊、听诊、触诊、检查等各种诊察行为之后，有义务尽可能及时地选择疗法，确定病名并采取相应的医疗措施即进行治疗。如前所述，医师负有应基于医疗标准真挚、诚实地实施治疗上最大程度的注意义务，因此，如果医师违反该义务，草率、伪劣地进行治疗，则构成债务的不完全履行，产生相应的民事责任（名古屋高判1986年12月26日判时1234号45页）。

例如，在患者接受注射维生素之后因感到发冷而请医师前来诊断，医师却对此置之不理的场合，"鉴于这种症状通常可能是注射之后引起的结果，故有义务在此之后尽快进行检查诊断以确定病情，及时采取适当的医疗措施"（札幌地判1952年11月25日下级民集3卷12号1646页）。

再如，在因气性坏疽菌[1]导致右腿截肢后的70个小时内，患者一直无人照看，虽然在之后的巡诊中，医院怀疑是气性坏疽，但由于医院限制使用健康保险中的青霉素，故在约3小时后才仅仅注射了10万单位的青霉素，其结果是患者不得不再次截肢。对此，法院认为医师负

---

[1] 气性坏疽（gas gangrene）是由产生气体的厌氧梭状芽孢杆菌引起的感染性疾病，以肌坏死和全身毒性为特点，预防气性坏疽的根本方法是早期彻底清创、早注射青霉素和加强全身支持疗法，X光检查有助于在早期发现气性坏疽。因而，该案中医师在青霉素注射和X光检查等方面确实存在不当之处，导致了病情贻误。——译者注

有这样的注意义务，即"由于在上述巡诊时已经怀疑是气性坏疽，此时鉴于气性坏疽的特性，不仅应尽快搜索细菌，还要检查有无气体产生，无论患者是否提出申请都应进行X光检查，以确立诊断，及时采取适当的医疗措施"（京都地舞鹤支判1951年3月23日下民集2卷3号41页）。

关于治疗的内容和程度，医师应在充分注意观察患者症状的基础上，基于诊疗当时的医疗标准（详见边码52），考虑治疗的效果和副作用、痊愈的可能性以及对患者健康的风险等因素，选择最为适当的疗法（前引最判1969年2月6日）。例如，在治疗脚气的疗法上进行可能引发癌症程度的X光照射，这就丧失了治疗效果与危害程度之间的均衡。同样地，为了治疗红斑（海绵状血管瘤）而照射有可能导致放射线损伤后遗症的镭射线，并不是合适的疗法选择，如果要使用这一疗法，则负有特别注意以尽力防止后遗症发生的义务（大阪高判1967年4月28日下级民集18卷3=4号476页）。

但是，如果医师判断认为若对患者不采取任何措施则会危及生命，进而失去更为重大的治疗利益，就应毫不犹豫地决定疗法并予以实施。在对因受伤导致手腕已大部分断离且骨头和软组织均挫伤的患者进行右手腕截肢手术时，即使在采取了基本急救措施并获得了相关人员的充分同意后再进行截肢可能是较为理想的，但既然已无恢复的可能性，那么及时采取截肢措施就可以说是适当的（大阪地判1963年3月26日医疗民集840页）。此外，对于混合肿疡的摘除手术，既然已经到了如果放任不管便会危及生命的地步，即便存在损伤部分面部神经、导致面部神经麻痹的风险，也应断然进行手术（金泽地判1962年7月12日医疗民集805页）。上述考量，在生命利益对生命利益这样极端的场合也是妥当的（详见边码75）。

众所周知，针对同一疾病的疗法不尽相同，医师之间对于疗法或治疗程度的观点也存在微妙的差异，在法律层面当然也要考虑到这一点。因此，经常能够听到患者一方声称选择其他的疗法会更安全，治疗效果更好。但当该疗法属于临床医学上医师自由裁量的范畴时，患者的主张就不能被认可。尽管人们经常讨论诊疗的自由裁量性，但从医疗水平出发来判断是否适当才是重要的（呗·前引书308页）。应当注意的是，并不是从多个选项中任意选择，换言之，不能肯定患者一方的恣意性。

如此说来，在选择疗法时应立足于前述的利益衡量，医师应基于医疗标准考虑几种可能的疗法，并从其疗法选择具有临床医学上的合理性这一判断出发来作出选择。因此，当被舍弃的方案是临床医学上唯一的选择时，就违反了注意义务。然而，在选择疗法的时点上，如果该疗法此时是临床医学上的最佳选择，即使最终治疗效果不佳，也依然是医疗技术方面的合理选择而不违反注意义务（前引大阪高判1967年1月24日；东京高判1960年10月31日医疗民集75页）。

关于医师的善管注意义务，如前所述属于医师自由裁量的问题。自由裁量之所以成为一个问题，是因为在有数个可供选择的疗法的情况下，其优劣的判断是医师的专权事项，当该疗法属于医师的裁量范围时，其诊疗就不能被认定为违反善管注意义务。由此，在认定是否违反善管注意义务时，以该疗法是否属于裁量范围为争论点的民事纠纷接连不断，"在治疗时，日本的医疗水平首先作为医疗基准具有重要意义，在该基准的框架内可以肯定医师的治疗自由。在认定其涉及滥用权力的情况下，才追究医师的责任，这是理所当然的"（稻垣·前引论文1212页）。因此，将裁量范围作为问题，以其范围起到划定注意义务界限的作用，本书认为是不妥当的。

医师的裁量最终也应受到对患者而言是否为最佳方案的限制，因而，对于该诊疗是否为在遵循善管注意义务的前提下实施的诊疗行为，换言之，还可以归结为违反善管注意义务的问题（东京高判1985年4月22日判时1159号86页）。

8. 未确立的疗法与新疗法

对于未达到医疗标准的疗法，医师没有应当实施该疗法的义务

（最判1992年6月8日判时1450号70页），也没有为实施该疗法而将患者转送到其他医疗机构的义务（手嶋·221页；最判1988年3月31日判时1296号46页）。在与治疗方法的选择相关的情况下，未确立的疗法或者说新疗法之所以成为问题，是因为在临床医学上针对疗法选择的有效性和妥当性存在争议，从其性质上来说就是一种人体实验。不过也有见解认为，即便在冒险选择这种疗法导致了不良后果的场合，也不能仅仅因为坏结果就认定违反了注意义务（加藤一郎《关于心脏移植手术的问题点》，载《法学家》407号65页）。

对于未确立的疗法，可以分为两种类型加以考虑。一种是以实验为主要目的而选择新疗法，对于这一类型，作为人体实验不为人权所允许，本书将在后面重新探讨（详见边码88）。另一种则是在没有其他适当疗法的情况下，选择实施自行开发的疗法或新疗法。基于不认可未达到医疗标准的诊疗之原则（东京地判1972年5月19日刑裁月报4卷5号1007页），作为没有其他可采用之方法的补充，应将疾病的严重程度、对患者的说明和患者的同意作为正当化要件，以此为限来认可医师采用未确立的疗法等。

9. 被允许的危险

在诊疗中被允许的危险，例如，某台手术很危险，但由于患者的情况紧急，如果不做手术患者就没有康复的希望，在这样的场合下需要对医疗侵害的危险和疾病的康复可能性进行利益衡量。其宗旨是，如果得出的判断是冒险治疗对患者更为有利，则允许实施该危险行为。多数情况下成为问题的是医疗急救，所谓利益衡量最终还是归结为是否能被认定是基于医疗标准的最佳方案。因此，利益衡量就是以具有临床医学上的合理性为限，即便危险成为现实也应允许实施该诊疗，亦即成为合法行为（东京高判1960年10月31日医疗民集75页）。

但是，既然明确了实际实施的诊疗是具有侵害性的危险行为，就理应重视患者的自我决定权，必须在充分说明的基础上获得患者的同意。

不过，对被允许的危险提出质疑的案件大多发生在医疗急救现场，由于很难当场取得患者的同意，在这种情况下，可以作为无因管理来处理（前引广岛高判 1978 年 4 月 13 日）。

10. 健康保险的不适用

医疗保险制度是依据《健康保险法》《国民健康保险法》等设置的，由保险人进行保险给付的社会保障制度（详见边码 56）。给付的核心目的在于减轻医疗费，该医疗费的负担需要通过出示健康保险证，在患者自己承担一定比例费用（10% 或 30%）的基础上享受诊察、治疗、用药等服务。在医疗机构就诊时，患者原则上在窗口支付所需医疗费用的 10%~30% 作为自付金。

在医师依照《健康保险法》的治疗指南行医却产生不良后果的场合，由于患者是将自己的生命、身体健康托付给医师，委托其进行治疗，因而在所需诊疗超出健康保险的范围时，医师应将此告知患者，确认患者选择自由诊疗的意愿。对此也有判例指出，不能单方面选择采用不在保险范围内的疗法（京都地舞鹤支判 1951 年 3 月 23 日下民集 2 卷 3 号 414 页）。例如，光免疫疗法是继标准治疗之后的又一有效治疗方法，但目前仅有难治性再发头颈部癌症可以适用保险，除此之外的癌症都属于自由诊疗的范围，因而医师负有确认头部癌症患者保险外就诊意愿的义务。此外，在患者希望采用保险诊疗的场合，即使该诊疗的内容作为结果低于标准医疗，该诊疗也是正当的。对于结核性疾病，有判例认为医师单方面依据《健康保险法》《结核治疗指南》（厚生省保险局长昭和 38 年 6 月 7 日通告）进行诊疗是妥当的措施（函馆地判 1969 年 6 月 20 日判夕 236 号 153 页）。虽然在没有确认患者的意愿就采用保险诊疗这一点上存在问题，但由于结核治疗的选择适用的是《健康保险法》，所以没有确认患者意愿的必要，这与先前的判例也并不矛盾（松仓·前引《医疗和法律》132 页）。另外，被保险人将保险诊疗和保险外诊疗（自由诊疗）组合起来就诊即所谓的"混合诊疗"，原则上是被禁止的，但《健康保险法》第86条规定，作为被保险人的患者在接受先进医疗等评价疗养或者选定疗养时，对疗养所需费用支付保险外并用疗养费。

77　　　　[混合诊疗]　原告X是健康保险的被保险人，为了治疗肾癌，在保健医疗机构中，同时使用单独属于保险诊疗对象之"疗养给付"范畴的干扰素疗法（interferon）和属于自由诊疗的LAK疗法，进行混合诊疗。对于混合疗法，厚生劳动省采取的是除法律特别允许的例外场合，不予以保险给付的原则（禁止混合保险给付的原则）。根据这一原则，本案的混合诊疗不适用健康保险，所以X的干扰素治疗费用由X全额负担。对此，X以厚生劳动省的前述解释违反法律和宪法为由，认为上述原则欠缺宪法根据，对国家提起诉讼要求国家承认自己享有"疗养给付"地位。

在原审判决中，包括本来属于保险给付对象的部分诊疗在内，整体性地否认其属于保险诊疗。对此，日本最高法院认为（最判2011年10月25日民集65卷7号2923页）："原则上禁止保险医采用特殊疗法或新疗法，以及对患者施用规定范围以外的药品或开具处方，禁止保险医疗机构收取超出被保险人疗养给付负担费部分的费用。对于涉及先进医疗的混合诊疗，在贯彻抑制威胁保健医疗的安全性和有效性、避免患者产生不当负担之方针的同时，考虑到包括医疗的公平性和财源等在内的保险医疗制度的整体运作方式，仅限于保健医疗机构申报或提供的医疗内容等符合评价疗养之要件的情况，可以例外地解除上述禁止事项。即基本上，在被保险人接受的全部疗养中，对于符合保险疗养的部分，提供与实质的疗养给付相同的保险给付。《健康保险法》第86条的保险外并用疗养费制度就是基于上述内容而创设的。""从创设该制度的宗旨、目的以及整个法体系的整体性的角度来看，在关于先进医疗的混合形态中,由于先进医疗不符合评价疗养的要件,也不满足保险外并用疗法及支付要件。对此,《健康保险法》采取了在被保险人接受的全部疗养中对于符合保险诊疗的部分也一概不进行保险给付的禁止混合诊疗保险给付原则,以此为前提,《健康保险法》第 86 条等规定制定了保险外并用疗养费的支付要件和计算方法。虽然从规定的文字表述上很难清楚地窥探其意旨,但对于该条文可以推导出符合上述原则的解释。""作为《健康保险法》第 86 条规定的解释,对于单独属于疗养给付的诊疗(保险诊疗)与不属于疗养给付之先进医疗的诊疗(自由诊疗)合并在一起进行的混合诊疗,应当理解为,由于其中的先进医疗不符合评价疗养的要件,因而整个混合诊疗不满足保险外并用疗养费的支付要件。在此场合,不仅是后者的诊疗部分(自由诊疗部分),包括前者的诊疗部分(保险诊疗符合部分)在内也不能适用保险"(参照礒部哲·百选 3 版 16 页)。这样或许有助于理解混合诊疗。

11. 其他类型

所谓疏忽过失(careless miss),即对低于医疗标准的单纯技术性事项疏于注意,而导致事故发生,此类案件很多。

(1) 检查与确认

在实施治疗时怠于履行检查、确认措施,例如:在手术时将纱布遗留在患者体内的事例(千叶地判 1957 年 11 月 15 日医疗民集 195 页);对由患者带来的未贴标签名称的药液,未确认其中的药物即注射而导致患者死亡的事例(福冈高判 1957 年 2 月 6 日高裁刑集 10 卷 1 号 103 页);错将静脉注射液注入动脉的事例(东京地判 1953 年 1 月 4 日下级民集 4 卷 12 号 181 页);将医用钳遗留在患者体内的事例(大阪高判 1965 年 11 月 15 日下级民集 16 卷 11 号 1704 页);因输血不相容而导致肾损伤的事例(广岛高冈山支判 1982 年 3 月 24 日刑裁资料 650 页);

等等。这些都是本应通过认真检查、确认就能轻易避免的事故。特别是在处理药品等方面的失误，需要承担法律责任。

（2）技术上的单纯错误

作为单纯治疗技术上的错误，例如：在进行人工分娩手术时发生子宫破裂，误将小肠当作连接胎盘的脐带拉出并去除导致患者死亡的事例（大判1930年7月8日报纸3178号4页）；注射部位错误而导致中枢神经系统受损的事例（广岛地吴支判1961年4月8日判时259号32页）；药物剂量错误导致死亡的事例（福冈地判1940年12月6日报纸4698号6页）；没有切开本应切开的腹膜而导致因出血过多致死的事例（东京高判1965年6月3日东高刑时报16卷6号42页）；等等。

（3）消毒不充分

如果在实施治疗时因消毒不充分等导致细菌侵入的场合，同样毫不例外应被追究法律责任。例如：为了无痛分娩而注射麻醉剂，结果因葡萄球菌侵入而导致下肢疼痛及麻痹的事例（最判1964年7月28日民集18卷6号1241页）；因注射器具、施术者的手指及注射部位未完全消毒而引起患者发生脓肿的事例（最判1957年5月10日民集11卷5号715页）；等等。诸如此类，在进行医疗处理的场合，对于当然能够预想到的错误应采取防止结果发生的措施，这是作为医师最低限度的义务。因此，如果疏于这样的注意，原则上违反了善管注意义务，不能免除赔偿责任。

（4）有害事态

a. 副作用、副反应

副作用是指在用药或进行医疗处理时附带产生的对人体有害的现象。此外，由疫苗导致的有害事态被称作副反应。关于这些有害事态的善管注意义务，可以参考很多判例。除此之外，用药、注射、放射线、氧疗法、疫苗接种等相关的有害事态也多种多样。在这里，既然在医疗标准上承认药物使用或医疗侵害行为伴随着副作用和副反应，就应对医师课以善管注意义务。

应当特别关注的是，疫苗接种的副作用或副反应。对于预防传染性疾病而言，疫苗接种是极为重要的事项，根据《预防接种法》的规定，预防接种的注意义务包括：将预防接种实施规则［1958年（昭和33年）9月13日厚生省令第27号］规定的注意事项向接种对象或监护人明示，向医师报告健康状况或既往病史，以及接受医师的问诊、预诊等内容。但即便采取了这些预防措施，也还是存在未能避免健康损害的情况。因此在1994年（平成6年），日本对《预防接种法》进行了修改，从强制接种改为积极推荐接种，在因预防接种导致"感染疾病、陷入残疾或者死亡的场合，当厚生劳动大臣认定该疾病、残疾或者死亡确是因接受了该定期预防接种而引起的时"，应支付补助金（《预防接种法》第15条和第16条；另见，田中健司《预防接种法簿部分修正》，载《法学家》619号67页）。

［**种痘祸事件**］ 种痘，是指针对天花的预防接种，自1909年日本设立《种痘法》以来，规定了牛痘接种义务。此后，接种牛痘为消灭天花作出了贡献，几乎再也看不到发病的例子，1955年天花病毒被消灭，其被认为于自然界已不复存在。然而，接种牛痘后引发脑炎的事例成为问题。仅在1947年至1948年的两年间，死亡人数就超过了400人。1970年，北海道小樽市的种痘后遗症被害人对日本行政机关提起了损害赔偿诉讼。值此之际成立了"全国预防接种事故防止推进会"，在该组织的积极活动下，"种痘祸"成为重要议题，《种痘法》也随之废止。另外，关于种痘后遗症的日本最高法院判例（最判1991年4月19日民集45卷4号367页）中：X（出生6个月的男婴）在1968年（昭和43年）根据《预防接种法》于小樽市保健所接受了牛痘疫苗接种（种痘），导致其下半身瘫痪并留下了运动障碍和智力障碍的后遗症。X的律师主张，实施种痘的小樽市保健所预防课长未进行充分的预诊，对此存在过失，并基于《国家赔偿法》等对Y提起了损

害赔偿诉讼。一审判决认为，如果预防课长采取充分的问诊等预诊措施，就可以避免该结果发生，进而认定其存在过失，判令 Y 支付 3400 万日元。对此，X 和 Y 提出上诉，原审判决认为 X 不属于《预防接种实施规则》规定的禁忌人群，而且预防课长不充分的预诊与种痘后遗症之间不存在因果关系，因此驳回了 X 的诉讼请求。对此，X 进一步上诉至日本最高法院，日本最高法院的判决认为："原审法院在没有审理是否尽到了必要的初诊等问题的情况下，直接认为本案接种者当时符合接种条件，径直驳回了 X 等人关于接种实施者存在过失的主张，应该认为原审判决存在审理不充分的违法情况"，进而发回重审，此后重审判决（札幌高判 1994 年 12 月 6 日判夕 893 号 119 页）以不认可"裁判的特殊事由"为由驳回了本案上诉（参照木下正一郎·百选 3 版 21 页）。

即使副作用发生的病理尚未明确，但如结合其他条件能够在医疗标准上认定可能发生危险时，就负有预防副作用发生的善管注意义务。对于药品，除了其本身固有的副作用之外，过量使用、同时使用也可能产生副作用，因而除了药品使用说明书之外，还有义务对药品的各种信息（厚生劳动省药品信息、相同药品的再评价、相同药品副作用的信息）等进行调查。

在医疗侵害行为的性质伴随着副作用的情况下，需要尽到怎样的注意义务呢？既然副作用可以根据药物的性质来预测，就应注意副作用的发生，尽最大可能及早发现副作用症状并及早治疗，医师即被要求这样的最大程度之注意义务（岐阜地判 1974 年 3 月 25 日判时 738 号 39 页）。例如，在注射链霉素时，有义务采取在注射前后进行听力检查、遵守《结核的治疗指南》（昭和 38 年 6 月 7 日厚生省保险局长通知）、将链霉素注射的副作用告知患者等结果回避措施（札幌地判 1972 年 1 月 28 日判时 659 号 68 页）。对于麻醉，因为能预想到施用麻醉剂时会伴随出现血压升高、心跳停止等副作用，所以直到患者完全从麻醉中清醒过来之前，应将其置于自己的管理之下，保持细心观察，发现异常时及时采取插入人工呼吸机等急救措施；除此之外，当被允许回家的患者告知有异常情况时，应立即出诊或采取急救措施（东京地判1972年5月2日刑裁月报4卷5号963页）。

对于可能产生副作用的治疗方法，要求在手术前后都应对患者进行管理并制定症状对策。即使发生概率很低，但在预测到副作用的场合，在要求具备症状应对知识的同时，还要在治疗前后就急救措施进行周密准备。同时，"应建立一个医师和护士一体式观察患者状态的系统，特别是，因为医师在手术中主要注视患病部位，所以护士有必要充分观察患者的状态"（名古屋地判1974年4月4日判夕308号253页）。在副作用被预测到的场合，需要在对患者的管理上承担更高的注意义务。特别是，对术后静养需要进行谨慎、细致的管理，以使患者充分理解并接受（东京高判1974年6月24日判时749号52页）。例如，既然在保育器内使用氧气是早产儿视网膜症发生的原因之一，那么在设有早产儿中心并具备先进设备的医院，就应确立为防止副作用发生的完善制度（前引岐阜地判1974年3月25日）。

b. 特异体质

所谓特异体质，是指对正常体质不会产生反应的食物、药物等，却会产生过度或异常反应的体质。如过敏体质、淋巴性体质、渗出性体质等。特别是，在使用局部麻醉、抗生素、阿司匹林及其他退烧药的场合，极少发生因对药物过度反应而导致休克死亡的事故。暂且不论这样的发生频率在临床上是否可以忽略不计，在通过临床上的医疗信息能够判明特定的药物容易引起特异体质的患者休克死亡的场合，作为药物在性质上伴随的副作用，医师对此明显负有注意义务。

但是，特定的药物是否会引起特异体质患者休克死亡，在药学上似乎存在争议（松仓·前引判夕325号78页）。一般医师能否认识到依照诊疗当时的医疗标准，特定药剂会引起休克死亡，这是注意义务的前提。以往并没有发生过医疗事故的案例。另外，在对安全没有疑问的情况下，即便在之后判明药物存在危险，用药时也没有注意义务（大阪高判1972年11月29日判时697号55页）。

《关于防止青霉素制剂的副作用》（昭和31年8月27日厚生省医疗保险局长药务局长通达）、《关于抗生素制剂使用上的注意事项》（昭和42年12月22日厚生省药事局长通达）等行政指导，虽然没有作为法律规范的效力，但可以被认为是构成医疗标准的一个因素，因而有必要注意这些行政指导的内容（另外，认可作为法律规范之效力的判例，如：东京地判1969年6月6日判时571号26页）。在问诊时需要询问患者是否是特异体质，在根据以往的经验能够获悉的情况下负有注意义务自不必说；而在周围的人都完全不知道患者是特异体质、直到休克死亡等结果发生时才判明其具有特异体质的场合，若认定医师违反注意义务从而构成债务不履行并要求其进行损害赔偿，有些过于严苛了。另外，青霉素类抗生素会因体质的不同引发被称为"严重过敏反应"（anaphylaxie）的急性过敏反应，导致咽喉肿胀、呼吸困难、血压下降，甚至陷入急性循环不良（休克）状态，因此在处于需要紧急治疗的情况下，有必要依照上述行政指导予以应对。特别是，应对患者进行说明，并在征得其同意后进行治疗。遵从行政指导进行注射后却发生不良结果时，并不违反注意义务。

c. 输血

对于输血所伴随的不可避免的副作用的注意义务，根据输血的必要性而解除，但关键问题在于异型输血导致事故的场合。究其原因，有事务上或管理上的疏漏，即所谓疏忽过失的场合，也有因血型误判而导致事故的场合。对于前者，可以确定存在违反注意义务的情形，而对后者则有若干问题需要讨论。不过，虽然过去由于异型输血事故频发而引起了不少争议（呗・前引书181页），但近年来，随着血清判定的标准不断提高，以及交叉试验法也开始严格实行，避免异型输血的措施在技术上变得更加确实可靠。因此，只要正确进行事务上的管理，确保不会出现血型误判和交叉试验相关技术上的错误，异型输血过失几乎是不会发生的（详见边码98）。

d. 用药

用药也会给患者的身心带来有害结果，这一点毋庸置疑。医师在用药前、用药中及用药后，都负有避免对患者产生有害结果的义务，在其他治疗场合也不例外。在用药前，医师有注意义务仔细阅读药物说明书，并采取结果预防措施，确认患者不存在过敏等特异体质等情况。在预测到存在副作用等情况但仍认为有必要用药时，应在事前采取应对休克危险的有效措施。在用药中及用药后，应当密切注意患者的状况以采取危险应对措施，同时当危险转化为现实时，应迅速采取结果避免措施。

12. 医师的指示与监督责任

（1）团队医疗

只有医师的行为才能被认可为绝对的医疗行为。但是，医师在诊疗时可以在一定范围内利用辅助者，包括护士、X光技师、卫生检查技师、临床检查技师以及其他医疗从业者等。在医院，医师之间的分工已经成为一种普遍现象，医师之间通过合作互助进行诊疗。像这种由数个医疗关系者参与的诊疗中，负责的医师必须监督实现治疗目的的整个过程。在运用尖端技术的诊疗中，所谓的"团队医疗"化是不可避免的，在一般的诊疗中同样，若医师和医疗辅助者不能通力合作，就无法防止医疗行为的"危害"，从而不能为患者提供适当的诊疗。另外，对辅助者的运用以分担事务为前提。这种分担，当然必须预先设定医师的指挥、监督和辅助者的服从这样的主从关系，方才成立（参照2010年度厚生劳动省"关于推进团队医疗的研讨会"）。

（2）医师与医疗辅助者

关于医师和医疗辅助者之间的法律关系如下：第一，医师作出作为专权事项的诊察、诊断、手术、开处方、用药、注射的决定及指示，并指导如何实施疗养方法。第二，在这些专权事项的基础上，医师可以指示护士等医疗辅助者进行各种注射（包括输液、输血）、采血、预约测量血压、解除创伤处理、手术的准备及取消、准备诊察器具等事务（《保健师、助产师、护士法》第5条、第6条；松仓丰治《医学和法学之间》〔1977〕59页），此外还可以分别指示各种辅助者进行诊疗上必要的行为。如此一来，只要辅助者依照指示进行适当行动，医师就须对诊疗结果负全部责任。然而多数医疗事故的起因都是辅助者的失误造成的。因此，对于辅助者的医疗过失，在临床上直接犯错的辅助者自不必说，连医师也几乎无一例外地被追究民事和刑事法律责任。

（3）护士手足论

因为医疗需要专业的知识和高超技术，所以像其他有组织的工作或业务一样，辅助者应被给予独立地位，辅助者应始终成为医师的"手足"（松仓《护士手足论》前引判夕340号61页），被认为应该像工具一样和医师保持统一行动。医师是诊疗的责任人，每个辅助者的一切行为都是在医师的指示下进行，其行为的结果自动被归结为医师的责任。所谓"医疗的一体性"就是此意。以厚生劳动省主办的"团队医疗促进会"为起点，人们对团队医疗的关心日渐高涨。近年来，护士作为医疗从业者的一员应站在平等的立场上参与医疗，这一动向值得关注。不过，医疗上的最终责任者是医师，如果辅助行为得不到适当履行，那么医师的监督责任或义务对患者的治疗就是有害的，因而也有人批判这样的一体性原则使医师的权力过于集中，但是指示、监督上的法律责任归根到底还是必须由医师负担（东京地判1965年7月14日下民集16卷7号1241页）。

（4）指示与监督上的注意义务

第一，应选任有能力分担业务的辅助者，或者为他们提供与执行业务相配套的教育和训练。对于欠缺能力的人，无论进行怎样适当的指示、监督，都无法防止事故发生。对于技术不熟练者或轻率者等通常不能执行一般辅助业务的人，被要求承担更广泛的检查、确认等各种具体义务，显然也捉襟见肘。在此范围内，不得允许无资格者从事诊疗相关的工作。第二，医师的指示应适当明确，以免引起辅助者的误解。指示内容通常应当具体。第三，医师在指示和监督时，必须在护士等辅助者可能会犯错的假设下行动。对于辅助者的行为，特别要求进行确认、检查等措施（东京高判1966年3月25日下刑集17卷3号35页）。第四，医疗本来就是通过医师和辅助者缜密的协同合作进行的，因而需要医师和辅助者之间密切配合。不难想象，与护士疏于联络等行为可能酿成重大事故，对于这些问题的提醒同样也可以说是医师的义务。（饭田·前引《医疗过失相关研究》116页）。

(5) 信赖原则

如上所述，医师负有对辅助者的指示、监督责任。因此，对于与医师一起进行辅助诊疗的护士、检查技师等医疗辅助者（paramedical staff）在诊疗上的过失，通常被作为侵权行为追究医师的责任。对于辅助者的过失，应当追究医师的使用者责任（《民法》第715条），或者作为医师违反善管注意义务，承担债务不履行的民事责任（札幌高判1985年2月27日判夕555号279页）。

然而，既然医疗是分担的业务，只有信赖各负责人能够采取适当的行动，业务才能成立。因此，对于属于护士等医疗辅助者各自任务范围内的行为，当然可以信赖其判断和行为而进行医疗行为，除非有可以预见其过失的特别情况，否则医师对护士等人员的行为不负共同责任。只是，在医疗中，各个辅助者的行为被归结为医师的义务，大多数场合下辅助义务或辅助行为的结果在医师的确认范围内，只要稍加注意就可以预见诸如取错药液等错误，因此不能像其他组织性业务领域一样基于信赖原则否定或是缓和其注意义务。

信赖原则是指行为人在相当程度上能够相信其他参与者会采取适当行动的情况下，信赖其行为，即便发生危害结果，对行为人也不追究法律上的责任。有力见解认为，从医师和医疗辅助者统一行动的医疗一体性原则来看，信赖原则没有适用的余地（饭田·前引论文24页）。

也有见解主张适用信赖原则仅限于手术中的医师（町野朔《过失

86

犯中的预见可能性和信赖原则》，载《法学家》575 号 72 页），不过，医师在确认和检查细节时，需要考虑紧急情况下是否能够适当地进行诊疗，分工的明确程度，负责人的资格或能力，辅助行为的危险程度等因素。在这些情况下，可以在相当有限的范围内适用信赖原则（札幌地判 1974 年 6 月 29 日判时 750 号 29 页）。

13. 设施管理上的注意义务

为了达成治疗乃至疗养的目的，医师或医疗设施管理者当然有义务维护患者在医院内的生活环境和设施，以确保患者的安全。对此，不仅是患者，对于患者家属和探望者也如此，判例认为"在以守护人的生命、健康为目的的医院，必须高度重视入院患者的家属、探望者等相关人员的身体、生命安全"（名古屋地判 1972 年 8 月 7 日判时 693 号 72 页）。因此，不仅是对患者，确保患者家属及探望者的安全也是医师的义务。

但是，这一看法恐怕是错误的。对患者安全和对其他相关人员安全的确保，其注意义务的根据是不同的。对患者而言，这是基于医疗合同的善管注意义务问题；而出于对患者的访客或探望者安全的考虑，应归类为后述关于过失的注意义务问题。换言之，患者使用设施的目的正是出于疗养上的需要，特别是在医院，患者是处于医师和护士的管理下，所以对于患者安全的考虑当然属于这些管理内容或医疗指导中的一部分。因此，在设施方面，无论是基于构造还是其他方面的考虑，都应慎重小心以防止患者发生人身安全事故，务必使"住院患者在医院内安心接受治疗"（盛冈地判 1972 年 2 月 10 日判时 671 号 79 页）。设施构造或养护方面的欠缺是指，"土地上工作物的设置或养护存在瑕疵，由此导致他人遭受损害时，该工作物的拥有者对被害人承担损害赔偿责任"（《民法》第 717 条）。设施的管理，例如，在手术中因煤气炉燃烧导致患者一氧化碳中毒而死亡的场合，违反了《民法》第 644 条规定的善管注意义务，产生债务不履行的损害赔偿责任，由此还可能被追究《刑法》第 211 条规定的业务上过失致死罪的责任（山形地判 1972 年 9 月 18 日判时 692 号 85 页）。

与之相对，在涉及患者的访客或探望者发生事故的场合，除了构造上的缺陷外，即使是在医院等医疗机构或医疗设施发生的事故，归根到底也是因医师或者护士疏忽大意引起的，而不是基于医疗合同中违反善管注意义务的问题。

例如，当病床被放置在与窗户平行且接近的位置、并且窗户处于容易打开之状态的时候，能够推定一个 4 岁的幼儿可能从窗户坠落（前引盛冈地判 1972 年 2 月 10 日）。因此，护士应注意到这张床的位置并将其放置在适当的位置，医师也应提醒护士注意该事项。而当医师和护士无法预见时，就不能认定其违反该注意义务。例如，"对住院中刚做完手术的患者，护士为该患者擦拭干净身体后，对陪护的父亲说'之后就拜托了'，没有把床锁扣好就离开了病房。之后在父亲外出时，患者从床上掉下来。对于父亲也未扣好床锁这一事实通常是很难预见的，因而院方不存在过失"（福冈地判 1967 年 10 月 6 日讼务月报 13 卷 12 号 1503 页）。

四、未达到医疗标准的诊疗

1. 概述

医疗行为必须具备医术的正当性和医学的适应性，但即使是低于医疗标准的行为，也存在两个被容许作为例外的场合。一种是，在个别诊疗中需要紧急治疗时，使用未达医疗标准的处于实验阶段的药物或疗法的场合。考虑到疾病的严重程度、紧急性等因素，且没有其他适当方法可采取的场合，根据医师的裁量被认定具有医学的合理性，而实施了尚未达到医疗标准处于实验阶段的疗法，可以从"被允许的危险的法理"（详见边码 75）来理解。此时，当然要对事态进行充分的说明，取得患者的同意。其结果是，即使没有达到理想的效果，也不产生债务不履行

88

等法律责任。

另一种则是,在药物或新的医疗器械等被开发出来的场合,将通过动物实验等来测试其有效性和安全性,但仅凭这一点尚不足以直接用于对人的治疗使用中。因此,对人的实验是必要的,这就是所谓临床试验。

临床试验是指以人为对象,通过采用药物或医疗器械等各种关于疾病预防、诊断、治疗等的医疗手段,为确认其有效性和安全性而进行的试验。另外,作为临床试验的其中一种,还有"临床治验"(治疗的效验)。临床治验是指制药公司为了取得对药品或医疗器械的制造、贩卖的政府许可而进行的临床试验。关于临床治验的实施,为了确保参与治疗的患者的人权和安全,并采用科学的方法正确调查产品的有效性和安全性(副作用),厚生劳动省制定的《关于医药品的临床试验标准》规定了严格的细则。但是,由于临床治验是以制药公司等获得对药品的制造、贩卖的许可为目的,所以以医疗行为作为主题的本书对此不再深入探讨(关于医学研究可参见寺野彰《临床试验》加藤编·433页;手嶋·141页;米村·305页)。

与之相对,自主临床试验是指医师作为主体,调查诊断方法、治疗方法的有效性和安全性,目的是向患者提供更优质的医疗服务的临床试验。此种试验虽说是以改善对患者的治疗为目的,但由于是将尚未达到医疗标准的实验性侵害行为施加到人体,因此无异于活体实验,正如人们常常批判的那样,"活体实验通常伴随着侵害人权的危险"(日比逸郎《临床研究与活体实验》,载《法学家》548号19页)。而且,对于临床试验,关于纳粹集中营活体实验的1947年《纽伦堡法典》、1967年世界医学会制定的《赫尔辛基宣言》(可参考书末资料)规定了相关伦理规范。日本的自主临床试验则由医师根据2008年《关于临床研究的伦理指南》(平成20年厚生劳动省告示)展开实施。如今,已经有许多达到医疗标准的疗法诞生,其中大部分都是在保险适用范围内运行的。由于本书以医师个人的医疗行为作为核心进行考察,因此对医学类研究的一般讨论将留待日后进行,在此只讨论自主临床试验。另外,现在《关于临床研究的伦理指南》已经与《关于疫学研究的伦理指南》（平成20年度厚生劳动省告示第415号）合并为《以人为对象的医学类研究的伦理指南》（平成26年度文部科学省、厚生劳动省告示第3号）。虽然这一指南只是行政上的指导而不具有法律上的约束力，但是，考虑到其可以作为法律判断依据的资料，具有法解释论上的意义，因而可以立足于上述指南来考察自主临床试验的法律基准［另外可以参考日本浸信会（Baptist）医院制作的《医师主导治验中的操作指南》来了解自主临床试验的运行方式］。

2. 自主临床试验

（1）意义

自主临床试验是医师作为主体，在尚未开发出治疗方法、诊断方法或者已知疗法无效的情况下，实施自己认为有效的疗法，也被称为与治疗相结合的医学研究。自主临床试验必须获得后述的审查委员会的批准后才能实施。也就是说：①遵守基于《赫尔辛基宣言》的伦理原则以及GCP（《关于医药品临床试验基准的省令》，即Good Clinical Practice）的规定；②在开始试验之前，应比较和权衡对个体受试者及社会所期望的利益与实施试验时预期的风险，只有在风险能够被正当化的情况下，才应允许进行试验；③最重要的是，应考虑到受试者的人权保护、安全保障及改善福利；④获得了足以实施相应措施的充分的临床试验信息；⑤应实施的诊疗须初步获得科学上的认可，且详细记录在试验实施计划书中；⑥全部受试者在参加试验前须基于其自由意愿作出知情同意，在未成年人等欠缺知情同意能力的场合，原则上不得作为受试者。不过，当基于临床试验的目的而不得已时，必须确定一名代理承诺人并获得其同意，但在这种情况下必须给予特别慎重的考虑。

（2）行为

医师实施诊疗时必须遵守事前由医院院长批准的实施计划书。在临床试验发生有害事态时，必须为受试者提供充分的医疗。例如，在与试验相关的受试者健康受到损害时，须迅速报告医院院长。而且，无论是否存在过失，在受试者健康受到损害的场合，应对其损失给予适当补偿。此时，受试者无须承担证明因果关系的责任。

（3）审查委员会与伦理委员会

医院院长必须设置临床试验审查委员会，以调查审议是否适合进行临床试验及其他试验。对审查委员会，参考厚生劳动省《关于临床研究的伦理指南》中的伦理审查委员会，从院内和院外选出委员，并就以下方面进行审议：①从伦理的、科学的以及医学的角度来看，临床试验实施之妥当性的相关事项；②医疗机构能够进行充分的临床观察，发生紧急情况时能采取必要的措施；③临床试验的目的、计划以及实施是妥当的；④当获得受试者同意时，其说明书和同意书的内容是适当的；⑤必须对受试者健康损害的补偿内容是否适当等进行调查审议。要进行临床试验的医师必须向医院院长提交审查所需的临床试验委托申请书。医院院长应征求临床试验审查委员会（或伦理委员会）的意见，对临床试验审查委员会的审查结果通知书有异议时应要求其进行修正，在达成一致意见后，方能许可作为申请人的医师进行试验。

五、医疗过失的法律责任

1. 概述

作为确保医疗行为之医术的正当性的一项制度，本书对违反善管注意义务的债务不履行进行损害赔偿的制度进行了考察，以下考察另外一种就不法行为责任进行损害赔偿的制度。不法行为和违法行为都具有违反法律的意思，但不法行为主要是民法用语，是指对他人的权利或利益造成违法侵害的行为[1]；而违法行为则是指违反法律上禁止性规范的行为。例如，违反交通法规的行为属于违法行为，但不属于不法行为。

---

[1] 侵权行为。——译者注

侵权行为的法律依据是《民法》第 709 条的规定，即"因故意或过失侵害他人的权利或法律上受保护的利益的人，对由此产生的损害承担赔偿责任"。但是，例如，故意杀人的行为本就不属于医疗行为的范畴，因此只有在过失导致他人死亡的情况下才会出现问题。

对于医疗行为，因过失导致患者病情加重或死亡的情形被称为医疗过失。虽然也有见解认为医疗事故和医疗过失是同义概念，但发生医疗事故的场合是指，在医院或诊所等接受医疗服务的场所中发生的人身事故，所以在诊察、治疗、手术等全部场景中发生的无法预测的事态都属于医疗事故，例如，医师在手术中不慎划伤自己的手也属于医疗事故，因而医疗事故与医疗过失应该说大体上还是存在区别的。

所谓医疗过失是指医师、护士等医疗相关人员，在进行医疗服务时，怠于履行业务上必要的注意，由此导致患者权利或利益受到侵害，即给他人造成损害。医疗过失，如之前对违反善管注意义务所讨论的那样，涉及①注射；②用药；③麻醉；④手术；⑤输血；⑥医疗器械的操作；⑦指示和监督；⑧设施管理等多个方面。在医疗过失中，民事、刑事以及行政责任成为讨论的核心问题。由于各种责任的要件、效力不同，因此产生民事责任不一定会产生刑事责任。另外，在审判医疗过失案件时，民事裁判、刑事裁判也是分别进行的，由不同的法院适用不同的程序来对案件进行审理。

2. 民事上的责任

（1）意义

民事责任是指基于民法上的侵权行为或债务不履行而产生的损害赔偿责任。针对侵权行为的损害赔偿责任，如上所述，是基于《民法》第 709 条"因故意或过失侵害他人的权利或法律上受保护的利益的人，对由此产生的损害承担赔偿责任"的规定。而债务不履行的损害赔偿责任则是基于《民法》第 415 条"债务人不按照债务的基本目的履行时，债权人可以要求赔偿由此产生的损失"的规定。上一节探讨了违反善管注意义务的各种类型,大多与债务不履行有关。以下则探讨侵权行为的责任。顺带一提,对于侵权行为虽然被定义为"故意或过失",但侵权行为的成立和损害赔偿是以填补被害人的损害为中心,所以故意的要件并不重要,而是采取过失责任原则。

（2）侵权行为与过失

医疗过失中的过失是指,医师等医疗从业者明明负有业务上必要的提前防止事故发生的法律上的注意义务,却因不注意而违反了该义务。此外,医疗过失中的债务不履行或不完全履行是指,善良的管理者基于医疗（诊疗）合同负有诊疗上的注意义务,却违反了该义务。以上两者都以违反注意义务作为承担责任的根据,所以作为民事责任的要件不是要讨论过失或债务履行的问题,而是仅研究违反注意义务的内容就足够了（详见边码62）。并且,医疗合同的善管注意义务与侵权行为法中的注意义务,二者内容相同,其基准都是临床实践时临床医学的医疗标准（详见边码52）。注意义务的内容被分为对结果发生的预见义务和对结果发生的回避义务。

a. 结果预见义务

结果发生的预见义务也称为结果预见义务,即通过集中精神从而预先认识到危险结果的义务。由于对普通医师无法预见的结果不能课以结果预见义务,所以普通医师依照医学常识和医疗标准,仅在其具有预见可能性的范围内负有结果预见义务。因而,医师有必要随着医学的进步不断学习新的医学知识和医疗技术,对于相应的医疗行为提高自己的能力以达到当时的医疗标准。对于医学书籍、医学杂志等文献、临床病例、厚生劳动大臣发布的公告、行政上的通告、医师协会的通知、医疗惯例等已经明确的内容,可以认为已经形成了医疗标准。因此,即便医师不知道特定危险的存在,但如果对于该行为的危险结果具有预见可能性,当然可以认定存在结果预见义务。

b. 结果回避义务

结果回避义务是指通过集中精神来回避危险结果的义务。对于医师不能预见的结果不能要求其回避，因而结果回避义务是以结果的预见可能性为前提。不过，在有可能预见或者现实中已经预见、但该医师仍不可回避结果的场合，也不能对其课以结果回避义务。总而言之，具有结果预见可能性，且具有结果回避可能性时，方能认定具有注意义务。

c. 违反注意义务

违反注意义务是指，通过行使应有的注意也就是集中精神的话，就能预见危险结果，并且能够避免结果，却因怠于注意（不注意）而未能预见结果或者采取适当的措施来避免结果，最终导致危险结果发生。对于即便充分注意也无法避免的事故，不承担民事责任，而是作为不可抗力处理。明明不存在违反注意义务却被追究责任的是无过失责任或者称为严格责任。由于日本的民事责任是以故意、过失乃至违反注意义务为要件，故不承认严格责任。不过，例如，在因不可抗力受害的场合，对于采取了预防副作用的措施也无法避免预防接种事故，由于不能追究医师的过失，出于对公共卫生利益的重视，在行政法上设置了预防接种被害人救济制度（樋口·续 37 页）。

问题在于，过失或者违反注意义务的判断标准或者认定基准是什么。对于从事伴随着危险业务的医师的医疗过失，如之前多次指出的那样，日本最高法院认为："既然是从事应当管理人之生命及健康业务的人，应依照其业务的性质，必须要求其承担为了防止危险在实验上所必要的最大程度的注意义务"（前引最判 1961 年 2 月 16 日），即对医师要求高度的注意义务。该注意义务在相关医疗行为的具体状况中，与诊疗时的相关医师是否注意到这一主观标准无关，而是取决于诊疗当时的医疗标准、地区和医院规模、护士等医疗相关人员的能力等相应医疗行为的具体情况。客观来看，作为医师没有其他适当的方法可以采用，换言之，在具体的诸多条件下，应根据客观标准来判断是否进行了能力范围内的最佳诊疗。在诊疗当时，尽管采取了能够做到的最佳治疗，结果还是发生了死亡等不幸事态，对患方来说或许也只能接受（前引最判 1995 年 6 月 9 日）。

(3) 因果关系

即使认定违反了注意义务，只要与结果或损害发生之间不存在因果关系，便不存在民事责任。因果关系的本意是指如果没有该事实，其结果也就不会发生的条件关系。但是，如果将这样的条件关系作为法律上的要件，责任的范围就可能会被无限扩大，因而法律上的因果关系仅限于根据社会一般观念被认为是在相当的范围之内。换句话说，仅限于只要有该行为，在经验法则上便可能产生该结果之场合（最判 2000 年 9 月 22 日民集 51 卷 7 号 2574 页）。法律上的因果关系就是指相当因果关系。另外，在审判中对因果关系的证明，并不是不允许存在任何疑点的科学证明，而是结合全案证据依照经验法则进行综合认定，证明特定的事实引起特定的结果这一关系上具有高度盖然性，这一判断，需要达到一般人不存在怀疑而对此确信的程度，就足够了（最判 1975 年 10 月 24 日民集 29 卷 9 号 14147 页；米村滋人・百选 154 页；水野谦・百选 2 版 136 页；吉冈正丰・百选 3 版 127 页。承认相当因果关系的判例，例如：最判 2011 年 4 月 26 日判时 2117 号 3 页）。

[**不作为的因果关系**] 该案涉及一名 53 岁的患者 Y，在短期住院体检中被诊断为酒精性肝硬化，经介绍认识了专门治疗肝病的开业医 X，其虽然在三年八个月的时间里就诊了 771 次，却一直未做能有效发现肝癌的 AFP 检查和超声波摄影，直到转院才被诊断出患有肝癌，并于一周后死亡。一审法院认为，X 的不作为与 Y 的死亡之间没有因果关系，驳回了原告的请求，原审法院维持了原判。对此，日本最高法院认为，"依照经验法则，结合统计资料及其他相关医学知识在内的全部证据综合来看，医师的前述不作为招致了患者在该时点死亡，换言之，如果能够认定若医师尽到了注意义务并进行了相应的诊疗行为，患者在该死亡时点还能继续存活，则可以证明这一点具有高度的盖然性，就应肯定医师的前述不作为与患者的死亡之间存在因果关系。至于患者在上述时点之后能存活多久，主要

是在计算其可得利益和其他损害额度时应当考虑的事由，而不会直接影响前述因果关系存在与否的判断"。因而撤销原判，发回重审（最判1999年2月25日民集53卷2号235页；越后纯子·百选2版140页；水野谦·百选3版130页）。

(4) 医院管理者的责任

护士等医疗从业者若因不注意而导致事故发生，其在法律上当然应承担民事责任，但如果该医疗从业者是在医院等机构工作的人员，实际上由行为人自身负担损害赔偿责任的情况很少。《民法》第715条规定："为了某项事业而雇用他人的人，就受雇者因执行事务而对第三人造成的损害承担损害赔偿责任。"因此，第三人可以要求具有经济能力的雇主（医院等）进行损害赔偿。不过，"雇主对受雇者的选任及其事务监督尽到了相当之注意时，或者即使尽到了相当之注意，损害仍然发生时，不在此限"（同条但书）。换言之，一方面，医院开设者等雇用医疗从业者的人，对其聘用或执行医疗业务相关的监督尽到了适当的注意时；另一方面，虽然违反了注意义务，但其不注意与事故发生之间不具有因果关系时，也就是即使尽到了相当的注意义务但事故仍会发生的场合，医院开设者等不承担损害赔偿责任。

在雇主（医院开设者）承担了损害赔偿的场合，受雇者应承担何种责任呢？《民法》第715条第3项规定，雇主可以向受雇者行使要求其偿还作为损害赔偿而支付的金钱的权利，即求偿权。因此，雇主可以要求受雇者偿付自己所支付的全部或部分赔偿金。不过，实际上行使求偿权的情况很少出现。受雇者通常财力匮乏，即使行使求偿权往往也得不到实际利益，因此立法理论应修改这一条款，只有在受雇者具有故意或重大过失时承认求偿权。

3. 刑事上的责任

(1) 意义

医疗过失中的刑事责任是指，追究刑法上规定的业务上过失致死伤罪的责任。这是在因医疗过失造成人身损害的场合所追究的责任。

97　　《刑法》第 211 条规定："疏于业务上必要的注意，致人死伤者，处五年以下惩役或监禁，或者处一百万日元以下的罚金。"由于刑罚是最严厉的制裁手段，虽然违反注意义务的内容与民事责任相同，但业务上过失致死伤罪只适用于行为后果严重，并且违反注意义务的程度较高的场合。就同一案件，认定民事责任而不认定刑事责任的情况极为少见。只有在因低级的错误，鲁莽的行为而导致重大事故的场合，才会被追究刑事责任。

（2）业务上必要的注意

业务上过失致死伤罪，以疏于业务上必要的注意而成立。对于医疗过失，如果违反医师等医疗相关人员应该履行的注意义务，即违反结果预见义务和结果回避义务，在引起死伤结果的场合则成立犯罪。业务上必要的注意是指，医师依照医疗的性质为了防止所预见的危险当然应尽到的注意（德岛地判 1973 年 11 月 28 日判时 721 号 7 页）。具体而言，作为普通医师，对于诊疗预测到会具有怎样的危险，为了避免该危险的发生而采取措施，对于明明能够避免死伤结果的发生，却因为不注意而导致无法避免死伤结果出现的场合，能够认定违反了业务上的注意义务。在民事责任中，结合实施医疗行为的具体状况，即便是在对结果发生感到隐约不安的情况下，也认为具有预见可能性从而违反了注意义务。但在刑事责任中，这种注意程度是不够的，对具有通常能力的医师来说，对于会发生怎样的结果，如果不能大致预见到因果关系就不能被追究责任。总而言之，业务上过失致死伤的过失，其违反注意义务的程度仅限于比民事上更为严重的情况。要成立业务上的过失犯罪，其内容不特定，仅具有一般的、抽象的畏惧感或不安感的程度是不够的，还要求具有对特定构成要件的结果以及该结果发生的因果关系基本部分的预见可能性（札幌高判 1976 年 3 月 18 日高刑集 29 卷 1 号 78 页）。

（3）因果关系

98　　即使认定了基于不注意的行为引起了致死伤结果的发生，如果该行为与结果之间不具有法律上的因果关系，就不产生刑事责任。这一点与民事责任的场合完全相同，只是在民事责任中，对于任何范围的权利、利益侵害或损害，优先考虑的是让加害者进行损害赔偿是否妥当的政策性判断；而在刑事责任中，对于什么样的结果科以刑罚，是由对社会的报应情感、犯人回归社会的保护以及社会秩序的维持是否妥当来决定的，所以在性质上要求对因果关系进行更为严密的认定。特别是，在民法上的侵权行为责任中，虽然采取了过失责任主义，但在刑法上，过失行为只受到例外处罚，因此有必要明确业务上过失犯罪的范围。

（4）故意与过失

在刑法中，故意是指在对符合构成要件的行为或结果明知或能够预见的情况下仍然有意实施该行为的场合；过失是指行为人并未认识或预见到结果的发生，但如果行为人注意的话，是能够认识或预见到的，而如果事先预见到了，行为人就会终止该行为。因此，过失中的"预见可能性"是责任非难的核心要素。因此，在民事责任上不考虑行为人的主观因素，以客观的标准判断注意义务之违反从而认定过失；而在刑法上，由于是科处以非难可能性为要件的刑罚这种痛苦，所以作为行为人的医师，应根据医师是否欠缺精神的集中、是否能够预见到会产生怎样的结果来判断。也就是说，医疗过失中的注意义务之违反，在民事中应从客观上进行判断，在刑事中对预见结果后的回避义务应从客观上进行判断，而对于能否预见结果则应站在行为人本人的立场进行主观判断（大谷实·前引《刑法总论讲义》第5版333页）。

[**异型输血过失**]　以下介绍一则被追究业务上过失致死伤责任的著名案件。案件事实如下：X医师决定切除一名女性住院患者甲的肿瘤，需要给甲输血，甲的血型是B型，但X医师让正好在场的护士向甲的家属打听到的血型则是AB型，于是取来了3瓶AB血型的血瓶。对初次见面的麻醉医师Y，X医师在未告知Y患者没有做ABO式血型判定检查的情况下，指示其从上述血瓶中输血200毫升。Y医师以为已经完

成了 ABO 式血型判定检查，对本是 B 型血的甲输了 200 毫升的 AB 型血。第二天，甲告诉医师其患有胆结石的老毛病，于是医师让护士将前述剩下的两瓶血输给甲。此后，甲出现了畏寒、发烧等症状，将其转到大学医院后经检查发现其是 B 型血，经过三次共计 1700 毫升的交换输血后，甲女因急性甲型肝炎死亡。对于以上事实，一审冈山地方法院认为如果进行不适配输血可能导致患者死亡，事前应进行供给血液与患者血液的适配检查，明明负有避免不适配输血的注意义务的主治医师被告人 X，却怠于履行该义务，认定其成立业务过失致伤罪，处罚金 5 万日元。虽然被告人 X 提起上诉，但是其身为患者手术的主治医师，既然认定对患者有输血必要，就应为了防止不适配输血的事态发生，对患者的血液进行交叉适配试验。既然负有确认输血安全注意义务的 X 不亲自输血，却要求初次见面的 Y 医师负责包括血型判定在内的全部输血工作，那么对 Y 应贯彻上述旨意，即负有特别注意以免出现对患者错误检查或者忽略检查之情形的义务。由此，广岛高等法院驳回了 X 的上诉（广岛高冈山支判 1982 年 3 月 24 日刑事裁判资料 249 号 650 页；参照甲斐克则《医疗事故与刑法》〔2012〕79 页）。

4. 行政上的责任

关于医疗过失行政上的责任，是指在发生符合相对的欠格事由的事实时，也就是说：①被处罚金以上刑罚时；②有与医事相关的犯罪或不当行为时；③有损害医师品德的行为时，厚生劳动大臣听取医道审议会的意见后，可以撤销医师资格或在一定期间内责令其停止行医（《医师法》第 4 条，第 7 条第 1 项、第 3 项）。

第七章 医疗行为之医学的适应性

一、概述

1. 医学的适应性的意义

医业中的医疗行为，属于医疗及保健指导的行为，如果不是医师基于医学的判断和技术进行的，就可能产生卫生保健上的危害。因此，对于医学的适应性：第一，该行为须与医疗及保健指导相关。这被称为行为的医疗关联性。第二，该行为必须是医师所为，否则可能造成卫生保健上的危害。这被称为行为的医疗行为性。在此基础上，为了将这一危险行为正当化，以伤病的存在为前提，为了维持、恢复伤病者的生命和健康，必须允许应用医学及医疗技术。这便被称为医疗行为之医学的适应性。

因此，为了使卫生保健上的危险行为合法化，必须具备医学的适应性，而在以通常的治疗目的所进行的医疗行为中不会产生问题。例如，听诊、外科手术、药物使用乃至输血和器官移植行为都具有医学的适应性。但是，为了输血而采集血液，为了提供器官而摘取器官等行为，并不是以治疗原本的疾病为目的，其医学的适应性就成为问题。作为医学的适应性的具体问题，对诸如美容整形手术、绝育手术、人工流产、生殖辅助医疗、移植医疗、终末期医疗等的医疗形态进行了讨论，此处的问题在于"允许适用医学及医疗技术"的界限。

2. 医学的适应性的机能

医疗行为之医学的适应性，原本是作为治疗行为的正当化要件来考虑的，客观来看对于患者疾病的治疗、减轻是必要的，如果该治疗技术的适用是合理的，那么医疗侵害行为便被视为是正当的。但是，随着医学及医疗技术的进步，在治疗、减轻疾病这一"利益"的同时，通过应用医学及医疗技术来满足人类愿望、欲求的这一总体利益也开始受到重视（丸山英二《活体器官移植中提供者的要件》；城下裕二编《活体移植与法》〔2009〕85页）。美容整形手术和生殖辅助医疗就是典型的例了。而且，随着个人和社会对医疗的利益、愿望和期待发生变化，医疗形态今后也将会发生变化（佩德罗・雷恩・恩特拉尔戈〈榎本稔译〉《医者与患者》〔1992〕100页）。但是，就像通过克隆技术制造人与猴子的杂交品种一样，有些场合是不允许应用医疗技术的。其适合与否的判断标准也在于医学的适应性。

3. 医学的适应性的判断标准

作为其判断标准，将通过医疗行为所要保护的法益与由此受到侵害的法益进行比较，在前者利益更大的场合，主张承认医学的适应性的优越利益保护说较为有力（町野・177页；井田良《讲义刑法学・总论》第2版〔2018〕357页）。的确，保护优越的利益是非常重要的，但是，在这种场合下进行利益衡量并不容易。重要的是，这种利益必须为社会所承认。因为不被社会所认可的医疗行为是无法成立的。此处所说的"为社会所承认"是指，医学的适应性的判断是以医学伦理和生命伦理、各种医学会的告示以及判例等为基础进行的。关键在于，该医疗技术的应用作为社会的共同意思而被承认，这一点是非常重要的。具体而言，应当根据社会相当性或者社会一般观念来进行判断，但在难以判断的情况下，最终就应通过立法来解决（大谷实《新生的法律学》〔2011〕6页；另外，有学者主张为了获得医学的适应性，"必须要求根据完全的社会共同意思而被承认",因而其适应性应从"医疗的社会化的可能性"来判断,参见松仓·前引《从医师视角看法律》;大阪医师会编《医疗与法律》26页)。虽然经常引用"医学伦理"和生命伦理,但是医学的适应性问题最终不是从伦理方面予以考虑,而是应该从社会相当性或社会一般观念的角度出发在法律上予以解决。

医学的适应性成为问题的情形如前所述,包括:①美容整形手术;②绝育手术、性别匹配手术;③生殖辅助医疗;④移植医疗;⑤终末期医疗。在下文,以医师应采取的行为作为中心对上述问题依次进行考察。

二、美容整形手术

1. 概述

过去,对于美容整形手术的医疗关联性和医学的适应性有过争议,但判例对此作出了正面肯定(东京地判1972年5月19日判夕280号350页;大阪地判1973年4月18日判时710号80页)。自1978年(昭和53年)修正的《医疗法》将"美容外科"作为诊疗科目而引入,且已经得到了社会的承认。但是,迄今为止的这些争论仍可以作为在判断医学的适应性时的参考。

对于美容整形手术,如果从严格的立场来考虑医学的适应性的话,应否定其医学的适应性。由于医疗侵害行为或多或少会对人体造成危害,所以应容许实施医疗技术能够带来比伴随医疗侵害行为的危险更优越的利益,即仅限于以消除疾病的危险为目的场合(上野政吉《医疗与人权侵害》,载《日本医事新法》2246号57页)。根据这一见解,手术等医疗侵害行为的实施,限于考虑到对患者的危险没有其他可采取的手段(补充性),并且具有紧急性的场合。这是通过所谓紧急避险(《刑法》第37条,《民法》第720条)的基准来考虑医学的适应性。但是,不限于美容整形手术,对于医疗技术的实施,应该以"没有其他可采取的手段"这一补充性以及紧急性为要件。对于这一观点,从医疗裁量性的角度来看也是有疑问的,因此没有得到支持(大谷·197页)。

[治疗行为与医疗行为] 有观点认为隆鼻术和丰胸术,前提是此处并不存在疾病,因此不具有医学的适应性,即使是在医院实施的手术,能称之为医疗行为,也不能说是治疗行为(甲斐克则《医疗行为、治疗行为与刑法》;加藤良夫编《实务医事法》第 2 版〔2014 年〕627 页)。但是,在治疗行为中,如果不是医师基于医学的判断和技术进行的,则有可能对人体造成危害的行为就是医疗行为。

2. 以被害人同意的法理作为正当化依据

即使不从上述见解那样严格的立场来考虑,很多观点也对承认美容整形手术的医疗关联性持怀疑态度,在刑法领域,不如说反对论才是通说(福田平《正当行为》;团藤重光《注释刑法 2》〔1968〕110 页;井田·前引书 358 页)。所谓医疗,是以疾病的治疗、减轻为目的,因此美容整形手术并不包含在内。

不过,即使采取这一立场,也不意味着美容整形手术就是违法的,而应当依据被害人同意的法理而不可罚,因此便没有必要特别讨论其医疗性了。但是这样一来,无医师资格的人即便进行属于医疗行为的隆鼻术、丰胸术等美容整形手术也始终是合法的,对有可能会对受术者造成伤害的行为将不受监管。

因此,认为美容整形手术等是医疗行为的观点变得有力,前述东京地裁 1972 年 5 月 19 日判夕 280 号 355 页指出,虽然医疗行为是以治疗、预防疾病为基本目的,但是更广泛的意义在于,"满足人们希望变美的憧憬,消解人们对丑陋的忧虑这些精神上的不满",这些也被认为是医疗的目的。基于此,根据上述修正后的《医疗法》,"美容外科"作为诊疗标示科目被追加。另外,大阪高裁 2018 年 11 月 14 日判时 2399 号 88 页指出,"消解人们对健康乃至身体美的憧憬、对美丽的向往、对丑陋的忧虑等情绪上的自卑和不满,同样也是消极的医疗目的",进而承认了美容整形手术的医疗关联性。

如此说来,非医师者如果进行隆鼻术、丰胸术等若非医师实施就可能会造成卫生保健之危害的外科手术,将被以《医师法》第 17 条规定的无证行医罪处罚。美容整形手术应当是《医师法》所规制的对象,以被害人同意的法理来处理并不妥当。从这个意义上来说,在《医疗法》中将美容外科作为医疗行为列入诊疗标示科目是妥当的。

3. 文身手术事件

经过以上论述,没有医师资格的人实施美容整形手术等案件就成为问题,以下探讨的文身手术事件也与无证行医罪存在关联(详见边码 33)。

案件情况是,2014 年(平成 26 年)7 月左右,在大阪府吹田市的一家文身店中,被告人对三名顾客先后四次使用带有针头的手术用具向顾客的上臂等部位的皮肤注入色素。被告人因没有医师资格而行医,被以违反《医师法》第 17 条的无证行医罪提起简易诉讼。一审法院认为本案行为属于医疗行为,以无证行医罪判处罚金 15 万日元。上诉审法院则认为,本案"虽然是可能造成卫生保健上之危害的行为,但其是与医疗和保健指导不具有关联性的行为",因此不能认定具有"医疗关联性"从而宣告无罪。对于检方的抗诉,日本最高法院指出,"文身手术是一种需要借助与医学不同的美术等相关知识和技能的行为……从历史上看,长期以来也存在着不具有医师资格的文身师进行文身操作的实际情况"。日本最高法院进一步指出,"在这种情况下,被告人的行为依照社会一般观念很难被认为属于医疗及保健指导的行为,应该说不构成医疗行为",进而驳回了抗诉(最决 2020 年 9 月 16 日判时 2497 号 105 页)。

4. 该判决的意义

这样一来,按照该判决,①属于医疗及保健指导的行为,②若非医师基于医学的判断和技术实施，则可能会产生卫生保健上之危害的行为，方为医疗行为。在文身手术的场合，虽然符合要件②这一点不成问题，但是根据社会一般观念，并不能说是属于医疗及保健指导的行为。

因此，该判决的意义在于，无证行医罪的成立以"行为与医疗和保健指导有关联"（医疗关联性）为必要，而且，医疗关联性应以"社会一般观念"为标准进行判断。直到现在，关于医疗行为的认定，主要是以没有医师资格的人实施则可能会产生卫生保健上之危害即"危险性"为中心，同时，确认了"属于医疗及保健指导"的医疗关联性是必要的，在这一点上可以承认其意义（佐伯仁志·百选3版5页）。特别是，本判决可以延伸到后述为移植而摘取器官、生殖辅助医疗中卵子的提取等医学的适应性的问题。

为了认定医学的适应性，该医疗技术的适用应作为社会一般人的共同意思，换言之，符合社会一般观念或者作为社会相当行为而被承认是必要的（松仓·前引《医疗与法律》25页；大谷·6页）。美容外科，根据《医疗法》的规定已经成为诊疗标示科目，因此完全不存在任何问题。但是，对如何区别对眉和唇进行的纹绣美容和文身手术仍有疑问（川崎·前引判例评释同志社法学428号155页）。

纹绣美容是文身手术的一种，是指用针将色素注入皮肤，来画眉毛、眼线、嘴唇等的美颜术，此外也用于改善疤痕等治疗目的。不管怎样，这和文身是很难区分的。虽然日本最高法院否定了文身手术的医疗关联性，认为其不属于"美容外科"，但两者很难区分。如今，纹绣美容是由医师或是护士在医师的指示下实施的，无资格者如果进行手术的话，就会被追究无证行医罪。与之相对，同样是手术，如果作为"文身"实施则被放任不管，这实在不均衡。因而有补充意见指出，"由于文身手术是会损伤被施术者身体的行为，所以根据施术的内容和方法等可以成立伤害罪"。

5. 针对第三人的治疗与医疗关联性

该判决的另一个意义是，指出文身手术"依照社会通常观念，难以认定是属于医疗及保健指导的行为，不构成医疗行为"。换言之，要成立医疗行为，必须是"属于医疗及保健指导的行为"。一直以来，笔者对为输血而进行的采血行为、活体器官移植中的器官摘取行为等的正当化依据进行了探讨，并对通说主张的以被害人同意的法理作为正当化依据提出质疑（大谷·217 页）。根据上述文身手术案件中日本最高法院的判决，对供者（donor）进行采血和器官摘取作为医疗行为在《医师法》第 17 条的法律规制下被正当化。根据该判决，"医疗和保健指导"不能说仅限于伤病者本人，对于承认为他人提供医疗服务的医疗关联性这一问题，"依照社会通常观念"被认为是妥当的。

根据被害人同意的法理，只要有供者本人的同意，没有医师资格的人进行采血和器官摘取手术也是合法的，问题是这样可以吗？幸运的是，在医疗现场为了输血而采血作为相对的医疗行为可以由护士在医师的指示下进行，并且，从活体摘取器官目前只能由医师进行，所以也不成问题。但是从医疗行为的观点来看，由于均是若非具备医师资格者基于医学判断及医疗技术实施则可能会对人体造成危害的行为，其显然是医疗行为，是应由医师等实施的行为。因此，以被害人同意的法理为依据将其正当化的观点是不合适的。围绕美容整形手术的问题，对于与通常医疗不同的本人的利益，开拓了医学及医疗技术的应用道路，而采血乃至器官摘取手术，可以说，这为承认医学及医疗技术在涉及第三方利益的公共利益中的应用，并将其作为医疗行为正当化，开辟了道路（参照边码 139）。

三、绝育手术与性别匹配手术

1. 绝育手术

绝育手术是指"在不去除生殖腺的情况下使人丧失生育能力的手术"（《母体保护法》第 2 条）。由于只有医师才能进行该手术，故其当然是医疗行为。但是，由于是使人丧失生育能力的行为，其医学的适应性成为问题的情形主要在于：①"怀孕或分娩可能危及母体的生命时"；②"当下已经有多个子女，并且每一次分娩都会显著降低母体的健康时"，经本人及配偶（含事实婚姻伴侣）同意，医师可以实施绝育手术（同法第3条第1项）。并且，在对象者满足上述条件的情况下，也可以对其配偶实施绝育手术（同条第2项）。不过，关于同意，"在配偶不知情或不能作出意思表示时"，仅有本人的同意是不够的（同条第3项）。另外，对未成年人禁止实施绝育手术（同条第1项但书）。满足以上要件的绝育手术，在法律上被认为具有合法的医学的适应性。

2. 性别匹配手术

这种手术过去被称为变性手术，是针对性别不一致或有性同一性障碍的人，根据当事人的性同一性，通过外科手术改变其形态的手术疗法，是有关内外性器官的手术。分为"女性变男性，男性变女性"两种手术。

性同一性障碍是指在生物学上完全正常，并且清楚地知道自己的身体属于男女当中的何种性别，但在人格上确信自己属于另一种性别的状态。作为一种精神疾病，其疗法有荷尔蒙疗法、面部整形手术、乳房整形手术、性别匹配手术等，但在《医疗行为法》上成为问题的主要是性别匹配手术。

《母体保护法》第2条规定，"本法所规定的绝育手术，是在不去除生殖腺的情况下使人丧失生育能力的手术"，因此间接将性器官去除的变性手术或性别匹配手术是不被允许的。一名妇产科医师在被男性性工作者要求实施摘除睾丸、切除阴茎、人造阴道等性别匹配手术，并答应其请求实施该手术时，以违反旧《优生保护法》（现《母体保护法》）第28条规定之罪名被起诉（Blue Boy事件）。东京高等法院判决被告人有罪，判处2年惩役，缓期3年执行，并判处罚金40万日元（东京高判1970年11月11日高刑集23卷4号759页）。自此以后，在日本实施性别匹配手术被认为是违法的。

但是，1998年（平成10年）10月16日日本琦玉医科大学首次公开实施性别匹配手术来治疗性同一性障碍，此后该手术逐渐在临床活动中被普及。此外，2003年（平成15年）《关于性同一性障碍者性别处理的特例的法律》（《特例法》）颁布，根据该法，性同一性障碍者在包括实施性别匹配手术在内的一定条件下，可以变更户籍中的性别。因此，性别匹配手术尽管是以间接的形式，但作为医疗行为是合法的。

性别匹配手术是为了适应异常的精神需求而对正常的身体进行手术，从生物学的角度来说是将其变为不属于任何一个性别的人，因而从《宪法》第13条对个体的尊重之立场出发，须对手术实施设置严格的要件。过去法院在判决中示明在满足以下六个要件的基础上方能成为正当的医疗行为：①术前进行精神医学乃至心理学的检查并在一定期间进行观察；②对患者的家族关系、生活史、未来的生活环境等进行调查；③由包括精神科医师在内的专门医等多名医师进行探讨和决定；④保存诊疗记录及调查结果等资料；⑤仅限于能够理解该手术的局限性和危险性的患者；⑥除本人同意外，还须获得配偶或保护者的同意（前引东京高判1970年11月11日的原审，即东京地判1969年2月15日刑月1卷2号133页）。

关于性别匹配手术，虽然有各种各样的见解和主张（石原明《医疗、法与生命伦理》〔1997〕55页；加藤编·176页），立足于上述判例的见解整理其正当化要件，实施治疗的主治医师需要满足以下四个要件：①具有治疗性同一性障碍的目的；②为了达成该目的，除实施性别匹配手术外别无他法；③该方法在医学及医疗技术上是正当的；④获得本人及配偶或者保护者的同意，而后方能认定具有医疗行为之医学的适应性。

四、人工流产

1. 概述

在自然分娩期之前，人工将胎儿排出母体外的行为被称为堕胎。

《刑法》规定，当医师接受孕妇的委托或承诺为其实施堕胎时，构成业务上堕胎罪，处3个月以上5年以下惩役（《刑法》第214条）。堕胎的立法政策随着伦理观念、社会观念和人口政策观念的变化并非一成不变，日本在第二次世界大战前的《国民优生法》中，已经在一定范围内尝试使医师的堕胎行为合法化，后来的《优生保护法》则一举扩大了其适用范围，并被1996年（平成8年）修正的现行《母体保护法》所沿用。

根据《母体保护法》的规定，"人工流产是指胎儿在母体外生命不能延续时，人工地将胎儿及其附属物排出母体外"（《母体保护法》第2条第2项）。进行手术者，仅限于根据《母体保护法》指定并由都道府县医师会选出的医师。指定医师在征得孕妇本人及配偶的同意后，自行判断是否符合下述要件，如若符合即可实施人工流产。关于配偶的同意，①配偶不可知时；②配偶不能作出意思表示时；③怀孕后配偶死亡时，有本人的同意就足够了。

2. 人工流产的要件

适用人工流产的对象有：①因身体或经济的原因继续怀孕或分娩可能对母体的健康造成显著损害者；②在受到暴行或胁迫而无法抵抗、拒绝的情况下被奸淫（强制性交）而怀孕者。在上述两种情形下，《母体保护法》允许人工将胎儿排出母体外或者终止妊娠。但是，人工流产必须于胎儿在母体外无法维持生命的期间内实施（《母体保护法》第2条第2项）。这一期间通常为怀孕未满22周（21周6天）之前。

从保护胎儿的角度出发，《刑法》规定即使孕妇同意也对实施者以同意堕胎罪处2年以下惩役（《刑法》第213条）。并且，医师等接受孕妇委托实施堕胎，将构成业务上堕胎罪被处以3个月以上5年以下惩役（《刑法》第214条），以此严厉处罚医师的堕胎行为。

3. 堕胎的自由化

一方面，《母体保护法》在因"身体的原因"而"可能对母体的健康造成显著损害的场合"允许医师实施人工流产,另一方面,引入"经济的原因"进一步扩大了人工流产的医学的适应性。因此,《母体保护法》被评价为极大地促进了堕胎的自由化。但是,因经济的原因而堕胎也只有在继续怀孕或分娩会对母体产生显著损害的场合才能被认可,因而其对促进堕胎的自由化的帮助并不大。在日本,以堕胎罪被处罚的情况已几乎消失,其缘由并不在于"经济的原因"的引入,而是因为指定医可以单独判断是否进行人工流产。在指定医提出人工流产手术申请的场合,本来应当调查、确认是否"可能对孕妇的健康造成显著损害",但由于法律并未规定该义务,故实际上只要向孕妇本人询问情况就可以决定是否进行手术。因此,有关人工流产申报的法律规制几乎没有什么意义。其结果是,医师因构成业务上堕胎罪而被揭发的案例几乎没有,只有少数孕妇堕胎致死事件受到关注。这就是堕胎罪被称为一纸空文的原因。

但是,从保护胎儿的角度来看,人工流产处于目前这样的放任状态在伦理上存在问题,例如,将是否堕胎的判断交给主刀医师以外的医师,《母体保护法》删除"经济的原因"这一条款也值得思考。从阻止日本出生率下降的角度考虑,也不能忽视使人工流产规范化的努力(另见石井美智子《人工生殖的法律学》〔1994〕106页)。另外,为了保护"意外怀孕"的母亲及所生下的孩子,还应当探讨秘密分娩(confidential birth)的制度化。所谓秘密分娩,是指母亲在不向当局公开自己身份的情况下进行分娩。在秘密分娩中,母亲的信息自主决定权保留了《儿童权利公约》中所规定的儿童的"出身知情权",包含着儿童人权上的问题。解决秘密分娩的一种方法是匿名分娩,这种场合完全不向当局公开母亲的身份,或者即使当局掌握了母亲的身份信息也绝对不公开。在日本,熊本市慈惠医院开设了"鹳之摇篮"(婴儿托管),采用了将父母无法抚养的婴儿匿名托养的设施,但尚未形成秘密分娩的制度化。不过,应该像其他国家一样尽早将保障"出身知情权"的秘密分娩制度化。

[**减数堕胎**]　在多胎怀孕的场合，选择性地将其中一部分胎儿流掉并使其死亡的行为被称为减数堕胎。其主要目的是减轻母亲的过重负担和预防婴儿的出生缺陷，但由于不符合人工流产的要件，故有观点认为减数堕胎是违法的。但是，从保护母体的角度考虑，多胎怀孕也有满足人工流产要件的情况，应承认其医学的适应性。

4. 人工流产与医师的义务

人工流产时，医师被课以的义务实质上可以归结为以下三点：第一，指定医师必须征求孕妇本人及配偶对人工流产的同意。未经配偶同意而堕胎的话，该配偶可以要求支付赔偿金。第二，实施人工流产的指定医师有义务汇总当月的手术结果，并于翌月10日前附带理由一并提交给都道府县知事（《母体保护法》第25条）。对于不申报或是虚假申报的情形，科处10万日元罚金（同法第32条）。第三，当进入胎儿在母体外能够独立生存的时期（怀孕满22周）之后禁止实施手术。若有违反者则以业务上堕胎罪（《刑法》第214条）处罚。再者，如果排出的胎儿明明处于能够维持生命的状态，却不放入保育器而任其死亡，此时一并成立业务上堕胎罪和保护责任者遗弃致死罪（《刑法》第219条）。

[**产前诊断**]　该诊断是指在怀孕期间实施的对胎儿染色体异常、发育异常等情况的检查。该诊断是通过孕妇的血液来调查胎儿染色体是否异常的新型产前诊断，包含使用超声波的影像检查和染色体检查等，主要目的是以此判断是否适合进行人工流产。但是，以胎儿异常为理由的选择性堕胎，在《母体保护法》中没有规定，实践中是通过扩张"经济的原因"这一条款而允许人工流产，但是也有人提出反对意见，认为剥夺了胎儿的出生权利及残障者的生存权。日本妇产科学会提出，应当设置由医疗专职人员对孕妇及配偶进行充分说明、并

为其提供妥当咨询的制度。在 2013 年（平成 25 年）之后，以日本妇产科学会为中心，将大学医院和综合医院作为认证机构而实施该制度，但由于在以便宜、简便为卖点的机构接受检查的事例不断增加，为了确保诊断的可靠性，即将引入实施机构的认证制度。另外，作为胎儿早期阶段的诊断，还有着床前诊断。这是对后述体外受精得到的受精卵的染色体、遗传因子进行检查，而后将没有异常的受精卵移植到子宫的检查方法。日本妇产科学会认为受精卵染色体数目的变化关系到体外受精的成功率，因此应对所有受精卵进行检查，希望能避免流产、提高怀孕率及出生率。但是，由于该技术与疾病的检测有关，故反对观点也很有力。

五、生殖辅助医疗

1. 意义

生殖辅助医疗是指人为地干预或操纵生物学上人的出现及诞生，以治疗无法自然怀孕的伴侣（夫妻或恋人）的不孕症。换句话说，就是通过对配子（精子和卵子）以及受精卵、胚胎进行技术操作等方式来实现妊娠的医疗手段。有时也被称为生殖医疗、生物医疗和人工生殖等，本书则将其作为生殖辅助医疗进行考察。生殖辅助医疗虽然有各种形态，但基本的内容是人工授精和体外受精，故对于这两种形态分别考察其作为医疗行为之医学的适应性。

生殖辅助医疗是通过运用医疗技术来实现不孕伴侣想要孩子的愿望，虽然与治疗疾病不同，但从通过医疗技术实现这一愿望的意义上来说，将治疗不孕作为医疗行为来处理本身并没有什么问题。本来，作为伦理上的问题，生殖辅助医疗应仅限于夫妻之间，但是想要孩子的愿望除夫妻外，情侣和个人也被承认。另外，考虑到生殖辅助医疗的现状,只限于法律上的夫妻并不妥当。

生殖辅助医疗的类型大致分为人工授精和体外受精两种,分别在配偶间和非配偶间进行(参见下表),无论哪一种均是由医师操作实施的,因此其作为医疗行为,必须是以针对疾病进行治疗的形式来获得社会一般观念的认可。特别是,围绕使用他人的卵子通过生殖辅助医疗而出生的孩子的母亲,以及使用匿名第三人的精子进行人工授精,如何处理"孩子的出身知情权"等就成为问题。针对前者即所谓的代孕母亲,2021年(令和3年)施行的《关于生殖辅助医疗的提供等以及由此出生的孩子之亲子关系的相关民法特例的法律》(令和2年法律第76号,以下简称《新法》)使这一问题得到了初步解决。

表 7-1 生殖的各种类型

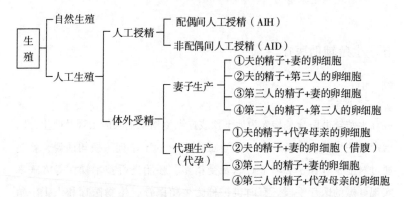

2. 人工授精的场合

人工授精是指当男性有不育的原因时,由医师将采集的精液直接注入女性子宫,使其受精。为了治疗男性不育症而开发的人工授精历史悠久,1799年首次在英国实施,法国和美国则分别在20世纪20年代和30年代实施。在日本,1949年(昭和24年),诞生了第一个人工授精婴儿。

人工授精中的注入精液行为,是通过医疗技术来实现伴侣间想要孩子的愿望,在此意义上,是作为不孕治疗而进行的。并且,其属于是由非医师实施，则可能对人体产生危害的行为，因而只能是医疗行为。问题在于，人工授精这一治疗不孕行为之医学的适应性。人工授精有两种形式，一种是基于夫妻间的合意将丈夫的精液注入妻子的生殖器官使之受精，因而被称为配偶间人工授精，即 AIH（Artificial Insemination by Husband's Semen）；另一种则是将丈夫以外的男性提供的精液注入妻子的生殖器官而使之受精，这被称为非配偶间人工授精，即 AID（Artificial Insemination by Doner）。

3. 配偶间人工授精

配偶间人工授精（AIH）是指在丈夫由于无精子症等原因无法通过性交而自然怀孕的场合，基于夫妻间的合意，将采集的丈夫的精液以医学的方法注入妻子体内使之怀孕的方法。由于是作为治疗不孕夫妻的医疗行为，并且基于两人间的合意而实施，故不存在伦理问题，而且在名义上和实际上都是夫妻间出生的孩子，医学的适应性也被认为不存在问题。但是，也不是说完全没有问题。2001 年（平成 13 年），在丈夫 A 死亡后妻子 B 用冷冻保存的 A 的精液通过人工授精生下了孩子，B 请求在法律上承认是 A 的孩子。

对于该案，一审松山地方法院以不能明确 A 是否同意在其死后利用所保存的精液为主要理由，驳回了诉讼请求（松山地判 2003 年 11 月 12 日判时 1840 号 85 页）。与之相对，二审高松高等法院认为 A 同意 B 利用保存的精液受孕，进而撤销了原判，承认了 B 请求的法律关系（高松高判 2004 年 7 月 16 日判时 1868 号 69 页）。判决理由中包含了多个法律问题，但总体是以生前的 A 同意在其死后利用所保存的精液这一点为决定性因素，因而得出了不同的结论。

但是，日本最高法院认为对于 B 利用 A 死后保存的精液而受孕的事实，因法律没有规定，进而支持了一审判决，并主张有必要尽早立法来应对此类事态，敦促进行立法修正（最判 2006 年 9 月 4 日民集 60 卷 7 号 2563 页）。因此，即使医师接受妻子的委托，要求将丈夫生前冷冻保存的精液注入自己的子宫，在亡夫生前意思不明的情况下，就目前而言不承认其医学的适应性。作为医师，在立法解决该问题之前，使用亡夫保存的精液注入妻子子宫的行为由于缺乏社会相当性，应予停止。另外，近年来，在因输卵管阻塞等无法通过向子宫注入精液受孕的场合，有时也会使用配子输卵管内移植技术，即向妻子的输卵管注入配子。这也是人工授精的一种，其法律上的问题与配偶间人工授精并无不同。

4. 非配偶间人工授精

非配偶间人工授精（AID）虽说也是基于夫妻间的合意，但因为使用的是第三人的精液注入妻子的子宫，因而出生的孩子在遗传上并不是该夫妻的孩子。不过，以丈夫的同意为根据，在法律上被认为是夫妻间的孩子。利用大学生等其他人的精液进行人工授精很容易，但到目前为止有关非配偶间人工授精的纠纷并未被公开。然而，对于孩子的福祉，尤其是出身知情权是不能放任不管的。现在，新技术的使用使配偶间体外受精的数量不断增加，非配偶间人工授精似乎越来越少出现，但由于人工授精出生的孩子大多采取的是这种形式，所以应当注意从孩子福祉的角度来解决问题。

但是，在日本实施非配偶间人工授精的医院，以夫妻间的合意为条件。一方面，根据《民法》第 772 条第 1 项，"妻子在婚姻中所怀之子，推定为丈夫的孩子"，由此妻子基于丈夫的同意接受非配偶间人工授精，继而怀胎、出生的孩子成为婚生子女（夫妻间的子女）。另一方面，在孩子出生后丈夫主张其不是自己的孩子，或者妻子主张丈夫与孩子间不存在亲子关系等都是不被允许的（东京高决 1998 年 9 月 16 日家裁月报 51 卷 3 号 165 页）。但是，在与丈夫没有达成合意，妻子擅自或不顾丈夫的反对接受非配偶间人工授精治疗而怀孕、生育的场合，丈夫可以通过提起否认孩子法定出生关系的诉讼否认其父子关系（大阪地判 1998 年 12 月 18 日家裁月报 51 卷 9 号 71 页）。还有，如后文所述，在《新法》中，"妻子征得丈夫同意，使用丈夫以外男性的精子（包括来自该精子的胚胎）进行生殖辅助医疗所怀之子，不适用《民法》第774条之规定，不能否认该子的法定出生关系"（《新法》第10条），即不得否定其法定出生。

非配偶间人工授精虽说有夫妻间的合意，但毕竟是利用丈夫以外的男性精液在妻子的子宫中使卵细胞受精，由此出生的孩子与丈夫间并没有血缘关系。因此，这样的父子关系引发了棘手的法律问题。而且，因为精液提供者和出生的孩子在遗传上有事实上的亲子关系，所以必须解决他们之间法律关系上的规制难题。因此，在关于非配偶间人工授精被问及是否具有作为医疗行为的医学的适应性时，日本妇产科学会于2017年（平成29年）发表了《关于非配偶间人工授精的意见》，主要内容如下所述：

除了正式夫妻没有可以安全治疗不孕的方法这一情形之外，不得实施非配偶间人工授精。实施非配偶间人工授精的医师要以书面的形式向夫妻说明人工授精的方法及其问题以及可预想的后果，并且保存夫妻的同意书。同时，夫妻必须尊重精液提供者以及未出生孩子的隐私。另外，成为精子提供者的条件为：①身心健康，精液状态正常；②来自同一提供者的新生儿不超过10个；③为保护精液提供者的隐私，必须匿名等。笔者认为，在上述条件下进行的非配偶间人工授精虽不能说是对疾病的治疗，但如果以治疗不孕症为前提，在满足上述日本妇产科学会发表的意见所提出的要件的情况下，可以认为非配偶间人工授精具备医学的适应性。再有，虽然精液提供机构不会公开提供者的姓名，但是若须保障孩子的出身知情权，精液提供者与孩子之间的法律关系就会成为问题。不过如果出现这一情况，就不会有精液提供者了，非配偶间人工授精说不定也就此消失了。

5. 体外受精的场合

体外受精是指采集丈夫或其他男性的精子，以及妻子或其他女性的卵细胞，在实验容器（培养皿 Schale）内使二者结合，等待受精卵的分裂，在形成早期胚胎的阶段移植到子宫内使其着床的方法。严格来说，体外受精与胚胎移植是不同的，但在此将二者的含义统称为体外受精。

1978 年，在英国诞生了最早的体外受精婴儿，一时引起轰动。在日本，则于 1983 年（昭和 58 年）在东北大学附属医院诞生了第一个体外受精婴儿。此后，这种技术以多种形式开始实施。其类型和人工授精一样被分为配偶间体外受精和非配偶间体外受精，都是作为实现夫妻"想要生育小孩"的迫切愿望的方法，是针对不孕夫妻的治疗行为，若非医师实施的话则可能对人体产生危害，属于医疗行为。因此，在《医疗行为法》上，其是否具备医学的适应性成为问题。

6. 体外受精的形式

在日本，平均每 14 人中就有 1 人是体外受精出生，体外受精的形式多种多样。但是，体外受精的实施之所以被认可为医疗行为，是因为其能通过医疗技术来满足不孕夫妻的迫切愿望，本书将以夫妻体外受精的相关类型为中心展开探讨。

第一类是通过将胚胎（受精卵）移植到妻子子宫内的技术来实现生育的情形，包括四种类型：①丈夫的精子+妻子的卵细胞；②丈夫的精子+第三人的卵细胞；③第三人的精子+第三人的卵细胞；④第三人的精子+妻子的卵细胞。

第二类则是通过将胚胎移植到妻子的代理女性（代孕母亲）的子宫内的技术来实现生育的场合（代孕、借腹），同样有四种类型：①丈夫的精子+妻子的卵细胞；②丈夫的精子+代孕母亲的卵细胞；③第三人的精子+妻子的卵细胞；④第三人的精子+代孕母亲的卵细胞。另外，接受第三人提供的胚胎将其移植到妻子子宫内的技术被称为提供胚胎移植。体外受精采用的方法是一次提取多个卵细胞使之受精，将受精卵冷冻保存，并多次移植到子宫，每次 1~3 个。因此在早期怀孕的场合就会剩下多个冷冻受精卵。这样的受精卵被称为剩余胚胎。

7. 允许的体外受精

导致不孕的原因有很多，例如，如果是子宫问题引起的不孕，采集妻子的卵细胞使之与丈夫的精子结合在培养皿内受精，然后将该受精卵（或胚胎）放回妻子子宫的第一类中①的技术，因为对孩子来说，提供卵细胞的母亲与提供子宫的母亲是一致的，即便在宗教上存在问题，在法律上作为夫妻间的亲生子女是没有任何问题的。因此，医师实施这样的医疗行为，具备医学的适应性，现在作为医疗行为被实施的也几乎都是这种形式的体外受精。不过因为需要花费大量的费用，很多自治团体将其作为应对出生率下降的对策，设立了补助金制度，以支持其实施。

那么，在精子和卵细胞属于夫妻双方这一点与上述情况相同，但将受精卵移植到代孕母亲的子宫进行分娩的场合，即第二类中①的情形又该如何处理呢？在遗传上，与第一类中①的情形相同，那么生下来的孩子是不是也应当是夫妻间的亲生子女（婚生子女）呢（大谷实《医疗与人权》，载《同志社法学》70卷2号512页）？然而，日本最高法院认为这样的孩子属于代孕母亲的孩子。换句话说，分娩者才是孩子法律上的母亲。

身为职业摔跤运动员的丈夫，其妻子因癌症而接受了子宫摘除手术导致无法怀孕、生育，于是通过将妻子的卵细胞和丈夫的精子在培养皿内受精，然后将受精卵移植到一位美国女性的子宫内，后由该女性进行分娩。回国后，他们将这个孩子以亲生子女（婚生子女）的身份提交了出生登记却没有被受理，因而基于《户籍法》向东京家事法院提出了不服申诉。但是，家事法院驳回了该请求，当事人对此不服继续向东京高等法院上诉，高等法院作出了同意受理其出生登记的判决（东京高决2006年9月29日家月59卷7号89页）。

对此，日本最高法院认为，"根据《民法》规定，基于出生这一事实当然成立法律上的母子关系……即便是在怀孕并分娩的女性与提供该孩子有关的卵细胞的女性不同的场合，根据现行《民法》的解释，只能将怀孕并分娩的女性理解为该出生孩子的母亲，对于怀孕但并未分娩的女性，即便该女性提供了卵细胞，也不能认定成立母子关系"，进而推翻了东京高等法院的判决（后述最决2007年3月23日）。根据这一判决，无论这对职业摔跤手夫妻抱有何种希望，都无法在现行法上将代孕母亲的孩子作为自己的亲生子女。之后对此问题展开的有力见解认为这样的处理未免有些不妥（详见边码122）。

体外受精的关键问题在于，基于夫妻的合意由代孕母亲怀孕并分娩的第二类中①~④的情形，特别是在目前广泛实施的体外受精中，情形①和情形②占了多数。根据日本最高法院的上述判例，这些孩子均不是妻子的孩子而是代孕母亲的孩子。但是，代孕母亲原本就没有生育自己孩子的意识，所以其与孩子的法律关系极不稳定，甚至有导致家庭关系混乱的危险。在这个意义上，至少对于第二类中①的情形而言，提供子宫的母亲就是孩子的母亲（分娩者＝母亲）这一原则被认为需要修正，或者有必要制定新的法律。因此，出现了各种各样的见解，并且，如后文所述，日本政府和日本学术会议等也进行了讨论，禁止代孕的观点成为主流，虽然理解不孕夫妻想要有血缘关系的孩子的立场也很有力，但目前还没有达成任何解决方案。如果从医疗行为中医学的适应性这一视角来考虑的话，就像前面探讨的利用冷冻保存精子的场合一样，如果不采取某种法律措施，如立法，与体外受精相关的一系列行为都会被认为是欠缺医学的适应性。

[代孕与法院]　　在此对前述提到的关于职业摔跤手夫妻二人代孕的案件进行详细介绍。甲女为了治疗癌症而接受子宫摘除手术时，采取了保留自己卵巢的措施。2003年，甲乙夫妻二人与美国女性A签订了一份有偿代孕的合同，将甲的精子和乙的卵细胞结合而获得的两个受精卵，移植进A的子宫。同年11月，A在美国内华达州产下双生子（双胞胎）。同年12月，内华达州法院确认该对双胞胎与甲乙夫妻二人具有血

缘及法律上的亲子关系,并出具了甲为该对双胞胎父亲,乙为该对双胞胎母亲的出生证明书。2004年1月,甲乙夫妻二人带着双胞胎一起回到日本,向东京品川区区长提交了记载有甲为父、乙为母的亲生子女出生登记。品川区区长于同年5月,以乙分娩的事实无法被认定、其与双胞胎之间的亲子关系无法被承认为由,对甲乙夫妻二人作出了拒绝受理其出生登记申请的决定。对此,甲乙夫妻二人提出了不服申诉,要求受理其出生登记申请。虽然东京家事法院驳回了其申诉,但东京高等法院承认内华达州法院文书的效力,认为其实质上不违背公序良俗,从而撤销了东京家事法院的裁判,并认可本案出生登记的受理。对此,日本最高法院认为:"根据《民法》规定,怀孕并分娩的女性是出生孩子的母亲,母子关系的成立当然以怀孕、分娩这一客观事实为前提。对于母亲和非婚生子女之间的母子关系,同样也被解释为依据分娩的客观事实而当然成立。虽然现行《民法》中与亲子女有关的法律是以血缘上的亲子关系为基础制定的,但是《民法》也规定根据出生这一事实而当然成立法律上的母子关系。其在制定当时,怀孕并分娩的女性在遗传上也无一例外地与出生的孩子存在着联系,在此基础上,基于分娩这一客观且外观明的事实可以认定母子关系的成立。并且,在分娩同时尽早统一确定出生的孩子和生育孩子的女性之间的母子关系,也符合孩子的利益,这同样也可成为理由。"判决进一步指出,"根据《民法》的解释,只能将怀孕并分娩的女性理解为该出生孩子的母亲,对于怀孕但并未分娩的女性,即便该女性提供了卵细胞,也不能认定成立母子关系"(最判2007年3月23日民集61卷2号619页),进而撤销原判,并改判对本案的出生登记不予受理(永水裕子·百选3版182页)。

8. 生殖辅助医疗的未来

虽然人工授精和体外受精等生殖辅助医疗技术给不孕男女带来了巨大的福音，但所生孩子的法律问题如何处理，一直是由日本妇产科学会来应对的。该学会自1983年（昭和58年）以后，对于人工授精、体外受精的相关问题，通过"会告"对具体问题进行了规制。而后，在1998年（平成10年），尽管会告只允许配偶间体外受精，但长野县诹访妇产医院的院长洞察出会告没有强制力的事实，在日本首次实施了代孕，并公布了大量非配偶间体外受精的孩子出生的情况。

以日本妇产科学会规制的无力和法律规制的不完善为突破口而实施的代孕，现已成为很大的社会问题。以该事件为契机，国家开始对生殖辅助医疗采取措施，对作为生殖辅助医疗技术实施者的医师的行为进行规制，并对通过该途径出生的孩子的身份和利益等，进行了认真讨论。

一方面，在1998年，原厚生省的厚生科学审议会在前沿医疗技术评估委员会设置了关于生殖辅助医疗技术的专门委员会。该委员会于2000年（平成12年）公布了《关于提供精子、卵细胞、胚胎等的生殖辅助医疗存在方式的报告书》。其中，该委员会提出了孩子的利益优先、考虑安全性、排除优生思想和商业主义、人类的尊严等基本原则，在此基础上还包括了确保匿名性、全面禁止代孕等内容。对此，厚生科学审议会生殖辅助医疗委员会进一步作出了《关于完善提供精子、卵细胞、胚胎等的生殖辅助医疗制度的报告书》，其中包括"出身知情权"的立法必要性等新内容。

另一方面，法务省方面于2003年（平成15年）设置了法制审议会生殖辅助医疗关联亲子法制委员会，并发布了《关于通过提供精子、卵细胞、胚胎等的生殖辅助医疗而出生的孩子之亲子关系的相关特例的中间试行办法大纲》。另外，在2006年（平成18年），法务大臣及厚生劳动大臣就代孕一事咨询了日本学术会议机构的意见；2008年（平成

20年），在该学术机构成立的研讨委员会公布了《以代孕为中心的生殖辅助医疗课题——面向社会的共识》。

关于上述报告书和试行办法的详细内容，基于本书的性质，在此就不作详细论述。但是，不论是立足于承认生殖辅助医疗的意义，还是在称颂保护出生孩子的利益、排除优生思想和商业主义的基础上，上述文件对于①生殖辅助医疗的管理；②利用生殖辅助医疗的必要条件；③配子和胚胎提供者的必要条件；④配子和胚胎的采集及移植的实施等进行了讨论，似乎已经开始为立法工作作好了准备。根据迄今为止的讨论，以配偶间体外受精为中心，在考虑究竟是血缘上的女性还是分娩的女性才是法律上的母亲，在社会一般观念上推测前者更有可能被承认。但是，由于法律上的亲子关系是各种法律关系的出发点，因此将母子关系明确的代孕母亲作为法律上母亲的观点亦具有说服力。

基于以上问题，笔者采取了以下观点。也就是说，从孩子的利益这一观点来看，将孩子作为想要孩子的夫妻、情侣或者女性个人的孩子来养育的观点是合适的。也有认可代孕并认为卵细胞提供者是孩子的母亲的见解。不过，进入21世纪以来，尽管各界都致力于对此的研究探讨，但至今仍未找到解决方案。另外，在此期间，虽然代孕出生的孩子不断增多，但却很少听闻当事不孕夫妻与代孕者之间发生纠纷，而且关于由此所生的孩子也没有产生大的问题，由此来看似乎没有必要采取立法措施，维持现状或许反而更有利于孩子的利益。但无论如何，除了配偶间人工授精和体外受精之外，必须承认生殖辅助医疗缺乏医学的适应性。因此，虽然出国进行体外受精已然成为社会问题，但医师们主张除了配偶间的人工授精、体外受精之外，应该停止实施生殖辅助医疗（大谷·前引《医疗与人权》72页）。

9. 生殖辅助医疗相关新法

基于上述各界的讨论状况，人们期待将生殖辅助医疗立法化，然而法务当局鉴于前述各种各样的复杂问题和理论状况，认为很难制定出完备的法案，法制审议会的讨论仍停留在无法决定的阶段。但是，由代孕母亲生育孩子的情况愈发严重，从保护孩子利益的角度来看，不能允许继续对其放任不管，因而超党派的呼吁获得赞同，《关于生殖辅助医疗的提供等以及由此出生的孩子之亲子关系的相关民法特例的法律》草案作为议员立法被提交国会审议，该法于 2020 年（令和 2 年）12 月 11 日公布，并于 2021 年 12 月 11 日起施行。

　　该法律共有三个章节，正文共十条。第 1 条作为"宗旨"，规定："本法，鉴于生殖辅助医疗的现状等，明确关于生殖辅助医疗的基本理念，并规定国家和医疗相关人员的责任以及国家应采取的措施；同时，对于使用生殖辅助医疗接受者之外的人的卵细胞或精子，并进行生殖辅助医疗而出生之孩子的亲子关系，规定了《民法》的特例。"第 2 条规定了生殖辅助医疗及人工授精、体外受精的定义，其中特别值得注意的是，该法没有采纳日本妇产科学会长期主张的提供生殖辅助医疗仅限于不孕夫妻的立场。可以看出立法者之间可能有过争议，不过足于"生殖辅助医疗的现状"，在实际进行生殖辅助医疗的人群中，不孕夫妻占绝大多数，情侣、女性个人的情形只占极少数，因而或许是认为实际上没有作为议题讨论的必要。相反，限于不孕夫妻的场合，伦理上自不必说，但为何情侣就不可以呢？而且为什么女性个人想要孩子的愿望就不被允许呢？如此或许反而会使得讨论陷入混乱。无论如何，规定中未采用不孕夫妻这一概念被认为是妥当的。在第三章中，规定了基本理念（第 3 条）、国家的责任和义务（第 4 条）、医疗相关人员的责任和义务（第 5 条）、知识的普及（第 6 条）、协商体制的完善（第 7 条）、法律措施（第 8 条）等内容，已然具备了该种立法的形式要求。与之相对，第三章规定了以下两点：①在不孕治疗中使用提供的卵细胞而分娩的，将分娩的女性视为母亲（第 9 条）；②在征得丈夫的同意后，在不孕治疗中使用丈夫以外男性的精子而使妻子怀孕的，丈夫不得否认是自己的孩子（第 10 条）。以上两点是新法中的核心内容，由此关于"子宫母亲"与"卵细胞母亲"的争论就告一段落，可以说这一点是新法的最大意义所在。

但是，如上所述，生殖辅助医疗包含生命伦理在内的各种问题，进入 2022 年（令和 4 年）以来，日本妇产科学会提议设置管理运营整个生殖辅助医疗的公共机构。根据提议，新设公共机构的职能在于：①继续探讨关于生殖、周产期医疗[1]推进的方向；②医师资格和医疗设施的认定、实务的调查、个人信息的管理、咨询受理的实务等这两点。另外，在新法制定之际，其附则中规定：①生殖辅助医疗及其提供的相关规定的应有方式；②生殖辅助医疗所用的精子、卵细胞及胚胎的提供或介绍的相关规定的应有方式；③使用他人的精子或卵细胞而进行生殖辅助医疗的接受者、提供者，以及通过该生殖辅助医疗出生的孩子相关信息的保存、管理以及公开等有关制度的应有方式。新法认为对于上述内容应该予以讨论（见该法附则第 3 条第 1 项）。[2] 然而，就目前来说，这一探讨尚未开始（朝日新闻 2022 年 3 月 5 日晨报）。

今后，包括上述建议在内，应探讨以下诸点：第一，对于使用匿名第三人精子的人工授精，子女获得遗传上父母相关信息这一"出身知情权"的制度化问题。由于涉及《儿童权利公约》的相关条款，此问题不容忽视。第二，相应地，找到精子提供者变得困难，如何限制通过网络进行精子的私下交易成为问题。第三，既然要尊重多样的生活方式，就必须探讨针对性少数群体的生殖辅助医疗（樋口·续 22 页；米村·250 页）。

---

[1] "周产期"是指从妊娠 22 周到出生后不满 7 天的期间，这个时期可能会发生母体、胎儿和新生儿的生命相关的事态。为了应对突发性的紧急事态，在此期间需要妇产科和小儿科双方一贯的综合性医疗体制，特别是"周产期医疗"。——译者注

[2] 日本《关于生殖辅助医疗的提供等以及由此出生的孩子之亲子关系的相关民法特例的法律》附则第 3 条第 1 项规定："为确保生殖辅助医疗的适当提供，下列事项及其他必要事项，大致以两年为目标进行讨论，并根据其结果采取法律措施及其他必要措施。"——译者注

10. 克隆技术的法律规制

（1）意义

对于生殖辅助医疗，不能遗漏的是克隆技术的问题。克隆技术是指从非生殖细胞的体细胞中，通过操作遗传因子而培育出具有相同遗传基因个体的技术。1996年（平成8年），世界首例克隆羊"多莉"在苏格兰诞生的新闻传遍了全世界，以此为契机，克隆人的诞生成了热议话题。动物克隆被评价为具有保存稀有物种和改良家畜品种的作用，但对于其是否可能被应用于人类生活的各个方面，人们也展开了讨论，同时克隆技术也受到了其弊端的严重影响。因此，2000年（平成12年）12月6日，《关于规制人类相关克隆技术等的法律》（以下简称《克隆规制法》）颁布，并于次年6月起施行（辰井聪子《生命科学技术与法规制》，载《法律时报》73卷10号39页）。

（2）法律规制的内容

根据《克隆规制法》，克隆技术可以制造出与特定个人具有相同遗传基因的克隆胚胎，以及通过使人的生殖细胞与动物的生殖细胞受精而产生人兽杂交胚胎。如果将其移植进人或动物体内，则可能制造出克隆人以及分不清是人还是动物的嵌合体（Chimaera，音译为"奇美拉"）和混合体（Hybrid）这样的杂交个体。生物学上的嵌合体是指在同一个个体内具有不同遗传信息的细胞混合在一起的状态，例如，希腊（Graecia）神话中出现的拥有狮头、羊身、蛇尾的怪物就是如此。另外，对于所谓的混合体，虽然现在因混合动力车（Hybrid Vehicle）一词而为人所知，但其原本是指动物中的异种混合体，即半兽人。如今，考虑到克隆技术在人类身上的无原则应用，对"维持人的尊严、保护人的生命及身体安全、维护社会秩序"所可能造成的重大影响，因而禁止将通过克隆技术或特定融合、集合技术制成的胚胎移植到人类或者动物体内（《克隆规制法》第1条）。其宗旨是防止克隆个体、杂交个体以及与此类似的个体的生成或产出（同法第1条；另见大谷·前引《新生的法律学》99页)。

因此,从防止克隆人类的观点出发,禁止将克隆人胚胎和人兽杂交胚胎等移植进入人或动物的子宫内。文部科学大臣为了确保对特定胚胎的制造、转让、进口以及这些行为的相应处理是适当的,因此制定了针对上述特定胚胎的处理方针(同法第4条),对于特定胚胎的处理者,课以申报等义务(同法第6条),违者可处10年以下惩役或1000万日元以下的罚金或二者并罚(同法第16条)。

[克隆人胚胎] 即使是通过克隆技术产出的胚胎,从克隆人胚胎移植进入人体内也有可能发育成为人类这一点来看,需要具备充分的科学合理性和社会妥当性,对是否应允许为了再生医疗的研究而生产克隆人胚胎展开了探讨。基于这一观点,由内阁设置的综合科学技术会议生命伦理专门调查会于2004年公开发表了《关于处理人类胚胎的基本思考方法》的报告书。根据该报告书,①人类胚胎虽与人不同,但其是人的胚芽;②损害人类胚胎的处理是不被认可的,但基于科学的合理性,考虑到人的安全性,如果在社会上是妥当的话,就应允许为了再生医疗研究而生产人类胚胎。但是,应限定在胚胎发育初期的原线形成前。[1] 收到该报告书后,厚生劳动省和文部科学省在内部设置了专门委员会,继续对:①人类克隆胚胎的生产、使用范围;②人类克隆胚胎研究中获取受精的卵子的方法;③人类克隆胚胎研究中获取未受精的卵子的方法;④人类克隆胚胎研究中获取体细胞的方法等事项展开研讨。在此之后,在2014年(平成26年),作为新的机制,先后发布了

---

[1] 在胚胎发育过程中,原线(Primitive Streak,又可称为原条、原痕)是一个重要的结构。它是在早期胚胎发育阶段出现的一条细长的结构,标志着胚胎开始从单层变为多层。原线的形成通常发生在受精后的第14天左右,是人类其他哺乳动物胚胎发育中的一个关键时期。原线对生物伦理学来说相当重要,因为它是伦理规定上一个重要依据,如果一个胚胎产生了原线,由于被认为已进行了分化,那么胚胎就不能被拿来做实验。——译者注

《关于培育人类 ES 细胞[1]的指南》（文部科学省、厚生劳动省告示 2 号），《关于人类 ES 细胞的分配及使用的指南》（平成 26 年文部科学省告示 174 号）[2]，使作为医疗行为的再生医疗中的应用备受期待（参见手屿·185 页；石井美智子《生殖辅助医疗》加藤编·316 页）。

(3) 法律规制的根据

那么，就克隆这种先进技术而言，对违反者处以刑罚的禁止根据何在呢？如上所述，一方面，克隆技术对于畜产研究及研究所用动物的生产等来说，无疑是一项划时代的技术。另一方面，禁止克隆人类的理由是：①不涉及男女两性的无性生殖背离了对人类生命创造相关的基本认知；②会造成家族秩序的混乱等，且预计会带来社会危害。《克隆规制法》则认为克隆上述的个体，有可能对"维持人的尊严、保护人的生命及身体安全、维护社会秩序"造成重大影响。关于这一根据，在立法过程中似乎并没有出现特别的反对观点（町野朔《关于规制人类相关克隆技术等的法律》，载《法学教室》247 号 89 页；另外，详细的讨论可参见米村·250 页）。但是，将过于抽象的"人的尊严"作为规制的根据，总让人感到有些违和（石塚伸一《制造克隆人的行为能用刑罚禁止吗？》，载《法学演习》573 号 18 页）。

的确，1989 年（平成元年）10 月，在维也纳召开的第 14 届国际刑法大会的提案指出，以制造人与动物的嵌合体、混合体为目的的实验损害了人类的尊严，应当用刑罚禁止。并且，德国也采取了这样的立场，即受精卵细胞本身就是人类尊严的载体，因此对其进行遗传基因操作进而制造出的嵌合体是对人类尊严的侵害。

---

[1] 所谓 ES 细胞，即胚胎干细胞（Embryonic Stem Cell），是由胚胎发育初期的胚泡的内部细胞块培养而成，由于能维持未分化状态并具有多种功能，所以也被称为万能细胞。参见 [日] 末盛博文《人类 ES 细胞株的树立及其应用》，载《琦玉医科大学杂志》33 卷 2 号〔2006 年〕37 页。——译者注

[2] 上述两则文件已于 2019 年（平成 31 年）进行了大幅修改，详细内容可参见日本文部科学省网站：https://www.mext.go.jp/b_menu/houdou/31/04/1414990.htm。——译者注

但是，限制研究和行动自由仅限于可能导致侵害个人幸福或公共利益的情况。具体而言，只有当克隆人、嵌合体、混合体将成为人类的威胁，导致"社会的相互扶助乃至连带系统的崩溃"从而使市民生活陷入混乱，招致违反公共利益的结果，应从这样的角度出发来探寻规制的根据（只木诚《刑法学中的现代课题》〔2009〕68页；大谷·103页）。从这个意义上来说，笔者难以赞同将"人的尊严"作为规制克隆技术的根据。总而言之，在遵循规制目的的同时，应当从对再生医疗的贡献这一观点出发，以科学合理性为基础，在社会的适当范围内，推进将人类克隆胚胎作为医疗行为的应用。

六、移植医疗与医疗行为

1. 概述

移植医疗是指对因伤病而丧失或降低原本身体机能的器官、组织及细胞进行移植更替的医疗。换言之，就是从人或动物的活体或尸体上摘取其器官、组织和细胞，而后将其移植替换到患者患部的一种外科手术。目前正在进行的移植类型有器官移植和组织、细胞移植。接受移植的人被称为受者（recipient），而提供器官的人则被称为供者（donor）。供者涉及三种类型：①从患者的身体中摘取必要的组织和细胞，移植替换到该患者自己体内的自体移植；②从他人的活体或尸体中摘取器官、组织及细胞移植替换到患者体内的同种移植；③被移植的器官、组织及细胞来自人之外，例如，动物或人造器官的异种移植。其中医学的适应性成为问题的主要是第二种类型。

器官移植是指对器官（心脏、肝脏、肾脏和胰脏等）功能存在障碍的患者，用他人的全部或部分器官进行移植替换的治疗方法。组织移植是指用皮肤、骨髓、心脏瓣膜和角膜等组织或细胞进行移植替换的治疗方法。根据供者的种类不同，各类型的移植分为：①死体移植；②脑死亡体移植；③活体移植。针对①和②的法律规制有《关于器官移植的法律》（以下简称《器官移植法》），对于③，则有厚生劳动省颁布的《关于器官移植相关法律适用的指南》。对于各种规定，移植相关医疗行为之医学的适应性成了问题。另外，从人的尸体上摘取器官等行为符合毁坏尸体罪（《刑法》第190条）的构成要件，但根据《器官移植法》，该行为是合法的。因此，虽然其与医疗行为之医学的适应性没有直接关系，但是从活体摘取器官仍是一个值得商榷的问题，因而本章特别对此进行考察。

2. 移植医疗的历史发展

129　　日本的移植医疗法律制度始于1958年（昭和33年）的《关于角膜移植的法律》（以下简称《角膜移植法》）。为了帮助视力障碍者通过角膜移植手术恢复视力，该法主要规定了以下三点核心内容：①医师摘取眼球的行为必须征得遗属的同意；②保持敬意；③未使用眼球的处理。从尸体上摘取角膜的行为符合毁坏尸体罪（《刑法》第190条）的构成要件，但如果满足上述三个要件，便可作为《刑法》第35条的法令行为而合法化。此后，随着肾脏移植技术的发展进步，1979年（昭和54年），《角膜移植法》被废止，取而代之的是《关于角膜及肾脏移植的法律》（以下简称《角膜肾脏移植法》）；到了1997年（平成9年），该法亦被废止，继而制定了新的《器官移植法》。

1967年（昭和42年），在南非共和国实施了世界首例心脏移植手术；此外，在1968年（昭和43年），和田寿郎教授于札幌医科大学进行了心脏移植手术，广受赞誉。然而，日本的首例心脏移植手术因供者的死亡确认程序存在问题，以及受者的病状是否有必要进行移植也存在疑问，这导致和田寿郎教授遭到来自媒体和市民团体的猛烈批判。此后的十多年，日本都没有实施过心脏移植手术。由于心脏移植以供者陷入脑死亡状态为条件，而对于究竟能否将脑死亡作为人的死亡标准，赞同派和反对派形成了激烈的对立，因而有必要通过立法来解决这一问题。直至1997年（平成9年）制定了《器官移植法》，心脏移植手术才具备了医疗行为之医学的适应性。

不过,由于供者不足等原因,实际上直到两年后的1999年(平成11年),心脏移植手术才重新开始实施,而在那之后实施的手术数量也是微乎其微。为了确保供者,在2009年(平成21年)对《器官移植法》进行了修正。其结果是,2011年(平成23年)最终实施了31例心脏移植手术,2017年(平成29年)为56例,2018年(平成30年)为53例,2019年(平成31年)则大幅增加全98例。然而,受到新型冠状病毒感染症的影响,在2020年(令和2年)则锐减到9例,直到2021年10月末也仅有7例。数量骤减的原因在于急救和集中医疗负担的增加导致承担器官摘取工作的医疗人员数量不足,加之担心供体出现感染,而且获得家属同意摘取器官的机会也变少了(2021年11月22日朝日新闻)。

《器官移植法》是基于从尸身(脑死亡者的身体)进行器官移植而制定的法律。但例如,八成以上的肾移植都是从活体进行的器官移植,因而在《器官移植法》中应该明确增加关于活体器官移植的规定,以后述的宇和岛德州会医院事件为契机,对于活体器官移植的法律规制终于成为问题。2007年(平成19年)修正了《关于适用器官移植法的指南》,提出了有关活体器官移植的指南(详见边码137)。

3.《器官移植法》的内容

《器官移植法》作为器官移植所必需的法律规定,共有25条。以下是根据各条文来阐明该法律规定的具体内容。

(1)器官移植的意义与基本理念

器官移植是针对心脏、肝脏等"主要器官功能存在障碍的人,以恢复或重新赋予其器官功能为目的而进行的"(《器官移植法》第1条)。为此,首先必须将器官从人的身体或尸体中摘取。这里的器官是指"厚生劳动省规定的人的心脏、肺、肝脏、肾脏、其他内脏器官以及眼球"(同法第5条)。而且,根据厚生劳动省令,内脏是指"胰脏、小肠"。因此,至少在《器官移植法》中不包括皮肤移植等内容。

然而,为了进行器官移植,首先必须将器官从人的身体或尸体中摘取。特别是,由于在摘取尸体器官的场合符合毁坏尸体罪的构成要件,为了使其正当化,要求:①本人"关于将生前具有的自身器官用于移植手术的意思,必须受到尊重"(《器官移植法》第2条第1项);②用于移植手术的器官捐献,必须是自愿的(同条第2项);③"鉴于用于移植手术的器官是基于人道主义精神而提供的,对于有必要进行移植手术的患者应当适当地进行该手术"(同条第3项);④"对于有必要进行移植手术的患者,必须公平地分配手术机会"(同条第4项)。移植手术必须基于以上四点基本理念来实施,在满足上述理念的场合便可作为《刑法》第35条的法令行为而被正当化。因此,从尸体摘取器官的行为本身不属于医疗行为,也就不存在医学的适应性的问题,但是由于其和脑死亡体移植以及活体移植之间存在关联,故特别在本章予以讨论。

(2)对脑死亡体的器官摘取

器官摘取行为,也有从活体进行的情形,然而从活体摘取心脏这样不可缺少的生存器官,会直接造成供体死亡,是否成立杀人罪就成为问题,所以必须限于从尸体上摘取。但是,从尸体上进行心脏移植在医学上是不可能的。因而,《器官移植法》第6条规定,"可以从尸体(包括脑死亡者的身体)中摘取移植手术所需的器官",以法定的形式允许从脑死亡体摘取器官。这一规定以承认"尸体"包括本来的尸体和脑死亡体为前提,即"尸体(包括脑死亡者的身体)"。这是围绕关于是否承认脑死亡属于法律上死亡的争论妥协的产物。而且,脑死亡的争论至今仍以针锋相对的形式持续着,但对于《器官移植法》第6条的解释,即尸体包含脑死亡体这一点已经很明确了,因而在此就不涉及错综复杂的脑死亡之争了(中山研一《脑死争论综述——从谨慎论的立场出发》〔1992〕11页;大谷·前引《新生的法律学》204页;另外,最新的理论展开可参见米村·200页)。因此,《器官移植法》中的器官摘取是符合《刑法》毁坏尸体罪构成要件的行为，但遵循《器官移植法》所实施的行为则作为《刑法》第35条的法令行为，是正当行为。

器官摘取分为从尸体摘取和从脑死亡体摘取两种情况，尸体摘取中的死亡根据心脏停止跳动（呼吸、脉搏停止及瞳孔扩大）来判定，脑死亡者的死亡则是依据脑死亡的标准来判定。

a. **脑死亡的判定要件**

脑死亡的判定是由两名以上医师进行的，其判定要件是：①处于脑死亡状态的人在生前以书面形式作出了器官捐献的意思表示［通过器官捐献卡（donor card）等］，并且，除了在其表示无意遵从脑死亡判定的场合以外，接到该情况告知的家属不拒绝该判定或者其没有家属；②除了处于脑死亡状态的人以书面形式作出过器官捐献的意思表示或者表示自己没有捐献意思的场合以外，并且，除了在其表示无意遵从脑死亡判定的场合以外，其家属以书面形式同意认可该判定，且在上述两种场合下可以判定其脑死亡（《器官移植法》第6条第3项）。虽然这些表述令人难以理解，但简而言之，就是在供者作出捐献器官的书面意思表示，且其家属不反对的情况下可以判定其脑死亡。而且，在本人的意愿不明时，可以根据家属的书面同意判定其脑死亡。另外，若本人在生前拒绝捐献器官的话，则不能判定其脑死亡。还有，即便处于脑死亡状态的是儿童，若其在生前拒绝捐献器官，该拒绝的意思表示是有效的，不得进行脑死亡的判定。

b. **脑死亡的判定**

脑死亡的判定，是指被判定为包含脑干在内的脑的全部机能已经不可逆地停止了（《器官移植法》第6条第2项）。"不可逆地停止"是指脑的全部功能没有恢复的希望，被判定为完全无法恢复原状。为了准确地进行这一判定，需要两名以上具有必要知识和经验的专业医师（判定医），根据被普遍认可的医学知识而进行一致判断。而且，进行判定的医师不得作为移植手术的主刀医师（同条第4项）。即使是在紧急情况下实施移植，也不能草率进行上述判定。另外，脑死亡判定医必须立即作出书面材料,以证明准确地进行了判定(同条第5项)。此时,如果在书面材料上作了虚假记录,将被处以3年以下的惩役或50万日元以下的罚金(同条第21条第1项)。并且,必须将上述书面材料交付给负责器官移植手术的医师(同条第6条第6项)。

表7-1 脑死亡判定概览——《关于器官移植的法律施行规则》
(平成9年省令第78号)

A. 对象症状	①脑部器质性障碍引起的深度昏迷、自主呼吸消失		
	②对成为器质性脑障碍原因的疾病进行切实诊断		
	③对原疾病进行了所有适当的治疗,也没有恢复的可能		
B. 判定例外	①出生后未满12周者	②因急性药物中毒引起的深度昏迷、自主呼吸消失者	③直肠温度低于32℃者
	④代谢障碍或内分泌障碍引起的深度昏迷、自主呼吸消失者	⑤被认定自主运动、去脑强直、去皮质强直或痉挛时	⑥中枢神经抑制药、肌肉松弛药及其他药物影响判定时
	⑦无法确认收缩压高于下列数值时: • 不满1岁者——65 • 1岁以上不满13岁者——(年龄＊2)+65 • 13岁以上者——90		
C. 判定内容	①深度昏迷	②瞳孔固定,两侧瞳孔直径在4毫米以上	③脑干反射消失
	④脑电波平坦	⑤自主呼吸消失	
D. 观察时间	上述脑死亡判定,从确认死亡时间起经过6小时后须再次确认		

c. 器官的提供

即使收到了脑死亡判定结束的书面材料,负责实施移植手术的医师也不能立即进行摘取手术。器官摘取须在下列场合才可以实施:①脑死亡者本人通过捐献卡等作出了器官捐献的意思表示,且其遗属对器官摘取没有表示拒绝,或者其没有遗属的场合;②脑死亡者本人通过捐献卡等作出了器官捐献的意思表示以及未特别表示自己没有器官捐献意思的,遗属对该器官摘取作出书面同意的场合。另外,在本人没有书面意思表示而由遗属作出书面同意的场合，护士等可以作好摘取手术的术前准备，主刀医师可以进行摘取手术。但是，在对尸体开展检查等犯罪搜查上的程序时，在程序结束之前不得摘取其器官。另外，在进行摘取时，"须特别注意不得丧失敬意"（《器官移植法》第8条）。

[器官捐献的意思表示]　无法确保器官供者的数量是器官移植的难点，但所谓的器官捐献卡（器官供者意思表示卡）十分有效。近年来，在驾驶证、健康保险证、个人身份卡（My Number Card）的背面等易于作出器官捐献意思表示的环境正不断完善。而且，通过互联网作出意思表示也正在成为可能。

(3) 器官移植

根据上述理念，器官移植必须公平、适当地对有需要的人进行。不过，在以书面形式表示捐献器官意愿的同时，也可以书面形式表示优先提供给亲属的意愿（亲属优先适用）。在这种情况下，负责移植的医师必须依照其书面意愿选择受者，进行移植手术。进行移植手术的医师，必须遵循通常的医疗行为要件，对受者说明移植手术的内容、效果及风险，且获得其同意。

[亲属优先适用的问题点]　《器官移植法》第6条之2规定，供者可以作出对亲属优先适用的意思表示，但是应当考虑：①这是否有违移植医疗的公平理念？②供者本人享有作为私法权利的器官处分权吗？③由供者指定是否可能形成事实上的器官买卖？包括法律修改在内，上述问题将成为今后讨论的事项（町野朔《器官移植法的展开》，载《刑事法杂志》20号8页；米村·215页等）。

具体而言，将依照移植协调员的操作指南而实施，但禁止器官买卖等，如：①"禁止因提供器官或者作为提供的对价而接受财产上的利益，也不得提出这样的要求和约定"；②"禁止因接受器官捐献或者作为接受的对价而给予财产上的利益,也不得提出这样的请求和约定";③"禁止因介绍提供器官、接受器官或者作为介绍的对价而接受财产上的利益,也不得提出这样的要求和约定";④"禁止因接受介绍提供器官、接受器官或者作为接受该介绍的对价而给予财产上的利益,也不得提出这样的请求和约定";⑤在"明知该器官涉及违反上述任意一条规定的行为时,不得摘取该器官或将其用于移植手术"。违反上述①至⑤中规定的人,将被处以5年以下惩役或500万日元以下罚金或二者并罚(《器官移植法》第11条,第20条第1项)。

当然,因交通、通信、移植手术而产生的器官摘取、保存、运输以及手术本身的费用,与被用于移植手术的器官提供、接受或者介绍相关,这些费用被认为是通常且必要的,不包含在"对价"当中(《器官移植法》第11条第6项)。摘取器官的医院或诊所的管理人,对已摘取但尚未用于移植手术的器官,必须进行适当的处理。

在这里,关于被虐待儿童的器官捐献,《器官移植法的部分修正案》(平成21年法律第83号)附则第5项规定,"在受虐待儿童死亡的场合,政府不接受该儿童提供的器官,移植医疗的相关从业人员应确认涉其业务的儿童是否有遭受虐待的嫌疑,针对有嫌疑的情况应加以研讨制定妥当的应对方案,并根据结果采取必要的措施"。上述规定被认为是基于不应承认施虐父母的同意权这一目的,不过目前也尚未采取任何新的措施。将虐待问题与器官移植关联起来本身就存在疑问,或许本就没有采取新措施的必要。

(4) 器官中介机构

从事移植手术所用器官的提供及接受业务之中介业务者,必须获得厚生劳动大臣的许可(《器官移植法》第12条)。但是,对以下情况,厚生劳动大臣不得授予许可:①被认定有可能以营利为目的者;②以器官介绍为业,被认定有可能对受者的选择不公平、不适当者。目前,已经选定由公益财团法人——器官移植网络(JOT)负责实施移植医疗。

[脑死亡体移植的实际状况] 器官的摘取及移植手术,是指在预先指定的器官捐献机构出现脑死亡状态的患者时,24小时待命的移植协调员将赶赴现场,对该患者家属进行脑死亡判定和器官摘取等事项的说明,最终在获得家属同意后,依照前述方法进行判定,若确定脑死亡的,则进行器官摘取。该登记患者将被立即送往指定的实施机构并被实施移植手术。另外,如果经过脑死亡判定确定该患者已死亡,这一时点就是其死亡登记的日期。

(5) 保密义务等

器官中介机构及其工作人员及原工作人员,没有正当理由,不得擅自泄露基于其器官介绍相关职务而知晓的秘密(《器官移植法》第13条)。另外,器官中介机构须保存其账簿5年。厚生劳动大臣有权命令器官中介机构报告其业务,或者让部门工作人员进入器官中介机构事务所检查其账簿、文件及其他物品,还可以询问业务相关人员。此时,其工作人员必须出示身份证明文件。

(6) 撤销许可

厚生劳动大臣可以对器官中介机构的业务运行进行必要的指示(《器官移植法》第16条)。不服从指示的,可以撤销对器官中介机构的许可(《器官移植法》第17条)。

4. 活体器官移植

(1) 意义

活体器官移植是指从活人的身体摘取器官(肾脏、肺、肝脏、胰脏以及小肠),移植给受者的行为。也称为活体间移植。虽然诸多国家都实施了活体器官移植,但在日本的活体器官移植,除了肾移植、肝移植之外,针对肺、胰脏和小肠的移植也在实施,仅活体肾移植每年就超过1000例。然而,一直以来,对此的法律规制几乎没有成为问题。人们会思考,"既然供者和受者双方对此都希望或接受,法律在此介入是否合理"?

(2) 问题背景

器官摘取虽然构成《刑法》上的伤害罪,但基于被害人同意的法理可以成为阻却违法性的正当行为,因而只要移植手术进行得当,其治疗效果得到认可,便没有必要成为法律规制的问题。但是近年来,情况正在发生变化。问题源于2006年(平成18年)发生的以宇和岛德州会医院为平台进行的器官贩卖事件。同年10月1日,爱媛县警方调查发现,前年9月在宇和岛德州会医院接受活体肾移植的男性患者及其情妇,为了表示谢意,送给供者30万日元及价值150万日元的汽车作为谢礼,该行为违反了《器官移植法》第11条的禁止器官买卖条款,警方遂将两人逮捕。被逮捕的两人随后被起诉,松山地方法院宇和岛分部于同年12月26日,判处两人惩役1年,缓期3年执行;供者也于同年10月24日,收到宇和岛简易法院100万日元罚金的简式命令。以这一事件为契机,关于活体器官移植的法律问题,特别是从活体供者身上摘取器官的行为的正当化根据,作为供者要件的亲属的范围、供者的同意等法律问题浮出水面(城下裕二编《活体移植与法》〔2009〕3页)。

(3)《器官移植法》与活体器官移植

在上述以宇和岛德州会医院为平台的器官贩卖事件中,虽然法院适用的是《器官移植法》第11条判决被告人有罪,但《器官移植法》是关于尸体移植的法律,将其适用于活体器官移植不得不说有类推解释之嫌(大谷·前引《刑法讲义总论》66页)。但是,虽然有观点对上述判决提出疑问(大野真义《围绕器官移植的法律课题》,载大野真义《刑法的机能与界限》〔2002〕292页;甲斐克则《围绕活体移植刑事法上的诸问题》,载城下编·前引书99页;米村·219页),厚生科学审议会和器官移植委员会根据前述器官移植事件,于2007年(平成19年)7月12日就《器官移植法》补充了活体器官移植的情形,即《关于适用器官移植法的指南》(平成9年10月8日健医发第1329号,厚生省保健医疗局长通知,以下简称《指南》),并新设了"活体器官移植处理的相关事项"一节。对于《器官移植法》中没有囊括的活体器官移植，虽然以行政指导的形式赋予其法律约束力的做法被认为是不适当的，但这一《指南》得到了医学界、法学界等社会各界的初步支持。况且，此后关于活体肾移植的器官买卖案件若要适用《器官移植法》第11条来判决有罪，按理说本来就应当修改《器官移植法》。不过，既然已经承认《指南》具有法律效力，那么笔者就根据这一《指南》来考察针对活体器官移植的法律规制。

[此后的判例] 2010年（平成22年）6月，作为受者的一名医师与经暴力团成员介绍的一名男性结为养父子，进行了活体肾移植。对于该案，2012年1月26日东京地方法院对该医师作出处以3年惩役的判决（2012年1月26日日本经济新闻Web版）。

（4）《指南》的内容

上述《指南》包含以下9个项目，即：①由于活体器官移植会对健康的提供者造成损害，作为疾病的治疗方法，仅限于没有其他可采取的治疗方法的场合才能例外地实施。②器官提供的申请，必须由家属及移植医疗相关人员以外的人，来确认提供者的自由意思是自愿作出的而非被强制的。③对提供者除采取以书面形式说明器官摘取手术的内容外，还应说明器官提供所伴随的危险性以及对接受者移植手术所推测的成功率，且必须获得提供者的书面同意。④在移植手术摘取的器官被用于其他患者的移植手术，即在所谓的多米诺移植[1]中，最早接受移植手术的患者，除了作为移植手术的接受者，同时也作为提供者，必须对其进行上述情况的说明并征得其同意。⑤在向移植手术的接受者说明手术的内容、效果及危险，并获得其书面同意的同时，还应一并向其说明

---

[1] 多米诺移植（Domino Transplant）是一种特殊的器官移植手术。是指上一位器官移植接受者所要切除的器官（例如，心脏或肺脏），会同时作为供体器官移植给下一位患者，这样形成了一种类似多米诺骨牌效应的连锁移植过程。——译者注

来自提供者提供的器官所伴随的危险性。⑥当器官的提供者是移植手术接受者的亲属时，原则上应通过官方证明书确认亲属关系及亲属本人身份，在无法确认时应由相关机构的伦理委员会等进行确认。⑦由亲属以外的第三人提供器官的场合，伦理委员会等考虑到为了避免有偿性和确保自愿性，应对每个病例单独进行批准。⑧因治疗疾病的需要而摘取肾脏时，将该摘取的肾脏用于移植即所谓的病肾移植，目前不具有医学上的妥当性。⑨病肾移植应遵循医学、医疗专家普遍遵循的科学原则，除可预测其有效性和安全性的临床研究以外，不得实施病肾移植。

(5) 活体器官移植的医疗行为性

活体器官移植在满足上述要件的情况下作为法令行为是正当的，特别是作为对从活体摘取器官的侵害行为予以正当化的根据，克服目前为止被害人同意的法理缺陷，从若非医师基于医学判断及医疗技术实施则可能造成人体危害的医疗行为的视角来看，①移植医疗具有社会整体的有益性或总体的利益性；②程序正当；③供者的同意，主张上述三点的见解占据了支配性地位（丸山英二《活体器官移植中供者的要件》城下·前引书82页）。

因此，从上述观点总结活体器官移植的正当化根据，在活体器官移植中摘取供者器官，是为了实现挽救患者生命、治疗疾病这一具有社会相当性的目的，其价值在于拯救的利益被认为比供者承受的负担和风险更加优越。而且，只要器官摘取遵循一般的医学及医疗技术上承认的方法来进行，就不会对供者造成危险。再有，对于供者而言，只要向其说明器官摘取行为的危险性等，并征得其同意的话就可以确保器官提供的自愿性。因此，从活体摘取器官虽然符合《刑法》第204条的构成要件，但作为正当行为阻却了违法性。不过，为此需要确保上述根据正当化的法令。

从这一观点来看，上述《指南》将对供者的不利降到了最低，且对供者的同意设定了适当周密的程序等，几乎涵盖了有关器官摘取的所有实质问题。虽然其语句表述在形式上有不恰当的地方，还面临着来自学界等方面的一些批评，但笔者认为其内容是完全可以被认可的。因此，应尽快将活体器官移植的内容纳入《器官移植法》。

七、终末期医疗

1. 意义

所谓终末期医疗，是指因衰老、疾病、伤害等的发展，在短期内已经无法避免死亡时进行的医疗。换句话说，就是对临终者采取的延长生命措施，即所谓的终期护理（terminal care），也被称为死亡介护。自希波克拉底以来的传统医疗伦理认为："以患者死亡为前提的医疗是不可能存在的。"而且，医师只有在患者死亡后才能从其身上解脱出来。从这一传统观点来看的话，岂不是"医师应当一直治疗患者直到其死亡"。

的确，人的生命是国家应当保护的最高利益，所以即使是濒死的重伤者，在其自然死亡来临之前刺穿其心脏也会构成杀人罪（《刑法》第199条）。对于救护车送来的濒死患者也必须接收，放任其死亡的话至少须承担民事责任（《民法》第697条）。但是，一直治疗患者直到其生命终点，即自然死亡，的确应该成为法律上医师的义务吗？

在生命维持治疗技术已经得到长足发展的现代社会，继续贯彻传统的医疗伦理，反而可能损害患者的利益，造成有悖于医疗本质的结果。因此，对于终末期医疗问题的现状是，从医师对处于临终状态的患者应该在多大的范围内采取医疗措施的角度出发，在医疗伦理及法学上重新进行探讨（大谷·前引《新生的法律学》122页）。

2. 终末期医疗的形态

终末期是指根据一般医学上的知识和经验，诊断患者开始不可逆地走向死亡的时期。也可以说是已经丧失了生命力恢复可能性的"人生的最终阶段"。终末期医疗包括临终输血、高热量输液、通过鼻孔导管或胃瘘进行人工营养补给、人工呼吸机、人工透析、使用抗生素、化学疗法、胰岛素疗法等，这些行为也是通过应用医疗技术而进行的，因此显然属于医疗行为。但问题是，终末期医疗是否可以算得上是医师的法律义务。对于没有恢复希望，明显处于临终状态的患者，暂且不论医疗伦理上的问题，有力见解认为医师不负有法律上的治疗义务。

的确，对于处于临终状态，没有恢复生命的希望、仅仅只能呼吸的患者，采取医疗措施是没有意义的。由于不进行任何的延长生命医疗，能够自然地迎接死亡，对患者来说才是幸福的，从而也有从保护个人尊严的角度来考虑的观点。众所周知，从这一角度出发的自然死和尊严死的相关问题正在世界范围内被人们广泛讨论（甲斐克则《尊严死与刑法》〔2004〕7页，《终末期医疗与刑法》〔2007〕133页）。但是，医师既然接受了对患者的诊疗，就不能忘记负有采取最符合患者本人利益之措施的法律上的义务（大谷实《终期护理》；载呗孝一编《医疗与人权》〔1985〕276页）。医疗不仅是为了治愈患者，其终极目的还在于通过医疗来维持生命，所以必须注意，医师和患者之间的医疗（诊疗）合同也包含了生命维持治疗。因此，即便患者已经到了终末期，但如果终止延长生命医疗而使患者死亡的话，毫无疑问在形式上构成杀人罪（《刑法》第199条）或者同意杀人罪（同法第202条）。

[值得探讨的事件]　2006年（平成18年）3月25日，富山县射水市民医院的院长召开记者会，发布了从2000年（平成12年）到2005年（平成17年）这一期间，有7名患者被外科部长卸下了人工呼吸装置而死亡的消息。据报道，7名患者男性女性均有，年龄从50岁至90岁不等，均处于昏迷且没有恢复希望的无意识状态。对于该事件，虽然富山县警方于2008年（平成20年）7月以涉嫌杀人罪将2名涉事医师的案件材料移送检察厅，不过最终的搜查结果均为决定不起诉。

3. 医疗终止的容许性

对于处于终末期的患者，如果终止使用人工呼吸机等生命维持治疗措施并由此导致患者死亡的话，就构成了杀人罪或同意杀人罪。但是，在处于丧失生命恢复可能性的濒死状态下不想给家人增添负担这一患者本人的意思被认可的场合，在应当最大限度尊重个人生存方式的现代社会，尊重患者自我决定的意愿而终止医疗的行为，在法律上不是应该被容许吗？

笔者认为，在患者本人事前要求终止生命维持治疗的场合，无视其意愿而进行"过度医疗"，是无视个人自我决定的非人道行为。当患者陷入临终状态之时，放弃保护患者生命的要求，尊重患者本人的自我决定而终止医疗，作为符合《宪法》第13条对个体的尊重及幸福追求权的行为，是被社会所容许的社会相当行为，应当阻却杀人罪等的违法性。

[川崎协同医院事件] 1998年（平成10年），在川崎市的川崎协同医院，对于一名因支气管炎发作而陷入昏迷状态的58岁男性患者，医师为了确保其呼吸道通畅进行了支气管内插管。之后，医师考虑到让其自然迎接死亡，在明知拔管就会死亡的情况下拔掉了患者的插管，并且为了缓解患者的痛苦注射了肌肉松弛剂，最终导致其死亡。横滨地方法院认为，医师的行为构成杀人罪，判决3年惩役，缓期5年执行（横滨地判2005年3月25日刑集63卷11号2057页）。被告人提起上诉，在2007年（平成19年）2月，东京高等法院虽然维持了原判的结论，但将刑罚减为1年6个月的惩役，缓刑3年执行。并且，在判决理由中值得注意的一点是，法院指出，为了将医师终止终末期治疗的行为正当化而讨论治疗义务的界限与患者的自我决定是没有意义的，有必要制定使终止终末期医疗之行为正当化的法律或能够代替法律的行政指南（大谷实《作为立

法问题的终末期医疗》，载《判例时报》2737号136页）。另外，本案被告人继续提起上诉，日本最高法院指出，本案发生拔管行为之时，①"对于患者恢复的可能性和剩余的生命，尚未处于能够作出准确判断的状况"；并且，②虽然获得了家属的同意，"但不能说是基于被害人推定意思的行为"，从而维持原判（最决2009年12月7日刑集63卷11号1809页；新谷一朗·百选3版194页）。本判决的意旨或许是，在能够确定死亡已经临近和患者的推定意思的情况下，允许终止生命维持治疗。

4. 生命维持治疗终止的要件

从以上叙述可以看出，终止生命维持治疗应具备两个要件：第一，患者的病症必须已经进入终末期；第二，生命维持治疗的终止必须基于患者的同意。

[终止的意义]　终止的意思是停止正在进行的行为，由于不进行生命维持治疗或延长生命医疗这一点非常重要，因而在学说上存在争议。这里的终止包括两方面的内容，一方面是指不开始本应为了维持生命而进行的医疗行为，另一方面则是指停止正在实施的医疗行为。

(1) 终末期状态

若要终止终末期医疗，患者必须已经进入终末期状态。后述的《厚生劳动省指南》指出，虽然是指"人生的最终阶段"，但当终末期的确定不准确时就会变成对生命的侵害，所以终末期应当是指"意识没有恢复的希望，死期紧迫的状态"，其确定必须依据医学上承认的客观标准（大谷·前引《终期护理》140页）。对于这一观点，有力见解提出："应该根据死期的紧迫性、意识恢复的可能性、继续治疗给他人造成的负担、治疗手段的特殊性和异常性程度等要素，进行规范的判断"（井田良·前引《讲义刑法学总论》第2版367页）。但是，笔者认为根据具体状况来改变生死攸关的判断是不妥当的。作为主治医师，对于患者的病症，应当以患者是否已经进入了生命所剩无几的濒死状态为标准，将其作为医疗行为进行医学的判断。问题在于，应该设置怎样的判断程序，从事情的性质来看由主治医师单独进行判断是不妥当的。因此，为慎重起见，应该由数名具有判断能力的医师履行正当的程序作出决定。

[厚生劳动省指南] 厚生劳动省于 2007 年（平成 19 年）发布了《关于终末期医疗决定的指南》，并于 2018 年（平成 30 年）制作并公布了《关于人生最终阶段的医疗、护理决定过程的指南》。其要点有：①关于人生最终阶段的医疗及护理方式，包括：a. 终末期医疗应以患者的意思（自我决定）为基础；b. 生命维持治疗的开始、不开始以及终止，应由医疗、护理团队基于医学的妥当性和适当性进行判断；c. 缩短生命的积极的安乐死不属于适用对象。②在医疗、护理方针的决定程序上，当能够确认患者意愿时，医师应当依据知情同意书，以患者的意思决定为基础，以医疗、护理团队的形式进行。③关于治疗方针，患者应与医疗从业者协商，最终依患者的意思决定进行。④只要患者没有拒绝，则应将决定内容告知其家属。⑤在无法确认患者意愿的场合，若能推定患者的意思，则尊重该推定意思决定治疗方针。⑥在无法推定患者意思的场合，则采取对患者最有益的治疗方针（甲斐克则·百选3版228页）。

(2) 患者的意思

即便在终末期，医师也负有维持患者生命的义务（详见边码143）。因而即便患者终期已至，也不能以此为由将不开始或终止治疗正当化。要将上述行为正当化，患者本人的意思或自我决定是必要的。如前所述，将对终末期患者的生命保护与基于个人主义的患者自我决定的价值进行对比，基于家长主义的立场，后者的价值处于优先地位，这才是终末期治疗的不开始、终止的问题本质所在。

关于终末期患者的自我决定，作为有力见解的反对论主张，在没有充分意识的状态下无法认定自我决定。但是，在进行生命维持治疗或延长生命医疗的时点拒绝延长生命措施，在现实中是可能存在的。而且，即便是在无法确认无意识状态下患者意思的场合，根据患者平日里有意识时的言行，被认为完全有可能由此推定其拒绝延长生命医疗的意思。特别是在已作成所谓生前预嘱的场合，应该承认其拒绝延长生命医疗的意思或自我决定。若不认可，就等于是否定了本人的自我决定，不得不说这是对患者本人幸福追求权的不当侵害。

生前预嘱（living will）原本是"在生前产生效力的遗言"之意，在日本则被翻译为"生前的意思表示"或"事前的意思表示"，近年来又被称作"事前指示书"。日本尊严死协会建议制作包含如下内容的"尊严死事前宣言书"，即"我的伤病，在现在的医学上是不治之症，在已被诊断出死期将至的情况下，我将拒绝任何为了徒然延缓死期的延长生命措施"（参见下图7-1）。这样的文书，在不开始或终止治疗的时点，并不是由患者亲自呈交给医师等人的，因而有反对观点认为这不能成为有效的同意书（详细内容参见甲斐·前引《终末期医疗与刑法》35页以下）。但是，由于生前预嘱表明了其意思，这与遗言是相同的，只要不撤回，就应认为该意思内容是有效的。而且，即便没有撰写生前预嘱，从患者的日常言行也能够推定其拒绝延长生命医疗的意思时，或者患者家属能够证明患者确有拒绝延长生命医疗的意思时，基于推定意思的法理，应该将其与存在生前预嘱的场合作相同处理。生前预嘱慎重论作为轻视患者主体性的观点，想来是不妥当的。另外，在没有家属在场从而无法确认患者拒绝延长生命措施意思的场合，即使该患者明显已经进入了终末期，也不允许终止延长生命措施，但若从周围的状况来看，终止治疗被认为明显是最有益于患者本人的选择时，依照没有法律上的义务也可以管理他人事务的所谓无因管理（《民法》第697条）之法理，应该允许终止治疗。

[推定的同意]　　其法理是，即便是在相对方没有作出现

实同意的场合，如果其认识到这一事实，就会对该行为表示同意，在这样的状态下实施的行为，可以与存在现实同意的场合同等对待。例如，在火灾发生时进入不在者的家中，为防止贵重物品毁损而将其搬离的行为，就符合推定同意的法理。即使是擅自侵入住宅，也因为存在同意而不构成侵入住宅罪。

尊严死宣言书
（living will）

鉴于我的伤病无法治愈，并且死亡迫近，陷入没有生命维持措施就不能生存的状态这一情况，我向我的家人、亲属以及从事我的医疗工作的人员宣布以下要求。

这篇宣言书是我在精神健全时写下的。因此，当我的精神还处于健全状态时，除非我自己作出作废或撤回的文件，否则它是有效的。

①我的伤病，在现在的医学上是不治之症，在已被诊断出死期将至的情况下，将拒绝任何为了徒然延缓死期的延长生命措施。

②不过，在这种情况下，为了减轻我的痛苦，请适当采用麻醉等充分缓和的治疗。

③当我陷入无法恢复的迁延性意识障碍（持续性植物人状态）时，请停止使用生命维持装置。

以上，我对忠实地履行了我宣言中的要求的人们深表感谢，同时，对于那些人们遵照我的要求所做行为产生的一切责任，由我自己承担。

令和　　年　　月　　日
氏名
住所

日本尊严死协会

图 7-1　尊严死宣言书

（3）延长生命措施的不开始与终止

延长生命措施包括安装人工呼吸器、人工透析以及补给水分等，特别是，以水分的补给是生命的基础为由、反对不开始或终止延长生命措施的观点十分有力。但在 1993 年，英国上议院在判决中表明，"可以停止包括人工呼吸器、营养补给、水分补给在内的生命维持治疗以及医疗援助手段"（甲斐·前引《尊严死与刑法》127 页）。由于在终末期通过输液来补给水分，不免让一旁的家属等看护者感到心痛，虽然说"至少应当补给水分"，但既然患者本人明确表示了拒绝的意思，就应该满足其愿望。

5. 围绕法制化的诸问题

以上探讨的结果表明，为了今后适当运用延长生命措施的不开始、终止，必须明确以下两点：①终末期的内容、判断标准及程序；②以患者拒绝治疗的意思或自我决定为要件。但是，由于不开始、终止延长生命措施侵害了人的生命这一国家保护的最高法益，因而要使其正当化，必须获得全体社会的容许。如前所述，厚生劳动省提出了终末期的医疗指南，由于没有其他合适的法律规制，即便医师遵循该指南而将不开始或终止终末期的延长生命医疗作为医疗行为而进行，也不能说这是违法的。不过，本来的处理方式应当是在国会进行充分审议，因此最好是以国民都能接受的形式呈现出来（大谷·前引《作为立法问题的终末期医疗》136页）。

（1）法制化的动向

值得注意的是，于2012年（平成24年）成立的"为考虑尊严死法制化的议员联盟"发布的《关于终末期医疗中患者意思的法案》。在该法案中，"该法规定有关终末期的判定、基于患者意思而停止延长生命措施及与之相关的免责等必要事项"（同法第1条）。在此基础上，"终末期"被定义为"处于没有恢复可能性，并且被判定为死期将至之状态的期间"。一方面，关于该判定的程序，法案规定，"为了准确进行，应由2名以上具有必要知识及经验的医师，以被普遍认可的医学知识为基础作出一致判断"是必要的（同法第6条）。另一方面，对于患者拒绝治疗的意思或自我决定，法案规定，"在患者以书面或者其他厚生劳动省令规定的方式表示其终止延长生命措施等意愿的场合"，明确承认了生前预嘱（事前的意思表示）的效力（同法第7条），而且该意思表示可以在任何时候撤回（同法第8条）。

（2）《指南》的法制化

虽然时常会提及《指南》，但在此重新整理其内容，可以归纳为以下四点：①人生最终阶段的医疗，应以患者本人的意思决定为基础进行；②医师等医疗从业者不应对医疗、护理进行个人判断，而应通过多工种组成的医疗、护理团队形式进行判断；③医疗、护理行为的不开始、终止以及医疗、护理内容的变更，应以确认患者的意愿为基础，由医疗、护理团队基于医学的妥当性和适切性进行慎重判断；④积极的安乐死除外。

　　这里所说的《指南》，是指对包括医师在内的医疗相关人员的行政上的指导，因而不具有法律约束力，但作为对终末期医疗处理方式的提示可以说是具有积极意义的。那么其在医疗实践的运用如何呢？特别是，笔者更关注居家终末期医疗的实践情况。从日本医师会和急救医疗学会等的应对来看，其作为终末期医疗的处理方式获得了大多数人的支持（樋口·90页）。但是，如前所述，《指南》中包含了有关人为缩短生命的"医疗、护理行为的开始或不开始"。尽管积极的安乐死不包括在内，但是对于这样将事关个人生死的医疗行为的开始、不开始或终止问题，完全交由作为行政机关的厚生劳动省来判断，不得不说是存在疑问的。笔者认为，对此应考虑以法律的正当化为前提，首先将"人生最终阶段的医疗、护理"这一缩短生命的行为正当化。

第八章　医疗行为与患者的同意

一、概述

149　　医业中的医疗行为,属于若非基于医师的医学判断和技术则可能会造成卫生保健上之危害的危险行为,因而仅仅具备医术的正当性和医学的适应性还不能被正当化。医师实施医疗行为,还必须获得接受医疗救治的患者或伤病者的同意。过去,"医疗业务说"占据着支配地位,认为医业所伴随的危险在进行诊疗时是不可避免的,因此并没有考虑将患者的同意作为诊疗的要件。只要医疗行为符合医学标准,该医疗行为就会被认为是正当的业务。

　　但是,随着《宪法》规定的基本人权原则深入人心,当用《宪法》第 13 条中对个体的尊重和幸福追求权来审视医疗问题时,患者的自我决定权在国民意识中生根发芽就是极为自然的事情(呗·前引书 3 页)。患者的自我决定权在实务中也一直有所回应,先后出现的"乳腺癌事件判决"(东京地判 1971 年 5 月 19 日下级民集 22 卷 5=6 号 628 页)及"舌癌手术事件判决"(秋田地判大曲支判 1973 年 3 月 27 日判时 718 号 93 页)均指出,无视患者意思的诊疗即使在医疗技术上具有正当性,该行为也是不法的,因而必须承担损害赔偿责任。此后,为了尊重自我决定权,以医师的说明义务和患者的同意为必要的知情同意(informed consent,指"医师与患者在掌握充分信息的基础上达成的合意")这一法理在实务中确定下来并延续至今。另外,关于医师的说明和同意,作为医疗合同上的效果此前已作详述(详见边码59),本章将分别阐述各个医疗行为的正当化要件。

二、说明义务

1. 说明义务的根据

关于医疗行为的说明,在医疗合同等各种情形下都是必要的,重要的是医师在实施手术等伴随风险的具体医疗行为之前,为了尊重患者的自我决定权而被课以义务,即所谓知情同意的说明义务。医师负有向患者提供信息的说明义务,这是各个诊疗行为取得患者同意的前提。此是根据医疗合同就特定的医疗行为施加给医师的义务,大致可以分为:①诊断(是怎样的疾病);②实施治疗的目的和方法;③预计的治疗时间;④治疗所伴随的危险(副作用);⑤可选择的治疗方案等。这些内容均有说明的必要。换句话说,说明义务就是示明各个医疗行为所带来的利益和伴随的风险,充分提供诊疗相关的信息,促使患者进行自主判断的必要义务,也可以说是征得患者有效同意的必要前提要件。

> [日本最高法院与说明义务] 关于说明义务的内容,日本最高法院在判决中指出,"当医师为了治疗患者疾病而准备实施手术时,基于医疗合同,在没有特殊情况的场合,对患者就其疾病的诊断(病名和病状)、准备实施的手术内容、手术所伴随的危险,以及若有其他可供选择的治疗方案的话,对其治疗内容、利害得失、预后情况等事项负有应当说明的义务"(最判 2001 年 11 月 27 日民集 55 卷 6 号 1154 页)。

2. 说明义务的内容

作为对具体治疗的说明,首先需要明确的是医师的建议。患者的病状、计划实施的诊疗及其内容、预计的效果及附随的危险、其他可替代的治疗方案、如果不实施该治疗的预后情况等也都是应当说明的事项（大谷·104页）。特别是，对诊疗附随风险的说明是必不可少的。至于是否接受这一风险，则是应当由患者自己所决定的事项，因而认为在剥夺了患者基于准确信息自由地作出判断与意思决定之机会的场合，违反了说明义务。对病名的告知，尤其是对患者本人及家属关于癌症的告知，成了问题（最判2002年9月24日判时1803号28页；广濑清英·百选3版63页）。不过，根据2020年日本国立癌症中心的"院内癌症登记全国统计数据"，癌症的告知占比约为96%，即使是对于癌症患者，原则上也应当承认对其具有告知义务。

此处列举几则日本最高法院的具体判例以供参考：一是，对因宗教理由而拒绝输血的患者，在进行手术时没有向其说明输血方针的场合，"剥夺了患者对是否接受手术作出意思决定的权利"，进而认定违反了说明义务（参见最判2000年2月29日民集54卷2号582页；石桥秀起·百选3版71页；岩志和一郎·百选2版80页）。二是，在进行乳腺癌手术时，在对于尚未确立且患者也表示关心的乳房温存疗法没有进行说明的场合，认为医师负有"给予患者经过深思熟虑进行判断之机会的说明义务"（参见最判2001年11月27日民集55卷6号1154页；畑中绫子·百选3版64页）。三是，对于希望通过剖腹产来分娩的孕妇，在没有充分说明危险性的情况下让其进行了阴道分娩的场合，如果只是说明了一般的阴道分娩的危险性，则违反了"给予患者判断是否接受阴道分娩之机会的义务"（参见最判2005年9月8日判时1912号16页；西田幸典·百选3版130页）。上述3个案例都以剥夺了患者作出自由意思决定的机会为由，认定违反了说明义务。四是，在采取预防性疗法的场合，医疗标准上确立了多种可选择的疗法，但同时也存在不接受任何疗法而进行保守观察的选项，在这种场合"作出何种选择关系到患者自身的生活方式和生活质量，要留给患者充足的选择时间，以便患者能够在深思熟虑后判断选择哪一种疗法，为此，医师应当对包括各种疗法的不同及保守观察在内的各个选项的利弊得失，进行简单易懂的说明"（参见最判 2006 年 10 月 27 日判时 1951 号 59 页）。

3. 患者的同意

（1）同意的要件

医师即使尽到了说明义务，但在患者不同意的情况下仍然实施诊疗的话，就违反了知情同意，会产生民事及刑事责任的问题。对于前者，违反说明义务产生债务不履行的损害赔偿责任。对于后者，虽然通说认为这种情形成立伤害罪（《刑法》204 条），但只要是医疗技术上正当的诊疗，就不符合伤害罪的构成要件。笔者认为，作为未经患者同意的治疗行为，即所谓专断的治疗行为，最多仅涉及"让他人进行没有义务的行为"的强要罪（《刑法》第 223 条）的问题（大谷·前引《刑法讲义总论》259 页）。而且，实际上并没有被认定为伤害罪或强要罪的例子，在实务中，可以认为伤害罪说并没有得到支持。

成为问题的是，知情同意只适用于具有自我决定能力的人。因此，为了作出同意，患者具有判断自己行为的性质并以此为基础具有作出意思决定的能力是必要的。根据判例，这是指"理解医师的说明，以及是否接受治疗的判断能力"（参见名古屋地判 1981 年 3 月 6 日判时 1013 号 81 页；高柳功《知情同意杂考》，载中谷旸二编《精神科医疗与法》〔2008〕219 页），或者"患者本人认识到自己的状态、该行为的意义、内容以及所伴随的危险性之程度的能力"。患者的同意与法律行为的场合不同，由于与承受的风险和痛苦有关，所以只要具有对医疗行为的意义及结果的理解判断能力（意思决定能力），即使对于未成年人，仅有患者本人的同意也足够了。

另外，对于不具备上述能力的幼儿及精神障碍者，在必须保护患者的前提下，如果没有亲权者等法定代理人的同意，则不允许实施相应诊疗（详见边码 43）。但是，在患者的病症需要紧急救治的场合，即使没有法定代理人等的同意也不构成专断的治疗行为。成为问题的是，父母拒绝"耶和华见证人"给自己的孩子输血的事例，这应当构成同意权的滥用（大分地决 1985 年 12 月 2 日判时 1180 号 113 页）。

同意是否以作出明确的意思表示作为必要也成为问题。知情同意的意旨在于禁止违背患者意愿的诊疗行为，因而明确的意思表示是不必要的，只要患者没有表示出拒绝诊疗的意思就应理解为同意，即所谓默示的同意就足够了。实践中，医疗现场的大部分个体诊疗都是在默示的同意下实施的。

(2) 同意书的效力

对于未经患者同意的专断的治疗行为，虽然到目前为止没有被追究刑事责任的判例，但是在民事上作为债务不履行而进行审理的场合，以是否存在有效的同意为争议点的案件很多。因此，医师或医院为了留存证据而取得患者的同意书或承诺书已是常规做法。只不过，对于个别的诊疗，尤其是外科手术，为了不遗留问题或许应该将取得同意书的形式制度化，但这样一来会导致程序烦琐且可能损害医师和患者之间的信任关系，因此现在采取的是自愿同意书的形式。其方式为，医师或医院在手术之前制作同意书，请患者或近亲属、法定代理人签字、捺印。如果有能够确认对个体医疗侵害的意愿的文件，那么这些同意书当然就是有效的，但是例如，像"同意所有必要的手术"这样以概括的同意为内容的同意书，原则上是无效的。另外，无论发生什么事故一律放弃损害赔偿请求的同意书，由于违反社会公序良俗，同样是无效的。

```
                    手术承诺书
致○医院院长：
  患者姓名：
  大正·昭和·平成·令和    年  月  日生

  上述人员，对于接受本次手术，以及术中、术后发生的任何异常情况，均无异议。
  由保证人联合署名提交手术承诺书。

        令和  年  月  日
              上
                          本  人            印
                          保证人  住所：
                                  姓名：    印
```

图 8-1　手术承诺书

(3) 誓约书的场合

许多医院都会要求患者方签署一份名为"誓约书"的同意书。关于誓约书的效力，判例指出，誓约书的意旨是承认医师尽管已经尽了最大程度的努力，疾病依然会发生不测事件，患者在这种情况下也没有怨言。可以合理认为，如果是以对医疗过失的侵权行为放弃损害赔偿请求权为内容的同意书，"该誓约书有违公序良俗，当然无效"（东京高判1967年7月11日下级民集18卷7=8号794页）。

关于誓约书的效力，一是在诊疗的内容具体化、同意的内容规范化的场合是有效的；二是在尽管医师尽到了最大程度的努力，还是发生了不测事件的场合，患者对此也没有怨言，以此为内容的誓约书本来就不存在债务不履行的问题，因此在法律上没有意义；三是在誓约书中约定了包含因医疗过失导致不测事件发生在内的免责特权的场合，该誓约书无效（最判1968年7月16日判时527号51页），但是，就承诺接受该诊疗这一点，患者的同意是有效的。另外，在患者积极提出签署、捺印誓约书的场合也是有效的。

誓约书

致〇〇医院院长：

此次，我在贵院接受手术、麻醉、处理和检查等治疗时，主治医师对治疗内容进行了充分的说明，我已经充分理解了诊疗上的必要事项，故在此对实施该治疗作出承诺。另外，如果在实施过程中出现需要采取紧急措施的情况，也同意医师采取适当措施。

患者　　住所

　　　　姓名　　（〇年〇月〇日生）

图8-2　誓约书

三、强制医疗

医疗不仅是针对求诊的患者实施，有时为了确保促进和提高公共卫生这一公共利益,即使限制了个人的自由也必须实施。在这样的场合,存在根据《精神保健福祉法》所规定的强制住院以及传染病相关法律所规定的强制医疗。

1. 适用《精神保健福祉法》的情形

《精神保健福祉法》这一法律的正式名称是《关于精神保健及精神障碍者福祉的法律》,为了预防精神障碍的发生,保持及增进精神障碍者的健康,该法设置了以强制入院、医疗保护入院及自愿入院为中心的精神科医疗制度(大谷实《精神科医疗的法律与人权》〔1995〕83页)。

(1) 入院的形式

强制入院是指对根据2名以上精神保健指定医的诊察结果被认定为精神障碍的患者,在如不入院接受医疗保护,将存在因精神障碍自残或者伤害他人的风险时,通过都道府县知事的授权对其采取强制进入精神科医院的措施(《精神保健福祉法》第29条)。医疗保护入院是指以家属等人的同意为要件,对根据精神保健指定医的诊察结果被认定为陷入了不能正常判断状态的精神障碍患者,为了对其进行医疗保护而必须入院时,精神科医院的管理者(医院院长或理事长)在没有获得本人同意的情况下也可让其入院治疗的制度(同法第33条第1项)。自愿入院则是基于本人的同意而选择入院的制度(同法第20条)。强制入院和医疗保护入院属于非自由(强制)入院制度,自愿入院则属于自由入院制度。

[精神保健指定医] 精神科医疗实施的是违反患者意愿的住院措施,并且限制其在院内的行动自由等,为此有必要进行顾及人权的医疗,厚生劳动大臣规定:一是,具有5年以上从事诊断或治疗经验的人员;二是,从事3年以上精神障碍诊断或治疗的,被认定为具有精神科医疗所必需的知识和技能的人员,根据本人的申请,将其指定为"精神保健指定医"

(《精神保健福祉法》第18条以下）。其主要职责是判断：①患者是否有必要住院；②患者是否应该继续住院；③是否需要限制患者在医院内的行动自由。在实行强制入院和医疗保护入院的精神科医院内，必须配备全职的指定医。另外，日本精神神经学会于2006年启动了为期3年的专门研修制度，在实施的专门医认定考试中，约有11000名精神科专门医参加。

（2）非自由入院与知情同意

在强制入院中，经过2名以上的精神保健指定医诊察并形成一致判断后，通过都道府县知事的授权使患者强制入院。而医疗保护入院则是根据1名精神保健指定医的诊察，在家属等同意的基础上，通过精神科医院院长或理事长的权限使患者强制入院，两种方式均为非自由入院。因此，患者被视为没有同意能力，以患者自我决定为根据的知情同意法理在此无法适用。但是，有力见解认为在非自由入院的患者中也有很多具备同意能力的人（大谷实《精神保健福祉法讲义》第3版〔2017年〕67页；小池清廉《患者的人权》，载《临床精神医学》23卷7号（1963）839页；中岛一宪《从临床现场来看的意思决定能力》，载《法与精神医疗》10号〔1996〕33页），对于非自由入院的患者原则上也应当适用知情同意法理。

[**联合国原则与知情同意**] 1991年（平成3年），联合国大会通过的《保护精神病患者和改善精神保健的原则》以对治疗的同意（consent to treatment）为主题，采用便于患者理解的方法和语言，对：①诊断上的评价；②治疗目的、方法、治疗时间及效果；③其他疗法；④治疗所伴随的痛苦、不适、危险性及副作用等内容进行必要的说明。另外，在患者接受治疗说明并同意的场合，可以要求第三人在场。在日本也同样主张，"说明的必要性，第一是为了患者方的自我决定，第二是为了提高治疗动机，第三是为了建立和维持医患关系，第四是为了提高治疗意愿"（江畑敬介《精神科临床服务中说明的临

床意义》，载《精神科临床服务》5卷4号〔2004〕466页）。

(3) 说明与同意

在以往的非自由入院中，患者的自我决定权并没有得到重视，但近年来，对：①诊断（患的是什么病）；②计划实施的治疗目的和方法；③预计的治疗时间；④诊疗所伴随的风险等事项，须作大体说明，在获得患者的同意后才能进行诊疗。但是，无论怎样恳切地进行说明，也还是存在精神障碍患者拒绝入院和接受治疗的事实。在法律上，强制入院和医疗保护入院都是通过都道府县知事或医院管理者（医院院长、理事长）的权限得以强制精神障碍患者入院和限制精神障碍患者在院内的行动。对于这一点，在精神科医师和精神医学者之间存在以下几种主张：观点一，既然是有效的治疗，就可以放弃对患者的说明而实施诊疗；观点二，虽然充分的说明仍是必要的，但即便没有获得同意也可以实施诊疗；观点三，承认患者的自我决定权与拒绝治疗权，因而不应实施诊疗（大谷·前引《精神保健福祉法讲义》67页）。

笔者认为，即使是重度的精神障碍患者也具备一定程度的意思能力，所以作为负责的精神科医师应尽可能地进行说明，设法征得患者本人的同意。若不承认其意思能力，认为没有必要说明而强制其入院进行治疗的话，则违反了说明义务，医师应构成债务不履行承担民事责任。只是，在认可患者非自由入院、限制患者院内行动的现行法下，出于医疗保护的需要，认为患者有必要入院或限制患者院内行动时，很难将欠缺同意的治疗行为认定为专断的治疗行为。

2. 适用《传染病法》的情形

《传染病法》的正式名称为《关于预防传染病及对传染病患者医疗的法律》。违反患者意愿实施的强制医疗被认可的情形，仅限于针对前述精神障碍患者和传染病患者。

(1) 入院劝告

传染病是指如鼠疫、白喉、新型流感及新型冠状病毒等由病原体侵入身体而引起的疾病。传染病的流行,"有时会使文明面临生死存亡的危机,可以说根除传染病正是人类的夙愿"(《传染病法》序言)。因此,《传染病法》规定,"通过制定针对传染病预防及传染病患者医疗的相关必要措施,以期预防传染病的发生并防止其蔓延,从而实现提高和增进公共卫生的目的"。该法具体规定了样本采集、健康诊断及就业限制等内容,并在此基础上规定,"都道府县知事认为存在防止传染病蔓延的必要时,可以要求传染病患者进入特定医疗机构……或者劝告其保护者让该患者入院"(《传染病法》第19条第1项),设置了强制入院制度。

(2) 入院措施

一方面,诊断出传染病的医师必须向都道府县知事报告。接到报告的都道府县知事可以派出工作人员对患者等相关人员进行询问、调查(《传染病法》第15条),由此获得的信息,最终应向厚生劳动大臣汇报。将这些信息作为传染病发生情况的相关信息,便于在制定防止扩散、早期治疗的对策时灵活运用。

另一方面,推进对患者的诊断及治疗的相关手续。即,第一,都道府县知事劝告疑似感染传染病的患者进行健康检查,如不听从,可以强制其接受健康检查。第二,为了防止扩散,认为有必要时,都道府县知事应对本人及保护者进行适当的说明,努力取得对方的理解,在此基础上可以劝告其前往特定的医疗机构;当对方不听从劝告时,可在72小时内强制其入院(《传染病法》第19条,第20条第6项和第26条)。与此同时,规定"无正当理由而未在应当入院的期间入院的,处50万日元的罚金"。另外,在此后有必要住院的场合,都道府县知事可以在10日内延长期限要求其再次入院。法律规定这些防止传染病蔓延的对策,"根据公众传播的可能性、感染传染病后的病情程度,以及其他具体情况,必须为了预防传染病发生,或防止其蔓延的最小限度的措施"(《传染病法》第22条之2),表明了"必要最小限度的自由限制"之原则。

(3) 对人权的关注

新型流感在全国范围内迅速蔓延,由于该流感感染者的病状可能很严重,因此作为应对传染病的对策,日本于 2013 年制定了《新型流感等对策的特别措施法》,采取了国家宣布紧急事态及都道府县的防止蔓延措施等对策。此后,从 2019 年(令和元年)持续到现在的新型冠状病毒波及针对传染病患者的医疗,特别是导致了《传染病法》的修改,即为了防止感染对违反住院命令的人处以罚款。

的确,在采取进入特定传染病指定医院的住院劝告及入院措施时,"应对本人及保护者进行适当的说明,努力取得其理解"。对于强制措施,促进适用"必要最小限度的自由限制"之原则等,固然体现了对人权的关注,然而,虽说是罚款,但对于以制裁的方式强制入院这一点,令人疑惑(川本哲郎《新型冠状病毒传染病对策与人权》,载《同志社法学》420 号 11 页;须田清《传染病预防法》,载加藤编·578 页)。幸运的是,在法律修改后,至今还未出现科处罚款的实例。不过,在采取入院措施时应当慎重。

第九章　医疗行为的附随义务

一、概述

医疗行为的附随义务包括：①《医师法》上的义务；②医疗合同上的义务；③《刑法》上的义务。首先，《医师法》上的义务主要规定了：a. 诊疗义务（应召义务）（《医师法》第19条第1项）；b. 诊断书等的交付义务（《医师法》第19条第2项）；c. 禁止未经诊察的治疗及未经诊察的证明（《医师法》第20条）；d. 异状尸体的报告义务（《医师法》第21条）；e. 处方笺的交付义务（《医师法》第22条）；f. 疗养指导义务（《医师法》第23条）；g. 诊疗记录的制作、保存义务（《医师法》第24条）。其次，医疗合同上的义务指善管注意义务（《民法》第644条）。最后，作为《刑法》上的义务，包括禁止制作虚假证明文件（《刑法》第160条）及保密义务（同法第134条）。《民法》上的善管注意义务，是指医疗合同上的义务，其与医疗行为的附随义务的宗旨不同，所以本书探讨的是②以外的医师的义务。

[**义务的性质**]　关于《医师法》上医师的义务，究竟是公法上的义务还是私法上的义务存在争议（山本隆司《私法与公法"协作"诸相》，载《法社会学》66号16页），义务本身虽然应当是医疗行政上的义务，即公法上的义务，但由于都是为了保护伤病者的生命、身体的义务，因而也间接与民事责任和刑事责任存在关联。

二、诊疗义务（应召义务）

《医师法》第 19 条第 1 项规定："从事诊疗的医师，在面对诊察治疗的请求时，若无正当事由，不得拒绝。"但是，医师即便违反该条也不会被处罚。

1. 意义

诊疗义务是指医师在接受诊疗委托时对此进行回应，或者在已经订立医疗合同并接诊患者时，对患者提出的诊疗请求进行回应的义务。也有见解将前者称为应需义务，后者称为应召义务，进而对二者进行区分（中森喜彦《医师承担诊疗义务的违反与刑事责任》，载《法学论丛》91 卷 1 号 1 页）。但由于两者都是以诊疗为内容的义务，故本书将两者包括在"诊疗义务"之下进行论述。另外，虽然将诊疗义务视为应召义务是多数说（小松・52 页；米村・47 页等），且厚生劳动省也使用了这一术语，但是法律条文中采用的是"诊察治疗的请求"这一表述，因而比起"应召义务"，"诊疗义务"的说法要更为自然（山下・520 页与大谷・32 页称为"诊疗义务"；另见，樋口・69 页）。

对医师课以诊疗义务，是基于医疗的公共性，据说也是作为承认医师业务独占之许可制度的反映而被认可的制度（小野惠《医师法第 19 条第 1 项的问题点》，载《东京女子医大志》38 卷 110 号 708 页）。因此，通说观点认为诊疗义务是医师对于国家行政上的义务，进行委托的伤病者个人并不以此规定为根据而取得接受个别医师治疗的权利，也就是并未取得医疗给付的债权。也有观点认为诊疗义务不过是法律对以保护生命、身体健康为业的医师原本的职业伦理的训示（唄・前引书 307 页）。根据这些见解，《医师法》之所以不处罚违反诊疗义务的行为，是因为将违反诊疗义务的行为置于伦理义务与法律义务之间的中间位置。纵览其他国家的立法，也找不到采取这种规定的国家（另见中森・前引论文 28 页）。另外，《医师法》的规定也被认为是不强制医师对单个委托人进行诊疗。

2. 沿革

回顾日本有关诊疗义务的法律沿革，关于诊疗义务的规定可以追溯至 1874 年（明治 7 年）颁布的《医制》，该法标志着日本医疗制度的创立。该法第 44 条规定："医师品行不端或者业务懒惰怠慢而不能应对危急情况时，应由医务管制区户长审议讨论后在地方官卫生局登记，并向主管禁止行医的地方厅报告其事由。"总之，对于违反诊疗义务的行为仅处以停止行医的行政处分。但是，1882 年（明治 15 年）的旧《刑法》将此规定为违警罪，"医师、助产师无故不应急症病人之召的"，处 1 日以上 3 日以下的拘留或 50 钱以上 1 日元 50 钱以下的罚金（旧《刑法》第 427 条），对违反诊疗义务的行为科以刑罚。

旧《刑法》的规定，于 1908 年（明治 41 年）向现行《刑法》过渡之时被《警察犯处罚令》所继承，即"开业的医师、助产师无故不应病患或产妇之召的"，处 20 日元以下的罚金（《警察犯处罚令》第 427 条第 9 号）。在这一阶段，该内容又被转移到 1919 年（大正 8 年）的旧《医师法施行规则》中，即规定，"开业的医师，在需要诊察治疗的场合，无正当事由不得拒绝"，违反此规定将处以 25 日元以下的罚金（旧《医师法施行规则》第 16 条）。其根据在于"就医师的职业性质而言，不限于急症患者，而是在广泛地对于所有患者的场合，如果不处罚不应召的人，就会与医师作为社会高等职业以仁术者身份而受世人尊敬的待遇不相符，有失均衡"（谷津庆次《警察法条解》〔1927〕142 页）。这可谓是基于医疗伦理的刑罚强制。基于对这一点的反省，1948 年（昭和 23 年）在现行《医师法》制定之际，考虑到诊疗义务的履行应靠医师的自觉，于是没有设置针对违反诊疗义务的罚则。

3. 诊疗义务的根据

对于医师诊疗义务的根据，通说是从医师的职业伦理或业务的公共性以及基于许可制度的医业独占两方面来理解的。例如，"虽然有意见认为，在法律制度中，像本条这样的规定不应由法律来强调，而应完全依靠医师的自觉；但是从医师职务的公共性来看，对于应召义务仍有特别强调的必要，还是要作为法律上的义务予以规定"。但是，有观点指出以往设置的违反该规定的罚则被删除，是否履行这一义务全凭医师的良心（山内丰德《医疗法・医师法（牙科医师法）》〔1981〕358页），也有见解主张"这是职业伦理的问题，只是因为医师这一职业的公共性和独占性，所以强调其应召义务，应作为不附带罚则的公法上的义务被规定"（参见冲永壮一、中村敏明《医师的应召义务》，载《帝京法学》1卷1号8页；矾崎、高岛・200页；小松・53页）。

对此，笔者认为，《宪法》第13条保障对个体的尊重及幸福追求权，第25条则规定国家负有保障生存权及提高和增进公共卫生的义务，再有，《医师法》第1条亦规定医师的职责，即"医师负责医疗和保健指导，助力于提高和增进公共卫生，以确保国民的健康生活"。故有见解主张诊疗义务是医师为了守护国民生命、健康而负有的职业上的义务（大谷・46页；另见，金泽文雄《医师的应召义务与刑事责任》，载《法律时报》47卷10号36页）。也就是说，虽然并不否定诊疗义务是公法上的义务，但《宪法》第13条保障对个体的尊重及幸福追求权，《宪法》第25条也规定国家负有保障生存权以及提高和增进公共卫生的义务。而接纳了这些内容的《医师法》，把医疗规定为医师的独占义务（《医师法》第19条），提出了"确保国民的健康生活"（《医师法》第1条）作为医师的一般任务。这样一来，在唯有医师才具备对疾病的诊疗权和能力的法律制度下，能够具体保障国民生命、身体安全和健康生活权利的就只有医师了。在此便具有了对医师课以诊疗义务在法律上的实质根据，依照这样的诊疗目的，诊疗义务不单指医师负有诊疗的义务，同时也以恢复患者健康及防止病情恶化为目的，从这样的立场出发便会提出与通说不同的观点。

但是，对于这种见解，有批判意见指出："应患者请求而进行诊疗的应召（诊疗）义务，与患者接受诊疗的权利（健康权）是否成立对立关系？如果成立的话，无正当理由而不应召，便是对患者健康权的违法侵害，必须承认对此的救济。然而，在现行法上，健康权作为实体权利尚未得到充分确立。"也有观点认为："从应当保障国民在必要时能够易于接受医疗这一宗旨出发，不仅应把应召义务作为医师对国家的义务，还要把'确保国民的健康生活'（《医师法》第1条）这一一般义务具体化。从包含对这一点的正确认识来考虑，在不响应患者请求而引起侵害患者生命、健康的结果时，涉及的民事、刑事责任，即对于债务不履行乃至侵权行为，业务上过失致死伤罪等的成立要件，都不得不重新讨论"（小松·54页）。

根据这一观点，对诊疗义务的根据重新考虑如下。也就是说，科以医师诊疗义务是基于"医业"的公共性。《宪法》第13条旨在保障对个体的尊重及幸福追求权，根据《宪法》第25条，国家负有保障生存权及提高和增进公共卫生的义务，接纳上述内容的《医师法》第1条提出了作为医师职责，医师具有"确保国民的健康生活"的一般任务，并让医师独占医疗。因此，如果承认医师有拒绝诊疗的自由，不仅国民的健康生活得不到保障，还可能会危及生命，因此作为为了保护伤病者的一般规定，应将其理解为公法上所规定的义务。

实际上，诊疗义务是医师为了保护一般国民的生命、健康而对国家所承担的公法义务，伤病者并不是以此规定为依据而取得对医师的诊疗请求权（参见山下·521页）。因此，既然没有与违反诊疗义务相对应的制裁规定，行政上的制裁暂且不论，那么单纯针对违反诊疗义务的法律制裁尚不完备。

因此，以往的判例、通说认为，由于没有违反诊疗义务的罚则，所以对于因违反诊疗义务而产生的有害结果也应不予追究。诊疗义务，原本是介于法律和道德之间的义务，这样想来违反诊疗义务也不能说是违法的。的确，如果仅仅因为拒绝诊疗而违反诊疗义务就要追究法律责任的话，行政上姑且不论，民事上和刑事上都是不允许追究责任的。但是，在明确是因为医师拒绝诊疗而导致伤病恶化或者死亡的场合，即便侵害了个人的重大利益也不予追究，这是不合理的。如前所述，既然诊疗义务是为了保护国民的生命、健康的制度，在因医师拒绝诊疗而导致病情恶化或者死亡的场合，就不能对此置之不理。关于违反诊疗义务在法律上的效果，应当重新检讨其行政法上的责任、民事上的责任以及刑事上的责任。

另外，鉴于医疗机构和医师总数增加等医疗供给体制的现状，拒绝诊疗对生命、健康造成的危险性有所降低，有否定论的见解认为诊疗义务（应召义务）的规定本身已经没有存在的意义（樋口·68页）。还有观点认为，"应召义务的规定已经完成了其历史使命"（米村·47页）。此外，为了应对医疗环境的变化，在2019年（令和元年）12月，厚生劳动省通告（医发第1225号）对应召义务的要件进行了大幅修改。但是，患者和伤病者向医师求诊的事例很多，医疗伦理上暂且不论，毫无疑问的是，诊疗义务在确保患者和伤病者诊疗方面仍扮演着重要角色。"在数量众多的医师中，有一些人不能对患者的痛苦感同身受，见死不救的情况时有发生"（樋口·78页）。

4. 诊疗义务的范围

被课以诊疗义务的仅限于"从事诊疗的医师"，即以从事医疗行为为业的医师，而不包括仅从事研究的医师和休业中的医师。另外，诊疗义务是在"已有诊察治疗请求的场合"中产生的，患者进行初诊、正在就医、正在住院的情形均包含在内。对急救患者也承认存在诊疗义务（后述千叶地判1986年7月25日）。也有判例认为诊疗义务仅限于新患者要求开始诊疗的场合（静冈地判2018年12月14日医疗判例解说80号141页），但由于法律条文上规定的是"诊察治疗的请求"，所以缺乏限于初诊的根据（平沼·128页）。

另外，在住院的患者希望继续住院的情况下，对于是否可以让其出院这一问题，有判例指出，"从医师无正当理由不得拒绝诊疗来看，要让住院的患者出院必须是，有比自己能够实施的疗法更有益于患者的疗法存在，但这种疗法自己无法实施从而不得不进行转院。主治医师在认识到这一情况的同时，还需要向患者说明并获得其理解"（东京地判2006年12月8日判夕1255号276页）。明明没有出院的医学根据、理由而强制患者出院的，构成拒绝诊疗，因此该判决是妥当的。另外，在诊疗中的患者要求继续诊疗时，医师对此拒绝是否违反诊疗义务也成为问题。对于正在接受诊疗的患者，医师若拒绝诊疗的话，应当根据之前的治疗内容和患者症状的改善状况等，在此基础上，进一步示明没有完成哪些应该采取的医疗措施。但作出这样的判断是困难的，以此为理由，有观点认为，"义务内容应限定在初期的诊疗行为"（樋口·78页；前引静冈地判2018年12月14日）。但是，例如，住院患者的病情突然恶化，明明陪护人员已经要求医师诊疗，没有正当事由的医师对此却无视，对诊疗请求不予回应。将这样的场合也包含其中，即在没有医学上合理理由的情况下要求患者出院，患者明明拒绝仍强制其出院，应将此理解为违反诊疗义务。此外，对于求诊的方法，只要能向医师传达出患者接受诊疗的意思便可以了，通过电话或者委托他人代为转达都没有问题（反对观点参见平沼·129页）。

5. 正当事由

如果有"正当事由"，医师也可以拒绝诊疗。此时，什么样的事由属于正当事由便成为问题。对于这一点，法律没有作出任何规定。不过，作为行政上的解释，厚生省医务局长通知（昭和24年9月10日医发第752号）指出：①即便不支付诊疗报酬，也不得以此为由直接拒绝诊疗；②即便在诊疗时间有限制的场合，也不得以此为由拒绝诊疗；③即便是针对特定对象进行诊疗的医师，在没有其他从事诊疗的医师时，也不得拒绝诊疗；④除天气恶劣等事实上无法出诊的情形外，不得拒绝诊疗；⑤即便医师被要求诊疗自己标示的科目以外的疾病，也必须采取应急措施或做其他能力范围以内的事情。

有观点认为，鉴于当今医疗机构的功能分化和地区医疗的供给体制，对所有医疗机构都课以诊疗义务的做法是存在疑问的。正当事由应当是，在考虑医患双方情况的基础上从社会一般观念来看不得不拒绝诊疗的事由。根据行政解释，是指"由于医师不在场或者疾病等原因，事实上不可能诊疗的情形"（昭和30年8月12日医收第755号）。

　　具体来说，医师轻度疲劳、酩酊大醉、处于休诊日或在诊疗时间之外、患者不支付以往的诊疗报酬、天气恶劣等都不是拒绝诊疗的正当事由，而基于患者的谩骂暴力、医患间的信赖关系丧失、疾病、专科领域外、住院床位已满、当下正在进行治疗处置等原因拒绝诊疗，则能够作为正当事由（穴田秀男《医事法》〔1974〕224页）。另外，2019年的厚生劳动省通知（令和元年12月25日医政发1225第4号）针对"以应召义务为首的应对治疗请求的妥当方法"提出：①医疗供给体制的变化；②基于职业医师的过度劳动，将处于诊疗时间、工作时间之外而拒绝诊疗的理由正当化，并将医患信赖关系丧失作为拒绝诊疗理由也予以正当化，改变了先前1955年（昭和30年）通知的内容。

　　[**拒绝诊疗与正当事由**]　　根据千叶地判1986年7月25日判时1220号118页，对于拒绝接收疑似重度支气管炎的急救幼儿患者的医院，法院认为其以床位已满为由拒绝诊疗不构成正当事由，应承担侵权行为责任。依照判决理由，床位已满能否成为正当事由，需要根据被求诊医院的人力、物力、替代设施的有无等具体情况作出判断。由此，本案中：①在作出入院请求的时间段，当事医院中有3名儿科医师，均正在接收外来患者；②意识到了医院附近的市镇村中有儿科专门医这一点；③虽然该医院的儿科床位现共有6张，但以前同一病房内有12、13张可使用的床位，即使急救门诊的床位已经全部满了，首先也应在急救室或门诊的床上对患者进行诊察和输液治疗，在此期间等待空床位。对于拥有超过300个床位的当事医院来说，采取上述措施是可能的。在这些情况下，判决指出医

院以床位已满为理由拒绝诊疗不构成《医师法》第19条的正当事由，认定构成侵权行为上的责任。此外，在本案中，法院适用了《医师法》第19条第1项的规定（修正前的规定），即"从事诊疗的医师，在面对诊察治疗的请求时，若无正当理由，不得拒绝"。"医师的这一应召义务，直接属于公法上的义务，如果医师拒绝诊疗，虽不能认定民事上构成医师的过失，但鉴于《医师法》第19条第1项是为了保护患者而设置的规定，在医师因拒绝诊疗而给患者造成损害的场合，可以初步推定医师具有过失，只要没有拒绝诊疗的正当事由等反证，应当认定医师承担民事责任"（相同观点的判例可见神户地判1992年6月30日判时802号196页）。另外，"通过休息日夜间诊所、休息日夜间值班医师等方法确保了当地的急患诊疗，并且，在当地居民充分了解这种休息日夜间诊疗体制的情况下，医师对来院的患者示明只在休息日夜间值班医院等接诊，对此可以认定不违反《医师法》第19条第1项的规定。但是，在症状严重等如不立即采取应急措施则可能对患者的生命、身体健康造成重大影响的场合，医师有义务接诊"（厚生省通知1974年4月16日医发第412号）。顺便一提，认定存在正当事由的判例还有名古屋地判1983年8月19日判时1104号107页。另外，厚生劳动省医政局长于2019年12月25日，对至今以来的通知进行了整理，大致作出了包括如下正当事由的通知（医政局1225第4号）。即，①在有必要紧急应对的场合，应当综合考虑医师的诊疗能力等因素，仅限事实上不可能诊疗的情形可以被正当化；②在处于诊疗时间、工作时间内的场合，应当综合判断医师的诊疗能力，在事实上无法诊疗的场合，不诊疗可以被正当化；③在不需要紧急处理，且处于诊疗时间、工作时间内的场合，原则上有必要回应患者的诊疗请求而提供诊疗。不过，考虑到患者和医疗机构的信赖关系等因素，对此的解释比较宽松；④作为对个别事例的应对，患者有骚扰行为、有支付能力者不支付医药费时，要求医学上无须住院的人退院，原则上予以正当化；⑤以患者的年龄、性别、人种、国籍等为理由拒绝诊疗，原则上不得正当化。

6. 违反诊疗义务的法律效果

虽然没有针对违反诊疗义务本身的罚则，但由于诊疗义务是为了保护患者，所以在因医师拒绝诊疗而造成患者损害的场合，存在法律责任。作为法律责任，成为问题的是：①行政（《医师法》）上的责任；②民事上的责任；③刑事上的责任。

（1）行政（《医师法》）上的责任

旧《医师法》规定对违反诊疗义务科处"25日元以下的罚金"，但现行法上对此没有处罚。于是，违反诊疗义务的法律效果就成为问题，如果将诊疗义务规定单纯理解为行政上的训示规定的话暂且不论，但既然将其理解为保护患者或伤病者的规定，就当然必须承认其义务违反的法律效果。这样一来，《医师法》上的法律效果就成为问题，在明明没有正当事由却屡次拒绝诊疗的场合，作为相对的吊销资格事由之一，即《医师法》第7条所规定的"损害医师品格的行为"，可以成为吊销资格、停止行医等行政处分的事由（昭和30年8月12日医收第755号；另见，穴田・224页）。

（2）民事上的责任

诊疗义务应被理解为公法上的义务，对于违反诊疗义务本身应作为行政上的问题处理，但是，应如何处理因违反义务而给伤病者造成损害的情形呢？过去的通说和判例认为，诊疗义务是"作为医师资格的对价而对国家负担的公法义务"，即使医师违反诊疗义务的结果是造成了伤病者的病情恶化，也不应论以民事和刑事上的责任（野田・117页；东京地判1981年10月27日判夕460号142页；该案控诉审判决参见东京高裁判 1983 年 10 月 27 日判时 1093 号 83 页）。但是，诊疗义务不单单指医师负有提供诊疗的义务，由于这是以恢复健康和防止病情恶化为目的而保护伤病者的规定，所以在负责诊疗的医师因拒绝诊疗而造成伤病者损害的场合，必须采取法律措施填补其损害。

1983 年（昭和 58 年），对于心脏病发作的患者，在经常就诊的医师为其申请了住院的急救医院中，值班的只有一名外科医师，内科医师不在现场，而且外科医师也以负责诊疗交通事故的重伤员为由拒绝接诊。对于该案，名古屋地方法院判决指出，"应将诊疗义务解释为公法上的义务，违反上述义务便直接构成民法上的侵权行为是存在疑问的"，假定即便如此，在本案事实中也属于"因不得已而拒绝住院诊疗"的情形，进而驳回了诉讼请求（前引名古屋地判 1983 年 8 月 19 日）。这一判决被认为与当时的通说和判例存在出入。

与之相对，先前介绍的千叶地方法院判决对以往的通说和判例进行了修正。"医师的这一应召义务，直接属于公法上的义务，如果医师拒绝诊疗，虽不能认定民事上构成医师的过失，但鉴于《医师法》第 19 条第 1 项是为了保护患者而设置的规定，只要没有拒绝诊疗的正当事由等反证，应当认定医师承担民事责任"（前引千叶地判 1986 年 7 月 25 日）。此外，神户地方法院判决指出，"从上述法条的条文内容来看，由于上述应召义务具有保护患者的一面，因此在医师拒绝诊疗而给患者造成损害的场合，可以初步推定当事医师具有过失。只要没有使得该医师拒绝诊疗正当化的事由存在，也就是说，只要没有主张、证明符合正当事由的具体事实，就可以认定该医师对患者的损失承担赔偿责任"（前引神户地判 1992 年 6 月 30 日）。

对于将《医师法》第 19 条作为保护患者之规定的解释，虽然批判意见也很有力（樋口·75 页；米村·49 页；平沼·129 页），但对于"在医师拒绝诊疗而造成患者损害的场合，只要没有拒绝诊疗的正当事由等反证，就构成《民法》第 709 条的侵权行为而承担民事（损害赔偿）责任"的解释，也有见解认为已经在实务中基本定型（山下·525

页；山田卓夫《医事法、生命伦理》〔2010〕270页）。今后，关于诊疗义务之诉讼的趋势，"正当事由"的有无或将是决定性的因素。

[正当事由与急救医疗] 2006年8月7日，一名女性患者因分娩而住进位于奈良县的镇立大淀医院。在翌日上午10时，该患者称其头痛随后失去意识。凌晨1时37分左右，患者病情急转直下，医师考虑是子痫[1]发作（在妊娠中发作的原因不明），判断有必要转院至高等医疗机构，向奈良县立医科大学医院询问是否接收，但被以床位已满为由拒绝。之后，在被18家医院拒绝接收或转院后，上午4时49分，将患者送往大阪府国立循环器官病中心医院，经过1小时，于上午5时47分到达该中心医院。患者被诊断为颅内出血，之后被紧急实施开颅手术和剖腹产。虽然产下一名男婴，但产妇于一周后死亡。奈良县警方将大淀医院的妇产科医师逮捕，准备以涉嫌业务上过失致死罪而立案，但是根据调查结果判断不能追究其刑事责任，最终没有立案。在这之后，已死亡产妇的丈夫和儿子作为原告，以大淀镇和妇产科医师为被告，于2007年向大阪地方法院提起了要求损害赔偿的民事诉讼，但于2010年被驳回（大阪地判2010年3月1日判夕1323号212页）。在判决理由中，"法院的附言"部分指出，"现在，尽管急救患者增加，但是由于医院的倒闭、诊疗科目的关闭、工作医师的不足以及过度的劳动等，急救医疗供给体制处于极其不充分的状态。从医疗角度来看，急救医疗面临着医疗诉讼的高风险，从医院经营上的医疗收益方面来看却没有收益等状况，这似乎正在加剧前述情形，可以说急救医疗面临着即将崩溃的危机。相信对作为社会最基本的安全网——急救医疗的完

---

〔1〕 子痫（eclampsia）是指孕妇因为妊娠毒血症而产生的癫痫症状，可能发生在产前、产时、产后等不同时期。孕妇在癫痫后可能会处于昏迷。并发症有吸入性肺炎、脑出血、肾功能衰竭或是心搏停止。——译者注

善和确保,是国家和地方自治体最基本的义务。不能让重症患者无限期无人照顾并放任不管,总之,必须建立由某个医疗机构予以接收的体制。强烈期待急救医疗和周产期医疗的再生"(另见大谷·42页)。此后关于急救医疗体制的完善,在《国民卫生的动向》68卷9号〔2022〕192页中有详细的介绍。

(3) 刑事上的责任

a. 意义

医师明明没有正当事由却依然拒绝诊疗,在其结果导致了伤病者或患者的病情恶化甚至死亡的场合,既作为侵权行为而产生民事上的责任,同时也属于以国民的生命、身体健康为保护法益的刑法上的问题,因而围绕将拒绝诊疗与刑事责任之间的关系作为刑法上的课题也展开了讨论(中森·前引论文4页)。问题是,拒绝诊疗导致患者病情恶化甚至引起死亡时,是否成立以生命、身体健康为保护法益的杀人罪、伤害罪、保护责任者遗弃罪、业务上过失致死伤罪等。另外,在探讨这一问题时,是否应该将订立医疗合同或接收患者之前的情形,与因住院等已经接收患者的情形进行区别也存在疑问。

在对违反诊疗义务设有罚则的旧刑法时代,因医师拒绝诊疗而导致伤病者或者患者的病症恶化,甚至死亡的场合,主张以诊疗义务为根据成立不作为杀人等罪名的学说是有力的(宫本英修《刑法学粹》〔1931〕208页;木村龟二《刑法解释的诸问题:第1卷》〔1939〕263页)。但是,自从违反诊疗义务的罚则取消之后,诊疗义务不过是公共的义务而已,因而以不存在保护各个伤病者的生命、身体健康的义务为由,主张不追究违反诊疗义务相关刑事责任的否定说成了通说。

在此期间,植松正博士主张,"以法令规定的结果防止义务为例的话,应当是从事诊疗的医师在预见到患者病症恶化的情况下,怀着私怨而违反诊疗义务(《医师法》第19条第1项),不回应患者的诊疗请求,延误治疗使得患者病情恶化。在这种情况下,该医师除了违反《医师法》之外,还必须对病情恶化的结果承担伤害(《刑法》第204

条）的罪责"（植松正《全订·刑法概论1总论》〔1966〕115页）。

诊疗义务作为一项公共义务，是医师对国家的义务，其义务的内容也是保护人的生命和健康，如果只是单纯违反诊疗义务暂且不论，但不保护求诊的伤病者则有悖于法律的宗旨。诊疗义务无疑"具有保护患者的一面"（前述千叶地判1986年7月25日；神户地判1992年6月30日）。因此，在明明没有正当事由却拒绝诊疗，因此导致患者病情恶化乃至死亡的场合，应当承认民事责任与刑事责任并行不悖。不过，问题在于，违反诊疗义务或者拒绝诊疗这样的不作为，能否说是符合杀人罪或伤害罪的成立要件，即是否符合杀人罪或伤害罪的构成要件。

b. 作为犯与不作为犯

刑法上的犯罪，在通过积极的动作侵害法律所保护的利益（保护法益）的场合被称为作为犯。与之相对，在不履行法律上赋予的义务（作为义务）而招致法益侵害结果的场合则被称为不作为犯。不作为犯，既包括在《刑法》中预先设定了不作为的真正不作为犯，例如，收到公务员3次以上的解散命令，仍不解散的行为构成不解散罪（《刑法》第107条），以及要求退去而拒不退去的行为构成不退去罪（《刑法》第30条），均是真正不作为犯。此外，还包括虽然《刑法》原则上预设的行为是作为，但对因未履行特定的义务（作为义务），与作为在导致结果的确定性上达到相同程度的不作为，也与作为的场合进行同样处罚的犯罪。这被称为不真正不作为犯。

c. 构成不真正不作为犯的杀人罪和伤害罪

尝试思考不真正不作为犯是否成立杀人罪或伤害罪。例如，急救队员将急救患者送到没有（其他）医师的村庄的诊疗所，并请求医师进行诊疗。由于从周围的具体情况来看没有其他的救助方法，医师想到如果自己拒绝诊疗的话患者便会死亡，于是出于私怨而拒绝诊疗，导致患者不久便因延误治疗而死亡。对于这样的情形应如何处理？

迄今为止，仍没有因违反诊疗义务而认定成立杀人罪或伤害罪的判例，而且学界的通说对此也持反对立场。问题的关键可以概括为：①医师是否负有防止死亡结果的作为义务？②医师拒绝诊疗，是否与诸如母亲不给婴儿喂奶而导致婴儿死亡的情形相同，即是否可以说是具有确实导致患者死亡程度危险的不作为？

通说认为诊疗义务不过是公共义务而已，不承认其属于结果防止义务。但是，考虑到前述诊疗义务的立法意旨，在伤病者请求医师进行具体诊疗的场合，不可否认医师处于保护伤病者生命、身体健康的立场。应当认定该医师负有阻止伤病者病情恶化、死亡的结果防止义务。

但是，即使医师违反这一结果防止义务而拒绝诊疗，也不能直接成立杀人罪或伤害罪。植松正博士提出的有力学说认为，虽然承认以违反诊疗义务为根据的不作为杀人罪，但若要成立不真正不作为犯，必须像毒杀、绞杀等作为的场合一样，具有确实产生杀害或伤害结果之性质。因此，要认定拒绝诊疗成立杀人罪或伤害罪，应限于患者住院这样已经接收患者的场合（中森·前引论文 3 页）。该学说基于这样一种认识，即如果不是已经将伤病者作为患者而接收的情形，通过拒绝诊疗来杀人是不可能的。应该区别对待"拒绝诊疗请求即所谓不应召的场合，与患者已经处于医师（控制）之下的场合"。的确，在前述救护车运送急救伤病者的场合，即便是因私怨而拒诊，也可以采取运送至其他医院等措施，通常不可能达到由此导致伤病者死亡的地步。但是，也可能出现例如没有其他接收该伤病者的医疗机构，能够阻止死亡的只有被请求诊疗的该医师一人等情况，所以区别讨论"不应需和不应召"是不合适的。

如此说来，在被请求诊疗的医师如果不立即采取处置措施，就会导致伤病者的生命、身体健康产生危险的场合，对明明没有正当事由仍拒绝诊疗的不作为，可以构成杀人罪或伤害罪（饭田英男《医疗过失与刑事责任》，载《法律广场》29 卷 1 号 16 页）。与此相对，有见解认为对于医师故意拒绝诊疗而导致病情恶化的情形，一般不适用杀人罪或伤害罪（金泽文雄《医师的应召义务与刑事责任》，载《法律时报》47卷10号47页；藤木英雄《行政刑法》〔1976〕264页）。理由是，即使是急诊病人，医师拒绝诊疗也不可能像作为那样立即产生对人身的危险。的确，因医师拒绝而造成杀人或伤害的情况并不多见，但是在诸如除了被请求诊疗的医师之外没有其他能够救助急诊病人的情形下，或者在已经接收患者继续诊疗却又拒绝、并且预见到结果发生而使患者失去诊疗机会的情形下，对于这样的事例应该成立杀人罪或伤害罪。

d. 与保护责任者遗弃罪的关联

在医师因拒诊而导致病情恶化的场合，有力见解认为以违反诊疗义务为根据，应适用不作为的保护责任者遗弃罪或保护责任者遗弃致死罪（藤木·前引书264页）。《刑法》第218条规定，"对老年人、幼儿、残障人士或病患负有保护责任而将其遗弃的，或者对其生存不进行必要保护的，处三个月以上五年以下惩役"。第219条则规定因上述情形发生死亡结果时，以保护责任者遗弃致死罪处20年以下惩役。保护责任者遗弃罪是危害生命的危险犯，不论是否存在招致死亡的具体危险，只要实施了遗弃行为，便直接成立遗弃罪。

如果将保护责任者遗弃罪适用于违反诊疗义务，作为被遗弃对象的"病患"，在广义上是指患有肉体、精神疾病的人，不论其患病原因为何、有无治疗可能性、患病时间的长短，至少要达到"有扶助必要"的状态，以此为要件即可。这里的"有扶助必要"是指如果没有他人帮助，就无法自己进行日常生活行动的情况（大谷实《刑法讲义各论》第5版〔2011年〕76页）。保护责任的发生原因，通常以法令、合同、事务管理和条理为根据。对医师而言，以《医师法》第19条规定的诊疗义务作为根据，符合此处的"法令"。换言之，医师基于诊疗义务这一根据而成为负有保护义务的人。

顺带一提，作为公法上的保护义务，典型的是《警察职务执行法》第3条规定的警察的保护义务，违反这一保护义务直接构成保护责任者遗弃罪已成定论。在具体情况下，其判断标准在于法令中的作为义务者是否处于能够自行支配对方生命、身体健康的立场。因此，就医师而言，以法令上的作为义务（诊察、治疗）为前提，根据具体情况进行判断，当患者在现实中已不可能寻求其他救助并且情况紧急的场合，医师负有保护责任，在医师认识到处于应当保护患者的状态而依然拒绝诊疗的场合，笔者认为成立保护责任者遗弃罪。当然，将诊疗义务理解为公法上义务的通说，也并不认为单纯拒绝诊疗就成立保护责任者遗弃罪，实务上也是如此。虽然预计今后这一趋向也不会发生变化（金泽·前引论文40页；野田·117页），但由于将诊疗义务单纯理解为公法上义务的通说存在问题，因而需要对该罪的成立可能性进行探讨（大谷·50页）。

e. 与业务上过失致死伤罪的关联

关于医师违反诊疗义务，已经考察了杀人罪、伤害罪以及保护责任者遗弃罪成立的问题，但实际上很少成立这些犯罪。与之相对，认定成立业务上过失致死伤罪的见解则占据多数。那么，在违反诊疗义务的情况下，要认定成立《刑法》上的业务过失，需要具备哪些要件呢？

首先，为了认定过失犯违反注意义务，医师在被患者要求诊疗的场合须违反注意义务。这里的违反注意义务是指，在只有该诊所被作为医疗机构的具体情况下，医师必须对如果拒绝诊疗会导致患者健康恶化等结果具有预见可能性。也就是说，要追究过失犯违反注意义务，医师必须对如果拒诊而导致发生患者健康恶化等有害结果具有预见可能性（大谷实《刑法讲义总论》第5版〔2019年〕178页）。在患者请求诊疗时，就医师拒绝诊疗而导致患者病情恶化这一点来看，从影响轻微到有可能导致重大结果存在多种多样的情况。在即使拒绝诊疗患者也可能到其他医院求诊等场合，尽管拒诊的结果是导致患者健康恶化，违反诊疗义务暂且不论，也并不会产生业务上过失致死伤罪的问题。

但是，如果拒绝诊疗，根据患者的症状和周围的情况来判断，明明能够预见到求诊的委托人病状恶化，甚至会发展到十分严重的状态，但在由于自作主张糊涂地拒绝诊疗，结果导致患者死亡的场合，不能否定医师违反了客观注意义务,可以考虑医师成立业务上过失致死伤罪。另外,对于违反诊疗义务,要追究业务上过失致死伤罪的责任,问题在于"没有按照要求进行诊疗"这一不作为是否成立过失犯。过失犯的本质是违反注意义务,在通常的过失中,明明能够预见到实施该行为将发生的结果,却因疏忽大意没有预见而导致结果发生,此时便被认为违反注意义务。因此,注意义务的范围是由预见可能性决定的。但是,在不作为的过失中,除了单纯的结果预见可能性之外,结果回避可能性的立场和地位也是必要的。

因此,由于面临求诊的医师被课以了公法上的诊疗义务这一作为义务,从该被求诊的医师处于防止患者病情恶化或死亡结果的立场、地位出发,诊疗义务能够为不作为过失中要求的注意义务奠定基础。因而,根据具体情况,如果拒绝诊疗对患者生命、身体健康造成的危险达到了一般可能预见的程度,违反诊疗义务就构成业务上过失致死伤罪(野田·117页;金泽·前引论文40页;山下·526页)。

如此说来,即使在应召阶段,拒绝诊疗也可能成立业务上过失致死伤罪,而在接收患者之后预见可能性的程度则进一步增大,既然认定拒绝诊疗与病情恶化之间存在因果关系,就可以成立业务上过失致死伤罪。有判例指出,"作为使用麻醉剂的开业医,回家后被告知患者存在异常情况……对此却摆出了不采取任何措施的态度,仅此便构成医师的重大业务过失"(东京高判1972年11月30日;参见饭田·前引论文17页)。

以上探讨能够证明,直接将违反诊疗义务与民事责任、刑事责任挂钩是不妥当的,但也有可能存在间接成立民事责任、刑事责任的情况。

三、诊断书等的交付义务

《医师法》第19条第2项规定:"参与诊察、检验或分娩的医师,当被要求出具诊断书、检验报告、出生证明书或死产证明书时,若无正当事由，不得拒绝。"该条规定了医师对于诊断书、检验报告、出生证明书和死产证明书的交付义务。但是，针对违反者却没有设置相应罚则。

本条规定的诊断书等证明文件，在社会生活中具有各种各样的用途。例如，①进行出生登记时须附上医师的出生证明书（《户籍法》第49条第3项）；②进行死亡登记时须附上医师的死亡诊断书或尸体检验报告（《户籍法》第86条第2项）等。若非如此，就无法获得官方的许可，这种情形是非常多见的。以医师出具证明文件的社会重要性为背景，医师负有诊断书等文件的交付义务。

1. 交付的主体

被课以交付义务的主体是"参与诊察、检验或分娩的医师"。诊察是指包括问诊、听诊等在内的诊断患者病症的行为；"检验"则是指医师对自己没有亲自诊疗的人，就其死亡原因、死亡时间等死亡事实进行医学上的确认。

2. 应交付的文件

作为交付对象的文件包括：诊断书、检验报告、出生证明书以及死产证明书。

（1）诊断书与死亡诊断书

为了证明人的健康状态，医师就其诊察结果作成的文件被称为诊断书（大判1917年3月14日刑录23辑179页）。诊断书分为通常的诊断书和死亡诊断书两类。对于通常的诊断书，其样式、记载事项等并没有特别的规定，主要记载根据医师诊断结果而知晓的病名、创伤部位与程度，以及治疗所需的天数等事项。但是，需要注意的是向法院提交的诊断书，其记载项目是有明确要求的（《刑事诉讼法》第183条）。死亡诊断书则是指在诊疗中的患者死亡的情形下，医师对其死亡事实进行确认而制作的文件。死亡诊断书的样式及记载内容均由法律规定（《医师法施行规则》第 20 条)。另外,需要注意的是,死亡诊断书与后述的尸体检验报告不同。

(2)检验报告(尸体检验报告与死胎检验报告)

对于并非由自己负责诊疗的人死亡的事实,就其死亡原因、死亡时间等死亡事实进行医学确认的文件即为检验报告。检验报告有尸体检验报告与死胎检验报告两种。尸体检验报告是指,在未经自己诊疗的人(不是正在进行诊疗的人)死亡时,对其死亡原因、死亡时间等进行医学判断并予以证明的文件。死胎检验报告则是指,在未经自己诊疗的孕妇出现死产情形时,对其死产儿开具的检验报告。其样式和记载内容与死亡诊断书相同。

[死亡诊断书与尸体检验报告的区别] 《医师法》第 20 条的但书规定,"对处在诊疗中的患者在受诊后二十四小时内死亡的死亡诊断书,不在此限"。如果是在最终诊察后 24 小时内(死亡)的话,便省去了作为文件出具前提的"诊察"。其结果可以理解为,在最终诊疗后 24 小时内患者死亡的场合,可以出具"死亡诊断书",而在最终诊疗后超过 24 小时死亡的场合,则需要进行尸体检验并出具"尸体检验报告"。根据这一解释,在自家等医院之外的场所死亡的患者,多数情况是超过了自最终诊疗起 24 小时的范围,因而出具的是尸体检验报告而不是死亡诊断书。但是,在东京、大阪等大城市存在基于《尸体解剖保存法》的监察医制度,尸体检验属于监察医的业务,因而在自家等场所死亡的场合,存在将其作为《医师法》第 21 条的"异状尸体"交给警察,由监察医出具尸体检验报告的实务惯例。因此,有批评指出遗属难以接受在自家死后直接被作为异状尸体处理的做法。厚生劳动省为了消解这一不满,根据 2012 年(平成 24 年)发布的通知,解释为不论自最终诊疗到死亡时点的经过时间如何,"在能够判定死亡与生前进行诊疗的伤病存在关联的场合",便可以出具死亡

诊断书（平成24年8月31日医政医发0831第1号；参见米村·52页）。

(3) 出生证明书

由医师（助产师或其他接生者）作出的证明出生事实的文件，即为出生证明书。依据《户籍法》的规定，进行出生登记时应附上出生证明书，其记载事项及样式由《户籍法施行规则》等规定。

出 生 証 明 書

記入の注意

子 の 氏 名		男女の別	1男 2女	
生まれたとき	令和　年　月　日	午前午後	時　分	夜の12時は「午前0時」、昼の12時は「午後0時」と書いてください。
出生したところ及びその種別	出生したところの種別	1病院　2診療所　3助産所 4自宅　5その他		
	出生したところ	番地　番号		
	(出生したところの種別1〜3)施設の名称			
体重及び身長	体重　　グラム	身長　　センチメートル		体重及び身長は、立会者が医師又は助産師以外の者で、わからなければ書かなくてもかまいません。
単胎・多胎の別	1単胎　2多胎（子中第　子）			
母の氏名		妊娠週数	満　週　日	
この母の出産した子の数	出生子（この出生子及び出生後死亡した子を含む） 死産児（妊娠満22週以後）	人 胎		この母の出産した子の数は、当該社又は家人などから聞いて書いてください。
1医師 2助産師 3その他	上記のとおり証明する。 令和　年　月　日 (住所)　　　番地　番号 (氏名)			この出生証明書の作成者の順序は、この出生の立会者が例えば医師・助産師ともに立ち会った場合には医師が書くように1、2、3の順序に従って書いてください。

图9-1　出生证明书

第九章　医疗行为的附随义务　185

(4) 死产证明书

医师（或助产师）在自己负责诊疗的孕妇出现死产情形时，出具的证明死产事实、死产原因及理由的文件即为死产证明书。需要注意的是，这与前述的尸体检验报告不同。死产是指，在怀孕4个月之后分娩死胎。死胎则是指在出生后确认没有呼吸和脉搏的婴儿。

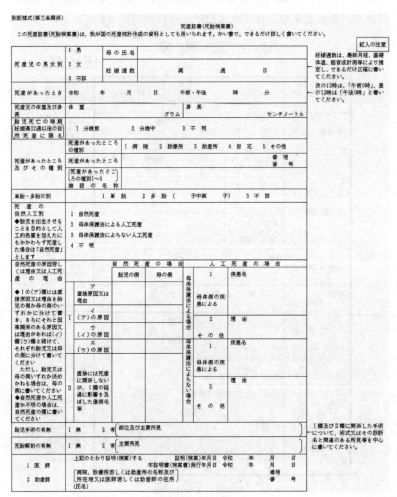

图9-2 死产证明书

3. 交付的意义

上述文件都是重要的证明文件，因而在被要求交付时，如果没有正当事由，则医师负有交付义务。交付即医师将诊断书等文件交给请求的相对方。请求交付者，包括患者及其监护人、代理人等。成为问题的是，在患者所在公司的员工等第三人请求交付的场合。有患者本人同意的话自然不成问题，但在未经同意而请求交付时，是否因违反医师的保密义务而成立《刑法》上的泄露秘密罪（《刑法》第134条第1项）就成为问题。泄露秘密罪，即医师等工作人员将从事业务所知晓的他人秘密泄露出去。诊断书上记载着患者的病名、病状和治疗方法等信息，这些事项通常被认为属于患者的秘密。因此，在第三人未经本人同意而请求交付诊断书的场合，不属于正当的请求，医师即使拒绝交付也不会违反本条的规定（参见东京地判1973年8月17日判时740号79页）。

4. 正当事由

什么情况下可以认为医师具有正当事由而拒绝交付呢？一般认为，主要是：①怀疑诊断书等可能被用于诈骗、恐吓等不正当目的的场合；②难以诊断病状或病名的场合；③考虑到让患者知道病名、病状会对其治疗造成重大障碍的场合。对此只能根据具体情况，依照社会一般观念进行判断。在医师明明没有正当事由却拒绝交付的场合，构成"损害医师品格的行为"（《医师法》第7条第1项第3号），可以成为吊销医师资格等行政处分的适用对象。

[**本条的意旨及判例**] "《医师法》第19条（现第19条第2项）规定，负责诊察的医师在被要求交付诊断书时，若无正当事由不得拒绝交付。在与医疗法人的合同中，应该理解为当然包含上述《医师法》规定的宗旨。但是，是否具有正当事由，应根据患者的病情、症状、特性等从医疗及保护患者的角度出发，来考虑将诊断内容告知患者是否合适，从而作出

决定。例如，患者是精神障碍者且已经从精神病院出院，其精神障碍并没有消失或有所好转。在这种情况下，即使将诊断内容告知患者也不能说一定是不合适的。而且，在维持诊断书内容客观性的同时，医疗及对患者的保护被认为属于委托给医师的裁量范围。但是，本案中被告根据原告现在的病情、症状和特性等，向其交付医师的诊断书无论如何都是不合适的，就对原告本人产生不利影响这一点，既没有提出任何具体主张，也没有提出任何证据，因而不能承认其具有正当事由。"（东京地判 1973 年 8 月 17 日判时 740 号 79 页）。

5."不得拒绝"的宗旨

该表述的意思是不得拒绝将诊断书等文件交付给作出请求的相对方。虽然这是法定义务，但对违反该义务者却没有规定罚则。在没有正当理由而拒绝交付诊断书等文件的场合，构成"损害医师品格的行为"（《医师法》第 7 条第 1 项），可能构成吊销医师资格或 3 年以内停止从事医业这一行政处分的对象（小松·67 页）。

[诊断书拒绝交付的案例]　X 向医师 Y 申请，"由于要向警察报案遭受了暴行，所以需要记载因施暴而负伤的诊断书"。由于 X 昨日被殴打的左手拇指、左侧大腿、颈部均有疼痛，所以请求医师交付明确记载了"左拇指及大腿部挫伤、颈椎扭伤"等内容的诊断书。但医师 Y 认为在诊察时并没有存在异常情况，故推测 X 是为了有利于自身而请求交付诊断书，所以想到即使交付了记载有"未发现异常，只有患者自己感到不舒服"这一内容的诊断书也不会被接受，从而拒绝交付诊断书。对此，X 以医师 Y 没有交付诊断书而致其遭受精神痛苦为由，提出损害赔偿请求。对于此案，法院指出，"不能认定存在基于对 X 的侵权行为而产生必须对其支付赔偿金程度的精神痛苦的违法性"，进而驳回了 X 的诉讼请求（参见

东京简裁 2004 年 2 月 16 日法院网站；大礒·40 页）。在这种情况下，若是应了 X 的要求出具诊断书，Y 会因构成制作虚假诊断书罪被处以 3 年以下惩役或 30 万日元以下的罚金（《刑法》第 160 条）。

四、禁止未经诊察的治疗等

《医师法》第 20 条规定："医师，对未经自己诊察的患者不得实施治疗，出具诊断书或处方笺；对未参与的分娩不得出具出生证明书或死产证明书；对未参与的检验不得出具检验报告。但是，对处在诊疗中的患者在受诊后二十四小时内死亡的死亡诊断书，不在此限。"违反此规定时，将被处以 50 万日元以下的罚金。

1. 禁止的宗旨

通说认为本条的宗旨在于，区分未亲自诊察就进行治疗或者开具处方笺的行为（情形一）与未亲自诊察就出具诊断书或未参与分娩就出具检查报告的行为（情形二）这两种情形。就情形一来说，要求对病状进行准确的判断再开始治疗，或者开具处方笺，这是为了防止现实中因没有诊察而缺乏对患者病名、病状判断的正确性，进而无法进行适当的治疗。情形二则是为了确保记载内容的正确性（小松·68 页；野田·146 页；山下·527 页）。

的确，情形一是出于保护患者医疗上利益的考虑，情形二则是为了确保文件内容的真实性。在同一条文中禁止宗旨不同的行为，却对违反者进行相同的处罚是不合适的，此外，利用信息通讯设备进行诊断等远程医疗正在被开发，诊疗系统也在不断发展变化，因此有必要对该规定进行大幅修改。

2. 禁止未经诊察的治疗

该条文中前段的"诊察"是指，医师为了判断患者的病情对其身体情况进行调查，如触诊、听诊、叩诊、指诊、检查等，只要是从现代医学的角度来看属于能够诊断病情的行为即可（大判1914年4月7日刑录20辑485页）。"治疗"则是指医师采取的为了恢复患者伤病、促进健康所实施的行为。因此，所谓没有进行诊察就展开治疗的行为即为未经诊察的治疗。

诊察和治疗是近代医学中医师的基本行为，二者合称为诊疗。诊疗，通常是自己诊察与治疗，自己没有诊察就治疗的行为即为未经诊察的治疗。"自己"即"自身亲自"的意思，所以其宗旨是有必要进行面对面的诊察。因此，诊疗原则上被认为是必须"面对面诊疗"。但是，诊疗的目的在于准确判断患者的病情，想来不一定要面对面进行。根据初诊或复诊，或者根据距离上次诊疗的时间、病情的严重程度、紧急情况等具体事项，"自己"的含义也有所不同。特别是，利用信息通讯设备等进行的远程诊疗，如果贯彻面对面诊疗原则的话，则要作为违法行为而难逃处罚了。

对于这一点，厚生省表示，原则上医师应与患者直接当面进行诊察，但如果在远程医疗中也能保持与当面诊察同等水平的直接性，就不会违反《医师法》第20条的规定（平成9年健政发第1075号）。虽然远程医疗被认为不能完全替代直接当面诊疗，但由于确保"准确的诊断"是禁止未经诊察的治疗这一规定的宗旨，因此只要不违反这一宗旨，就可以允许灵活使用信息通讯设备进行诊疗（山下登《围绕医师的民事责任的新局面——以德国的远程治疗情况为线索》，载《冈山大学法学杂志》57卷4号743页）。因此，对未经诊察的患者进行治疗和用药，根据具体情况是可以被允许的。另外，在医师对曾经诊察过的患者不诊察而直接治疗的场合，也可以根据具体情况而被允许（野田·147页；另见，山下·529页）。

[国家对远程医疗的看法] 平成 15 年（2003 年）医政发第 033102 号规定了关于远程医疗的以下五点注意事项：①在有可能对初诊或急症患者进行面对面诊疗的情况下，原则上应当直接当面进行诊疗；②对于难以直接当面诊疗的患者，以及到最近为止已经在相当长的时间内持续接受诊疗的慢性疾病患者等病情稳定的患者，在根据患者的要求并充分考虑患者利益的基础上，与直接面对面诊疗组合进行时，采用远程医疗也是可以的；③在实施远程医疗时，应对患者及其家属就信息通讯设备的使用方法、特性等进行充分说明，并获得其理解；④在传输患者视频影像时，要慎重考虑对患者个人隐私的保护；⑤实施远程医疗的场合，与直接当面诊疗一样，对于诊疗的实施，医师当然要承担责任，但在患者或其家属不顾医师的相应指示和提醒，因不遵循医嘱而导致损害发生的场合，对于其所应承担的责任，应由医师在事前进行充分的说明。总而言之，《医师法》第 20 条中的"诊察"以面对面诊察为原则，远程诊疗应当作为直接当面诊察的补充。因此，即使不能等同于直接当面诊察，如果能获得关于患者自身状况比前者更多的有效信息，远程医疗也不会直接与《医师法》第 20 条出现抵牾。此后，厚生劳动省在 2018 年公布了《关于适当实施线上诊疗的指南》。另外，针对新型冠状病毒感染症，有将通过特别认证的个人电脑和智能手机等传送的画面，在自家等地接受诊察和开药这一"线上诊疗"方式永久化的趋势。但对于没有信息接收记录的患者，不当面的话则难以掌握其全身状态，重症化的征兆也可能被忽略，因此厚生劳动省和日本医师会对此持消极意见，今后的动向仍备受关注（朝日新闻 2020 年 10 月 23 日晨报）。此外，还有日本医师会公布的《以家庭医师为支柱》的解禁线上初诊的想法（同晨报 4 页）。

没有进行诊察就直接治疗的行为即为"未经诊察的治疗"。例如，为了给幼儿用药，医师将依照自己处方调配的药剂交给其父亲就属于这种情况（大判1918年6月6日刑录24辑745页）。还有，对于中断治疗数月的患者而言，没有对其重新进行诊察就开具和初诊时相同的药剂，也构成未经诊察的治疗（金川·45页）。但是，在能够保证正确判断健康状态的场合，即使不是每次都经过诊察才治疗，也不构成未经诊察的治疗（小松·71页）。

[未经诊察就治疗的案例] 以下介绍一则未经诊察就治疗的案例。约1977年开始，X确信自己家中被安装了窃听器和偷拍摄像机，自己的行动遭到了监视。到1981年左右，X又认为监视自己的人和格力高·森永事件[1]的犯人是一伙的，且自己的丈夫也是其中一员，多次要求警察署拆除窃听器。精神科医师Y于1983年12月14日左右，在自己经营的诊所中听取了X的叔母A的诉说，诊断出X患有妄想型精神分裂症（即现在的思觉失调症）。Y本想基于A的要求开具药水处方，但又想到仅凭A的诉说就开具处方并不合适。于是指示A将X的丈夫B叫来，并将药水交给他。最后，X并没有服用该药水。X基于上述事实关系，认为这属于没有对本人进行诊察就作出诊断并出具药水处方，违反了《医师法》第20条，以侵害人格权为由，根据《民法》第709条对Y提出1000万日元的损害赔偿请求。对此，千叶地方法院（千叶地判2000年6月30日判时1741号113页）指出，"《医师法》第20条禁止医师未经诊察就治疗，或者出具诊断书和处方笺。但鉴于精神科医疗的实际状况，即由于病患家属无法让没有疾

---

[1] 格力高·森永事件（原文：グリコ·森永事件），指1984年至1985年期间，以江崎格力高食品公司社长江崎胜久被绑架、索要赎金为开端，最终发展成向众多日本食品企业发出投毒威胁、索要赎金的犯罪案件。因为罪犯自称"怪人二十一面相"，本案有时也被称为怪人二十一面相事件或森永千面人事件。由于罪犯至今仍未被捉拿归案，所以是日本知名悬案之一。——译者注

病认识的患者受诊,不得已只能由家属独自向精神科医师寻求建议。上述条文并没有禁止精神科医师与患者 X 的家属等进行商谈,听取其诉说,并将根据上述内容判断出的疑似病名告知咨询者",因此"Y 的上述诊断(向 X 的叔母和丈夫告知疑似病名)不违反《医师法》第 20 条"。根据这一判决,对未告知用药,尤其是没有经过对患者本人的诊察这一情形,应该尽量避免。但是,①在没有疾病认识的精神病患者拒绝治疗的场合;②作为在患者能够前往医院之前的临时性措施的场合;③具有相当临床经验的精神科医师充分听取了病患家属等的诉说后慎重地作出判断的场合;④在将副作用等事项向处于保护者立场的可信赖的家属进行充分说明的场合,以上述情形为限,只要没有其他特殊情形,便不属于《医师法》第 20 条所禁止的行为。对此可以理解为缺乏侵权行为中的违法性要件(参见野野村和喜·百选 2 版 218 页)。

五、禁止交付各类违法文件

《医师法》第 20 条规定,由于医师所出具的文件具有社会重要性,为了确保其内容的真实性,禁止出具以下三种文件:①未经诊察就出具的诊断书及处方笺;②未参与分娩就出具的出生证明书或死产证明书;③未参与检验就出具的检验报告。违反此规定将处以 50 万日元以下的罚金(《医师法》第 33 条之 3 第 1 号)。但是,对处在诊疗中的患者在受诊后 24 小时内死亡的场合所交付的死亡诊断书,不在此限。

1. 禁止交付未经诊察的诊断书

为了确保医师出具的诊断书内容的真实性,禁止交付欠缺作为诊断基础的诊察时所出具的诊断书。不过,对于作为诊断书之一的死亡诊断书,当诊疗中的患者的死亡时间是最后一次诊察后 24 小时以内的时候，可以不重新诊察便出具诊断书。这是因为此时诊断书的正确性被破坏的可能性很小。与之相对，在就诊24小时之后，或者即使在24小时之前但是因疾病或其他原因，例如由于交通事故而死亡时，有必要重新诊察再出具并交付死亡诊断书。即便在诊断书交付当天实际上并没有进行诊察，只要能保证判断的正确性，也不构成交付未经诊察的诊断书（广岛高判1952年5月17日高刑集5卷8号1199页）。另外，不管从最终诊察到死亡时点经过的时间长短，"在能够判定死亡与生前诊察出的伤病存在关联时"，便可以出具"死亡诊断书"（平成24年8月31日医政医发0831第1号）。因此，患者在自家死亡的情况下，医师不用制作尸体检验报告而只需出具并交付死亡诊断书。

[死亡诊断书与死亡经过时间] 厚生劳动省作出的行政解释显示，不管从最终诊察到死亡时点经过了多长时间，"在能够判定死亡与生前诊察出的伤病存在关联时，便可以出具死亡诊断书"（平成24年8月31日医政医发0831第1号）。因此，如果能够预料到患者在自家死亡，即使自最终诊察起经过了24小时，主治医师也可以出具死亡诊断书。顺带一提，死亡诊断书是在诊疗中的患者死亡时，对死亡事实进行医学确认后制作的文件，除此之外均不得制作死亡诊断书，且医师须对尸体进行检验并制作尸体检验报告。这里的尸体检验是指，针对尸体就其死亡事实进行医学上的确认。前者（死亡诊断书）是医师对自己诊疗中的患者制作的关于其死亡的文件；后者（尸体检验报告）则是对除此之外的人的尸体就其死亡事实进行医学确认而制作的文件。

2. 禁止交付未经诊察的处方笺

处方笺是指医师开具的药剂治疗方案的说明书。当医师不对患者进行诊察就开具处方笺时，由于药物可能会出现不适合患者症状的情况，因此为了保护患者的医疗利益而禁止交付未经诊察的处方笺。若违反此规定,将被处以 50 万日元以下的罚金(《医师法》第 33 条之 3 第 1 号)。

3. 禁止交付不在场的出生证明书等

由于出生证明书和死产证明书是关系到相关人员权利得失等的重要文件,基于确保其内容真实性的宗旨,禁止由出生、死产时不在场者制作相应文件并交付给其他人。若违反禁令而交付,将被处以 50 万日元以下的罚金(《医师法》第 33 条之 3 第 1 号)。

4. 禁止交付未经检验的检验报告

检验报告是指医师为了确认尸体的死亡原因、死亡时间等而对尸体的外表进行医学上的确认。关于检验的意义曾有过激烈的争论,但如前所述,如果是距离最终诊察已过 24 小时的尸体,无论是否处于诊疗中,医师都应对该尸体的死因等进行外表上的医学确认,并完成尸体检验报告(米村·57 页;反对观点可参见平沼·160 页)。经过检验而出具的文件即为尸体检验报告。由于没有经过亲自检验就制作的检验报告无法保证其内容的真实性,因而禁止交付未经亲自检验的检验报告,违者将被处以 50 万日元以下的罚金(《医师法》第 33 条之 3 第 1 号)。

此外,如前所述,检验报告分为尸体检验报告和死胎检验报告。关于诊疗中孕妇出现死产情形的处理,通过母体诊疗胎儿的疾病时出现死产,则可以不经检验就出具死产证明书;但若在孕妇诊疗中出现死产,则必须经过检验出具死胎检验报告。也有判例指出,未经检验不得交付死产证明书(大判 1914 年 10 月 22 日刑录 20 辑 2219 页)。但是,在当今的医学中,由于可以通过母体仅对胎儿进行诊疗,所以这种场合可以不经检验就出具死产证明书,除此之外,对孕妇自身进行诊疗时出现死产的情形,则应当出具死胎检验报告。另外,在对婴儿死亡出具死亡诊断书的场合,若不诊察母体就能够判断其死亡原因,则不必对母体进行诊察;但若只对婴儿进行诊察难以确定死因时,则应当在进行母体诊察后再行确定（昭和 25 年 4 月 4 日医收第 202 号；小松·74 页）。

六、异状尸体等的报告义务

根据《医师法》第 21 条规定，"医师对尸体或妊娠四个月以上的死产儿进行尸检，发现存在异状时，应在二十四小时之内向所在地的警察署报告"，违反该条将被处以 50 万日元以下的罚金（《医师法》第 33 条之 3 第 1 号）。

1. 本条的宗旨

本条规定，由于尸体或死产儿上可能会遗留杀人、遗弃尸体等犯罪或者新型传染病的痕迹，为了便于警察获取调查犯罪的线索，根据情形使警察能够实现防止紧急损害的扩大等保卫社会的目的，而将其规定为行政程序上的义务。即规定了医师负有向辖区警察报告异状尸体的义务。对此，也可以说是出于刑事司法以及采取防止损害扩大措施等保卫社会的目的，而设定了针对警察活动的协助义务（穴田、中村·238 页；小松·75 页；平沼·162 页；米村·53 页）。

2. 尸体或死产儿的"异状"

检验是指为了进行临床判断，医师对尸体，不论是否具有犯罪嫌疑，就其究竟是外伤还是病死等死因进行的检验，也可以说是对尸体的死亡事实进行医学确认。虽然判例对此的定义是"对尸体的表面（外表）进行的检查"（后述最判 2004 年 4 月 13 日），但应该理解为尸检并不仅限于尸体的外表。并且，对于该尸体是否属于诊疗中的患者也在所不问（最判 2004 年 4 月 13 日刑集 58 卷 4 号 247 页；小岛崇宏·百选 3 版 6 页）。对此，有力见解认为如果尸体是诊疗中的患者，即便发现异状也没有必要报告（平沼·162 页），但其作为对尸检目的的限定,并不妥当。这里"异状"的意思是不同于普通的状态,因而不仅包括病理学上的异状,也包含与犯罪相关的法医学的异状。例如,不限于存在如他杀等犯罪嫌疑的情况,也要考虑尸体的状况、尸体的发现场所等因素,认定不属于病死等通常死亡的情况也被包含其中(大判1918年9月8日刑录24辑236页;另见东京地判八王子支判1969年3月27日刑月1卷3号313页)。因此,即便尸体表面没有异状,但若明显属于与普通情况不同的死亡状态,医师也负有向警察报告的义务。厚生劳动省在通知中表示:"医师在检验尸体时,即使在尸体表面没有发现异常,也要考虑尸体发现的经过、尸体的发现场所、状况等各要素,认定存在异状时,根据《医师法》第21条向所在地的警察署报告"(平成31年2月8日医发0208第3号)。

关于异状的意义一直存在争议,日本法医学会于1994年(平成6年)公布了《"异状"指南》,将"一般情况下,在接受疾病诊疗的过程中,因诊断出的疾病而死亡的"称作"普通死亡",除此之外的都称作"异状死亡"。具体而言:①外因导致的死亡;②由外因伤害的持续性即所谓后遗症引起的死亡;③在①或②的情形存疑时;④与诊疗行为相关的非预期死亡及对此有怀疑时;⑤死因不明的死亡,以上5种场合属于异状死亡。一般认为这是妥当的见解。

3. 报告义务的合宪性

关于异状尸体的报告义务,一种有力观点认为对涉及医疗过失的医师课以报告义务,侵害了《宪法》第38条规定的"任何人都不得被强迫作出对自己不利的供述"的权利,即不得强迫自证其罪权或沉默权(佐伯仁志《异常尸体的报告义务及沉默权》,载《法学家》249号78页;川出敏裕《医师法第21条的报告义务与〈宪法〉第38条第1项》,载《法学教室》290号5页;高山佳奈子《异常尸体的报告义务》百选9页;另见,平沼·171页)。但是,日本最高法院基于以下理由认为报告义务并不违反《宪法》:①报告义务除了是犯罪调查的线索之外；②还作为担负着由警察防止损害扩大的行政程序上的义务，其公益上的必要性很高；③且并没有强制要求供述构成犯罪行为的事项；④即使可能使医师负担一定的不利影响，但具有附随于医师资格上的合理根据，这样的负担是被容许的（前述最判 2004 年 4 月 13 日）。自该判决之后，依照《医师法》第 21 条，医疗机构向搜查机关提出的报告剧增（大礒·48 页）。

诚然，异状尸体的报告义务，在有可能被追究业务上过失致死罪的案件中，有违反《宪法》第 38 条第 1 项规定的"不得被强迫作出对自己不利的供述"之嫌。但是，如果判定其违宪的话，诸多涉及不适当医疗行为的事故死亡和犯罪死亡的案件都会免除对涉案医师的报告义务，从"实务上围绕查明死因的观点"来看，还是有必要支持报告义务合宪的结论（武村尚子《异状尸体的报告义务》百选 2 版 6 页）。

七、处方笺的交付义务

《医师法》第 22 条规定："医师认为对患者在治疗上需要调配药剂时，应向患者或目前负责看护的人员交付处方笺。但是，当患者或目前负责看护的人员提出不需要交付处方笺时，或有下列情形之一的，不在此限。一、在期待暗示性效果时，交付处方笺可能会妨碍此目的实现的情形；二、交付处方笺有恐因涉及诊疗或疾病的预后等内容给患者带来不安，从而给治疗造成困难的情形；三、根据病情短时间的变化而用药的情形；四、诊断或治疗方法尚未确定的情形；五、作为治疗上必要的应急措施而用药的情形；六、除需要静养的患者以外没有可以交付对象的情形；七、使用兴奋剂的情形；八、在未配置药剂师的船舶内用药的情形。"

违反该规定时，将被处以 50 万日元以下的罚金（《医师法》第 33 条之 3 第 1 号）。

1. 宗旨

本条，虽未明言，但却是医药分业的规定。即明确了这一流程：医师在进行诊疗的过程中，当诊断结果需要处方时，则开具处方笺交给患者或负责看护的人员。领受处方的患者等人再将处方笺交给药剂师，由药剂师按照处方开药。医师之所以必须开具处方笺，是因为在治疗上需要用药。如患者需要服用钡（Barium），这样单纯出于诊断目的用药的场合，或者作为处置措施涂抹药物的场合，以及住院患者没有申请的场合，医师不负有交付义务（昭和31年3月13日药发第94号）。

2. 处方笺

医师将治疗患者疾病所需的药物种类、用量及服用方法等记录下来并制作出来的文件即为处方笺。"调配"是指药剂师根据医师开具的处方笺对医药品进行调配。并且，药剂师要在确认处方笺的内容妥当后才能进行配药。此外，《药剂师法》第19条规定："非药剂师者，不得以贩卖或授予为目的进行药剂的调配。"日本与欧美其他国家一样，采用了医师开具处方笺，药剂师负责配药的医药分业制度。

3. 例外规定

《医师法》第22条但书规定，对于以下八种情形，没有必要交付处方笺：①在期待暗示性效果时，交付处方笺可能会妨碍此目的实现的情形；②交付处方笺有恐因涉及诊疗或疾病的预后等内容给患者带来不安，从而给治疗造成困难的情形；③根据病情短时间的变化而用药的情形；④诊断或治疗方法尚未确定的情形；⑤作为治疗上必要的应急措施而用药的情形；⑥除需要静养的患者以外没有可以交付对象的情形；⑦使用兴奋剂的情形；⑧在未配置药剂师的船舶内用药的情形。

[医药分业制度]　诊疗及开处方由医师进行，而根据医师的处方配药，以及药历管理、服药指导则由独立经营的药剂师负

责的这一制度,被称为医药分业制度。该制度在于发挥各自的专业优势,以促进医疗标准的提高,确保患者的安全性。换句话说,医药分业制度意在分离医师和药剂师的职责,以排除不合适的用药并限制过度用药。在欧美等国很早便设立这样的制度,日本也于1889年(明治22年)通过《药品经营及药品处理规则》将其制度化。另外,在20世纪50年代,"医疗腐败"[1] "过度用药"成为问题,虽然试图实现所谓的医药分业,但由于医疗机构为了维持其一直以来通过药品牟利的既得利益,医药分业制度也变得有名无实了(大谷·35页)。然而,从20世纪90年代开始厚生劳动省便通过提升比诊所配药更高的院外处方笺的价格等利益诱导措施,促进了医药分业。其结果是,从事药业的人不断增加,终于使得原本不充分的医药分业制度得以落实。

4. 罚则

在没有向患者或者负责看护的人员交付处方笺的场合,医师将被处以50万日元以下的罚金(《药剂师法》第33条之3第1号)。另外,在医师出于自行贩卖或授予的目的而配药的场合,则会违反《药剂师法》第19条,也会被处以50万日元以下的罚金(《药剂师法》第32条第4号)。不过,这一处罚存在例外规定,即"①在患者或者目前负责看护的人员,特别提出希望由医师或牙科医师交付调配药物的场合",医师出于贩卖或授予目的配药则是被允许的(《药剂师法》第19条但书)。

八、疗养指导义务

《医师法》第23条规定:"医师在诊疗时,应对本人或其保护

---

[1] 原文为"薬漬け医療",即医师借助各种不正当手段在诊疗、开药等各个环节获得非法收入的情况。——译者注

者，就疗养的方法及其他促进保健所需事项进行指导。"但法律中并没有设置违反本条的罚则。

1. 宗旨

本条规定了医师在诊疗时，必须进行配套的疗养指导。患者要克服疾病和创伤，仅靠医师的诊疗是不可能的，而是需要在医师适当诊疗和指导的基础上，医患双方朝着治疗目的合力协作。过去，疗养指导义务被定位于说明义务的一环（金川琢雄《医疗中的说明与承诺的问题状况》，载《医事法学丛书》3 卷 225 页），但其理应被置于治疗行为的一环。况且，医师并不是单纯对患者进行诊疗就足够了，而是为了达成治疗目的，还要对患者和保护者进行疗养及其他必要事项的指导，这在医疗合同中是理所应当的。对此应该理解为，为了强调其重要性而将疗养指导规范性地义务化了（野田·160 页；小松·83 页；山下·538 页）。另外，"保护者"是指亲权行使者和配偶等处于保护患者立场的人，这是比目前负责看护的人员更广义的概念。

2. 内容与程度

医师应当指导的事项包括两类：①为了促进治疗目的实现，患者应采取的态度；②违反诊疗目的而应被禁止的行为。关于①，可以列举出保持静养、适度运动、根据病情变化接受诊疗，以及听从指示用药等内容。关于②，则包括禁止外出和洗澡、禁食、禁酒，以及禁烟等指示。对此，只要根据诊疗时的状况进行判断，给予个别必要的指示就足够了。

3. 义务违反

即使违反疗养指导义务也不会仅凭此就受到处罚。但是，由于疗养指导义务是诊疗的本质要素，也是医疗合同中当然的义务，因而在怠于进行疗养指导并给患者造成损害的场合，可能会产生民事或刑事上的责任。例如，明明已经发现了患者腹泻的症状，却在饮食方面只是提醒其注意不要摄取过多盐分，对此有判例认为医师违反了疗养指导义务，应承担侵权行为责任（横滨地判1964年2月25日下级民集15卷2号360页）。还有判例认为，在考虑到宫外孕的可能性且输卵管破裂的情况下，医师疏于履行提供具体指示的义务，因此认定违反了指导义务，应承担侵权行为责任（高知地判1976年3月3日判时832号92页）。

[出院时的疗养指导] 日本最高法院在判决中（最判1995年5月30日判时1553号78页）指出，"核黄疸是一种新生儿疾病，一旦罹患核黄疸就会有很大的死亡危险，即使保住性命也会留下无法治愈的脑性麻痹等后遗症，对于刚出生不久的新生儿来说是最需要注意的疾病之一"。该判决还指出，"为了查明黄疸或者核黄疸的原因，要仔细观察全身的状态及其经过，必要时还需要采取母子血型的检查，血清胆红素数值的测定等措施。当怀疑不是生理性黄疸时，检查须更加慎重和频繁，一旦观察到布拉格（Praha）分类下的核黄疸第一期症状，就需要立即采取交换输血治疗措施，以免错失治疗时机。对于早产儿，要比足月儿采取更加慎重的应对措施。这些针对核黄疸的预防、治疗方法，在X（本案新生儿）出生时已经成为临床医学实践中的医疗标准"。"在本案中，即便不能立即断定让X在当月30日出院是不恰当的，但作为妇产科专门医的Y，若让X出院，自己将无法继续观察X的黄疸情况。因此，在让X出院时应当向其看护人说明X的黄疸水平可能会升高，以及黄疸升高后会出现哺乳力下降等症状，存在发展成严重疾病的风险，并应指导其注意观察包含黄疸症状在内的全身状况，一旦出现黄疸升高和哺乳力下降等症状，应立即让X就医接受诊察。医师本应负有指导上述事项的注意义务，然而医师Y对X的黄疸没有特别提及，仅仅提供了一般性的注意事项，建议有任何异常情况时就医，就让其出院

了。对此只能说 Y 采取的措施是不适当的"（事实关系省略）（参见平塚志保·百选 2 版 12 页）。

九、诊疗记录的制作、保存义务

《医师法》第 24 条规定："1. 医师在进行诊疗时，应及时将有关诊疗的事项记录在诊疗记录上。2. 前项的诊疗记录必须保存五年。其中与医院或者诊所工作的医师进行的诊疗相关的，由该医院或诊所的管理者保存；与其他诊疗内容相关的，则由该医师保存。"当违反该义务时，将处以 50 万日元以下的罚金（《医师法》第 33 条之 3 第 1 号）。

1. 宗旨

诊疗记录是记载医师对特定患者诊疗经过等事项的文件，即所谓的病历（karte）。电子病历也包括在内。制作并保存诊疗记录的目的在于：①为了让医师进行适当的治疗，由医师自己制作证明其适当性的文件，使行政管制成为可能；②为了确定及确认受诊患者自身的权利义务，以确保办理各类必要的证明书时所需要的资料和证据文件（小松·67 页）。

2. 制作保存义务

《医师法施行规则》第 23 条规定，记载事项包括：就诊人的住所、姓名、年龄、性别、病名、主要症状、处方与处置措施，以及诊疗的年月日等内容。病历的记载，必须在诊疗时"及时"进行。这是为了防止记载不准确（《医师法》第 24 条第 1 项）。与之相对，在保险诊疗的场合，除上述事项之外，还要求记载既往病史、原因和经过等，以及被保险人的编号、有效期限、姓名、取得日期、保险人的名称及其所在地、诊疗的点数及其他社会保险诊疗所必要的事项。记载，不一定要求用日语，其他语言也是可以的。另外，虽然医师也可以请人代笔，但如果此人违反该义务，其责任必须由医师承担（大判1916年5月3日刑录22辑477页）。诊疗记录的保存期限为从最终诊疗时起算的5年，承担保存义务的人有：①对于在医院或诊所工作的医师制作的病历，由各自的管理者保存；②如果是开业医，则由该医师保存（同条2项）。

[病历公开的问题]　对于医疗过失在裁判中引起争议的情况下，在欲提起诉讼时，将医师的病历作为证据提交是必不可少的。因此，医师是否应该积极向患者公开病历就成为问题。如前所述，病历是医师开具各种证明书的证据文件，所以并非患者所有。因此，医师可以拒绝患者的公开请求，但病历同时也涉及患者的信息，因而应当让患者能够自由浏览。由此，于20世纪90年代展开了一场关于"病历公开的争论"，实务上对此持支持和反对的意见各占一半（支持意见如福冈高决1977年7月13日判时869号22页；反对意见如东京高决1984年9月17日民集37卷3号164页）。但是，与2003年施行的《关于个人信息保护的法律》第25条第1项相关的判例，否定了患者本人的公开请求权（东京地判2007年6月27日判夕1275号323页）。结果是，若在法律上要求公开病历的话，需要采取证据保全程序或者通过法院的文书提出命令。而在1999年，日本医师会提出"当患者要求查阅、复制自己的病历或其他诊疗记录时，医师及诊疗设施机构的管理者原则上应予以配合"，由于是自主决定是否公开病历，大部分医院等医疗设施机构都自行制定了各自的诊疗信息提供指南，以此进行病历公开。由此看来，病历公开的争论将得到解决（参见大矶·56页）。

十、厚生劳动大臣的指示

《医师法》第24条之2规定："1. 在公共卫生上有可能发生重大危

害的场合，为了防止该危害的发生，在认为有必要时，厚生劳动大臣可对医师就有关医疗或保健指导作出必要的指示。2. 厚生劳动大臣根据前项规定作出指示时，应事先听取医道审议会的意见。"

依照本条规定，在有可能发生传染病等公共卫生上重大危害的场合，为了防止该危害发生，在认为有必要时，厚生劳动大臣可以对个别医师，就有关医疗或保健指导作出必要的指示。正如本书在开篇所指出的那样（详见边码4），现行《医师法》的特色在于，一方面要求医师具备尽可能高水准的资质，另一方面只对医师的义务进行最小限度的法律规制，让医师尽可能地自由发挥其技能。换言之，基于厚生劳动大臣不应轻易指示医师诊疗的立场。但是，考虑到如果放任不管，可能会发生造成公共卫生上重大危害的紧急情况，厚生劳动大臣在听取医道审议会意见的基础上，可以对诊疗等业务内容本身直接指示、监督。不过，目前并不存在这样的指示和监督。

十一、刑法上的义务

1. 保密义务

《刑法》第134条规定，"医师、药剂师、医药品贩卖从业者、助产师……或者曾经从事此类职业者，无正当理由，泄露从事业务所获知的他人秘密的，处六个月以下惩役或十万日元以下罚金"，即对医师违反保密义务进行处罚。其立法宗旨在于，保护患者对于医师的信赖，让患者能够接受适当的医疗（野田·193页；山下·539页；大谷·53页）。这里的"秘密"，是指只有特定小范围内的人知道的事实，本人对此持有不想让他人知晓的意思，并且，让他人知晓的话在社会一般观念上被认为是不利的。还有，这个事实必须是通过诊疗知道的，像在酒吧的偶然见闻，就不属于秘密。"泄露"则是指把秘密告知不知情的人。对此，如果有正当事由的话，当然不算违反义务。例如，基于《传染预防法》第12条的规定，医师向保健所所长和都道府县知事报告患者就属于正当事由。还有，基于患者同意，医师将事情告知不知情的第三人，也属于正当事由。另外，与临床实习制度的引入相关，2021年（令和3年）《医师法》被修改（令和3年法律第49号），由于认可临床实习生的行医活动（详见边码39），临床实习生的保密义务也被法定化，从而追加了《医师法》第17条之3。

2. 真实诊断书等的制作义务

《刑法》第160条规定："医师在应向公务机关提交的诊断书、检验报告或者死亡证明书上作虚假记载的，处三年以下惩役或者三十万日元以下罚金。"禁止在诊断书等文件上进行虚假的记载，以此课以了医师记载真实文件的义务。这里的"诊断书"是指，医师对自己的诊察结果作出判断，为证明人的健康状态而制作的文件。"检验报告"是指医师对尸体的死亡原因、死亡时间、死亡地点等内容所作的相关文件。死亡证明书则是指从当事人生前开始进行诊疗的医师，对该患者的死亡事实进行医学上的确认，并将该确认结果记载下来的文件，即所谓的死亡诊断书（《医师法》第20条）。"虚假记载"是指记载与自己的医学判断相反的事项。以上无论哪一项，都是必须向市政府或镇公所等官方机构提交的文件。

第十章 《医师法》上的罚则

一、违反《医师法》的犯罪

1. 概述

为了达成法律目的,《医师法》将违反法律的行为,尤其是重要的行为作为犯罪,施以刑罚。包括:①医业独占违反罪;②停止行医命令违反罪;③试题泄露等罪;④未经诊察的治疗等罪;⑤诊疗记录记载、保存等罪;⑥两罚规定等。以下依次探讨违反《医师法》的各种犯罪。

[从惩役到拘禁刑] 在《刑法》中,规定有死刑、惩役、禁锢、罚金和科料等刑罚。基于此规定,《医师法》上设置了惩役和罚金两种罚则。但根据2022年(令和4年)《刑法部分修正案》,惩役和禁锢被废止,取而代之的是创设了"拘禁刑"。惩役,是指在刑事设施机构(刑务所)中强制劳作的刑罚,拘禁刑则是指"为了使犯人改过自新、自力更生,让其进行必要的劳作,或者进行必要的指导"。因此,在《医师法》中也要以拘禁刑代替惩役的科处,在2025年(令和7年)《刑法部分修正案》正式施行之前,《医师法》中依然使用惩役作为罚则。

2. 医业独占违反罪

《医师法》第31条规定："1. 属于下列情形之一的，处三年以下惩役或一百万日元以下罚金，或二者并科。一、违反第十七条规定的；二、基于虚假或不正当事实取得医师资格的。2. 犯有前项第一号罪的，当其使用了医师或与之类似的名称时，处三年以下惩役或二百万日元以下罚金，或二者并科。"

（1）无证行医罪

《医师法》第17条规定："非医师者，不得行医。"无证行医罪是对违反该规定者的处罚。本罪的目的在于防患于未然，即防止非医师者以医疗行为为业。另外，也有观点将该罪称为"无资格行医罪"，本书在此统一称为无证行医罪。

a. 宗旨

对于无证行医罪中的"医"，之前已经作过明确说明，在此不再赘述（详见边码31）。医疗行为是指如果不是医师基于专门知识和技术实施，则有可能产生卫生保健上之危害的危险行为。因此，对于这种危险的医疗行为，法律规定仅认可作为专家的医师进行，通过在设置严格要件的基础上认定医师资格的许可制度，对行医者的资质进行官方认证，以谋求保护国民卫生保健上的安全。

> [公开医师的姓名等]　《医师法》第30条之2规定："为了帮助受诊者以及其他国民确认医师资格并作出有关医疗的适当选择，厚生劳动大臣应公开医师的姓名以及其他政令规定的事项。"为了防止假医师提供医疗服务，从保护国民生命、健康的观点出发，医师的姓名、性别、医籍的注册日期，以及行政处分的相关事项等均应在官方网页等处公开。

b. 主体

因无证行医而被认定为犯罪者，是不具有医师资格的人，也就是没有医师资格证的人。取得医师资格后受到吊销处分的人（《医师法》第

7条第1项第3号）行医也成立无证行医罪。另外，即使是持有外国医师资格的人，只要没有日本的医师资格，同样属于无证行医（昭和32年2月22日医发第126号）。此外，大学医学专业的学生作为临床实习生而行医（《医师法》第17条之2）以及在外国取得医师资格并获得厚生劳动大臣许可，在一定条件下作为临床研修而行医的，根据《特例法》并不违反《医师法》第17条（《关于〈医师法〉第17条特例等的法律》第3条第2项）。

成为问题的是，保健师、助产师和护士辅助医师实施医疗行为的情形。保健师、助产师和护士是从事"疗养上的照顾或者诊疗的辅助"的人（《保健师、助产师、护士法》第5条），只有存在"主治医师"指示的情况下才能进行医疗行为（同法第37条）。但是，不应该理解为只要有医师的指示，所有医疗行为都可以实施，而应仅限于结合医师的指示和护士的能力进行判断，即使由护士来实施也不会有危害发生可能性的行为（小松·89页）。

具体问题在于，护士实施的静脉注射。原厚生省认为，"静脉注射原本是应该由医师或牙科医师亲自进行的业务……这在护士的业务范围之外，因此如果护士以此为业进行静脉注射，与《医师法》第17条相抵触"，而厚生劳动省医局长通知《关于护士等静脉注射的实施》（平成14年厚生劳动省医局长通知），则一改过去的见解并一直延续至今。

[**关于静脉注射的通知**] "在医师或牙科医师的指示下，由保健师、助产师、护士以及准护士进行的静脉注射，作为《保健师、助产师、护士法》第5条规定的诊疗辅助行为处理。但是，不变的是，将药剂注入血管会对身体产生较大影响，因此为了使护士等人能够按照医师或牙科医师的指示，安全地实施静脉注射，希望医疗机构及护士培训学校等培养场所对如下措施有所了解。在医疗机构中，以护士等人为对象开展研修的同时，还要针对静脉注射的实施等事项，制定和修改机构内部标准和护理程序，并根据各个护士的能力等进行适当的

业务分工。在护士培训学校等培养场所，应重新修订关于药理作用、静脉注射相关的知识、技术、感染和安全对策等事项的教育内容，必要时加强教育。"

c. 禁止行为

本罪是指以医疗行为为业的行为（详见边码34）。在进行医疗行为时，不使对方误以为自己是具有医师资格的人（大判1931年12月22日刑集10卷825页）。一方面，对于医师甲雇用无医师资格的乙在自己经营的诊所共同诊疗的情形，判例将甲乙二人认定为共同正犯，均以无证行医罪处罚（东京地判1972年4月15日判时692号112页；东京高判1972年1月25日判夕277号357页）。也有见解认为，医师甲是具有医师资格的人，对其以无证行医罪处罚是不妥当的，应将其认定为无证行医罪的教唆犯（《刑法》第61条）或帮助犯（《刑法》第62条）（福田平《行政刑法》〔1998〕133页；小松·100页）。但是，由于是医师和非医师共同实行的无证行医行为，笔者认为应当支持判例的观点（大谷·25页）。另一方面，对于在无医师资格者行医的场所，医师挂上自己诊所的招牌，每月前往两次，方便无医师资格者行医的情形，该医师成立无证行医罪的教唆犯（大判1910年10月31日刑录12辑1792页）。

d. 处罚

可处3年以下惩役或100万日元以下的罚金，或二者并科。并科是指同时科处惩役和罚金的意思。无证行医罪在行为性质上是反复持续进行相同行为，所以无论重复多少次，将各个行为包含其中，作为一罪而处罚（名古屋高判1951年1月29日高判特27号13页）。再有，非医师者行医，以其他医师的名义登记为保险医，向国民健康保险团体联合会请求医疗报酬并受领时，除成立无证行医罪之外还成立诈骗罪，两罪并合处罚（名古屋高判1974年10月7日判时770号11页）。另外，对于无医师资格者X自称是医师并在Y医院工作，以医师身份受领支付的工资等情形，除成立无证行医罪之外同样也成立诈骗罪（参见东京高判 1984 年 10 月 29 日判时 115 号 160 页；小松·101 页）。

[被认定为行医的案件] "根据一审判决，被告人在其他部分除'奥顿（Auton）'之外，还进行了'普夫特宁（Pofutonin）'的皮下注射、诊断和药物涂抹等。同时，由于持续时间长，次数多，患者数量也多，那么即使例如上述'普夫特宁'是有效且无害的，被告人不以营利为目的，只以特殊希望者为对象进行，也应该属于《国民医疗法》第 8 条第 1 项中所谓的行医。因此，关于这一点的原判决是正当的，不存在违反法令"（参见最判 1954 年 8 月 20 日刑集 8 卷 8 号 1287 页；平沼·214 页。旧《国民医疗法》第 8 条第 1 项规定："非医师者不得行医，非牙科医师者不得行医。"）。

（2）不正当取得医师资格罪

本罪对基于虚假或不正当事实而取得医师资格者，处 3 年以下惩役或 100 万日元以下的罚金，或二者并科（《医师法》第 31 条第 1 项第 2 号）。如前所述，由于医师的业务直接关系到国民的生命、健康，而基于虚假或不正当事实取得医师资格这一情形，会否定医师资格制度，甚至从根本上颠覆现行的医疗体制，故对此进行处罚。

本罪的主体是已经取得医师资格的人，并且行为人是基于虚假或不正当事实而取得医师资格的。所谓"虚假或不正当事实"，例如，明明有受过 6 个月惩役的前科，却在医师资格申请书中的"有无受过罚金以上的刑罚"一栏填写"无"的情形；或者对于申请书要求添附的医师诊断书，使用伪造的户籍复印件作为诊断书添附并申请的情形。另外，本罪是"基于"虚假或不正当事实取得医师资格而成立的，因而必须要达到如果不存在这样的事实就无法取得医师资格的程度。还有，本罪处罚的是"取得医师资格者"，如果填写了虚假的事实，结果却没有取得医师资格，则应认定为公证文件不实记载罪的未遂犯（《刑法》第 157 条）。

（3）医师类似名称使用罪

成立无证行医罪的人，在使用了医师或与之类似的名称时，处3年以下的惩役，虽然其与无证行医罪的刑罚相同，但可处200万日元以下的罚金，刑罚相对更重。从这个意义上来讲，本罪是无证行医罪的加重犯。对此应理解为，通过使用医师或与之类似的名称来获取对方的信赖，更易于进行不正当的医疗行为，这一恶劣性即为加重刑罚的根据。也有观点认为，根据在于"损害医师的社会信用"（小松·102页），"医师的社会信用在增加，因而此行为的危害性也更大，恶劣性更高"（平沼·213页），但一般认为此观点是不合适的。《医师法》第18条规定"不得使用医师或易与其混淆的名称"，其与"医师或与之类似的名称"之间的异同就成为问题。从语义上讲，前者是更加广义的概念，但也有观点认为后者是更广义的概念。有判例将"某某医院副院长"认定为"类似的名称"（大阪高判1953年5月21日高刑集9卷7号1101页）。

3. 医业停止命令违反罪

根据《医师法》第32条、第7条第1项的规定，对被命令停止行医的人，在停止期间依然行医的将予以处罚。本罪，是针对因①符合相对的欠格事由，或者②有损害医师品格的行为而被勒令在一定期间内停止行医的人，在该期间内依然行医的情形进行处罚。①包括因身心障碍而不能适当履行医师业务的人，如毒品、大麻或鸦片成瘾的人，以及被处以罚金以上刑罚的人；②则包括向濒死的重伤者要求不当的高额治疗费，对患者作出了不当举动，违反诊疗义务等行为（昭和30年8月12日医收第755号）。在医业停止命令期间内行医构成犯罪的，处1年以下的惩役或50万日元以下的罚金，或二者并科（《医师法》第32条）。

4. 国家医师考试试题泄露、不当评分罪

对违反《医师法》第33条、第30条的规定，①因故意或重大过失

导致试题事前泄露，或者②故意实施不当评分的行为，作为犯罪予以处罚。

在医师的业务性质上，必须通过国家医师考试或预备考试判定其专业知识及技能。在实施考试时，必须确保考试的严格公正并排除舞弊行为。顺带一提，《医师法》作为应对国家医师考试和预备考试之舞弊行为的法律，设置了三种情形（小松·105页）。其一，在考试进行过程中应试者实施舞弊行为，并且被证实的场合，可责令其停止考试，或者认定其考试无效（《医师法》第15条）。其二，在取得医师资格后被证实曾有过考试相关舞弊行为的场合，作为不正当取得医师资格罪处罚。其三，在考试相关工作人员实施舞弊行为的场合。本条就是针对以上情形规定的。

本罪的主体是"医师考试委员及其他管理国家医师考试或国家医师考试预备考试相关事务的人"。本罪处罚的行为是：①因故意或重大过失导致试题事前泄露的行为（国家医师考试试题泄露罪）；②故意实施不当评分的行为（国家医师考试不当评分罪）。①中的"事前"是考试实施之前的意思；"故意"是明知会泄露试题的意思；"重大过失"则是如果稍加注意就能避免结果发生的意思。由此，①就是在实施国家医师考试或国家医师考试预备考试之前，在明知泄露试题或者稍加注意就能避免却因不注意而泄露试题时，构成国家医师考试试题泄露罪。②则是明知不当评分的事实，仍然错误评分的行为。本罪的刑罚是违者将被处以1年以下的惩役或者50万日元以下的罚金（《医师法》第33条）。

另外，在应试者的父亲Y委托作为国立大学医学部教授的考试委员X进行不当评分，并赠予其1000万日元作为谢礼，X由此实施不当评分的场合，构成《刑法》第197条第1项的受托受贿罪，与本罪成立想象竞合，处以7年以下的惩役。顺带一提，由于考试实施相关人员通常是国家公务员，因而在其他人员故意泄露试题的场合，成立《国家公务员法》中的保密义务违反罪（《国家公务员法》第109条第1项第

12号），其与本罪的关系就成为问题。对此，由于《国家公务员法》中的保密义务违反罪与本罪是一般法与特别法的关系，所以适用本罪。此外，不论哪一个罪，刑罚都是处1年以下惩役或50万元以下的罚金。

5. 临床实习生泄露秘密罪

《刑法》第134条规定了以医师、药剂师、医药品贩卖从业者和律师等为主体的泄露秘密罪，但根据2021年（令和3年）的《医师法修正案》（令和3年法律第49号），出台了大学医学部学生的临床实习制度，新设了《医师法》第17条之3的规定，导入了针对临床实习生的保密义务。与此同时，《医师法》第33条之2规定，对临床实习生泄露秘密的行为进行处罚，与《刑法》第134条的泄露秘密罪相同，临床实习生违反保密义务，即"泄露在职务上获知的个人秘密者，处六个月以下的惩役或十万日元以下的罚金"。但是，该罪属于亲告罪，即如无告诉，不得提起公诉。

6. 报告义务违反等罪

《医师法》对医师课以了各种义务，第33条之3针对的是除第31条至第32条之2罚则规定之外的其他义务违反情形。

(1) 姓名等不报告罪

《医师法》第6条第3项规定，出于期望卫生行政适当化的宗旨，为了准确把握医师的分布及业态，对于规定的事项，设定了在每2年的12月31日将目前的姓名、住所等事项，经由都道府县知事提交给厚生劳动大臣的义务。作为参考，记录了医师报告事项，包括该医师的住所、姓名、出生年月日、籍贯、医籍登记号、取得资格证、业务种类、工作单位的名称、所在地，以及从事的诊疗科名等。当违反对于上述事项的报告义务时，处以50万日元以下的罚金（《医师法》第33条之3第1号）。

(2) 医师名称使用禁止罪

《医师法》第18条规定："非医师者，不得使用医师或易与其混淆的名称。"违者处 50 万日元以下的罚金。其意义之前已经阐述过，在此不再赘述。不过，在使用医师或易与其混淆的名称行医的场合，由于可以将"易混淆的名称"理解为包含在"类似的名称"（《医师法》第 31 条第 2 项）之中，所以本罪被第 31 条第 2 项的罪名所吸收，作为一罪处罚即可。另外，在非医师使用"接骨医"这样"易混淆的名称"而构成诈骗罪的场合，由于是以本罪作为手段而实施的诈骗罪，构成牵连犯择一重罪处罚，即构成诈骗罪，处 10 年以下惩役（《医师法》第 33 条之 3 第 1 号）。

7. 未经诊察的治疗等罪

《医师法》第 20 条虽然没有明文表述，但却规定了如下行为：①医师在治疗时必须亲自诊察，而且开具和交付诊断书和处方笺时也必须亲自诊察。②医师在交付出生证明书和死产证明书时，必须亲自参与分娩。③医师在交付检验报告时，必须亲自检查。违反以上要求的行为构成犯罪，处 50 万日元以下的罚金（《医师法》第 33 条之 3 第 1 号）。但是，对于在诊疗中的患者于受诊后 24 小时内死亡的场合所交付的死亡诊断书，即使没有亲自检验也不予以处罚。

针对同一个患者未经诊察就进行了数次治疗的，应将实施的数行为作为一罪处罚。另外，在为了向市政府报告，未经诊察就开具内容虚假的诊断书并交付的场合，构成《刑法》第 160 条规定的制作虚假诊断书罪，与本罪构成想象竞合，处 3 年以下惩役或 30 万日元以下的罚金（大判 1916 年 1 月 27 日刑录 21 辑 71 页）。

8. 处方笺不交付罪

《医师法》第 22 条规定，医师认为对患者在治疗上需要调配药剂时，负有向患者或目前负责看护的人员交付处方笺的义务，本罪是对不交付行为进行的处罚，处 50 万日元以下的罚金（《医师法》第 33 条之 3 第 1 号）。

这一制度，如前所述实际上是医药分业的规定（详见边码193），不过当患者一方提出没有交付的必要，以及基于诊疗上的理由不交付也是可以的（《医师法》第22条第1号至第8号），由于其范围相当广泛，以本罪进行处罚的情况几乎没有，从而根据这一规定无法实现医药分业制度的效果。

9. 诊疗记录不记载、保存罪

《医师法》第24条规定，医师在进行诊疗时，应及时将有关诊疗的事项记录在诊疗记录中（第1项），且该诊疗记录必须保存5年（第2项），从而课以了诊疗记录的记载、保存义务。诊疗记录是关于患者的诊疗经过的重要资料，并且也是为了进行适当诊疗的资料，因而规定了诊疗记录的记载、保存义务。违者将被处以50万日元以下的罚金（《医师法》第33条之3第1号）。第1项规定中的"及时"意思是在"情况允许的时候"，因而如果有紧急事务等合理的理由，有些迟延也是被允许的。

10. 再教育研修命令违反罪

《医师法》第7条之2规定，对于受到吊销医师资格处分的人，可以命令其接受再教育研修，即"有关保持医师伦理或作为医师应具备的知识及技能的研修"。在违反该命令的场合，将以再教育研修命令违反罪论处，处50万日元以下的罚金（《医师法》第33条之3第2号）。

11. 行政处分调查妨碍罪

《医师法》第7条之3第1项规定，厚生劳动大臣对于受到吊销医师资格等行政处分的人，对于是否应作出处分，认为有调查的必要时，"可要求该事件的相关人员或参考人员提供意见或报告，并可命令拥有诊疗记录或其他物件的所有者提供相关物件，或指派特定工作人员进入与该事件有关的医院或其他场所进行诊疗记录及其他物件的检查"，规定了调查的权限。并且，"违反本规定，不陈述，不报告，或进行虚假的陈述或报告，或不提供物件，或拒绝、妨碍、逃避检查的"，将处50万日元以下的罚金（《医师法》第33条之3第3号）。

二、刑法上的犯罪

1. 泄露秘密罪

医师等医疗从业者，基于业务而知晓的他人秘密，负有不向第三人泄露的义务（详见边码39）。《刑法》第134条规定："医师、药剂师、医药品贩卖从业者、助产师、律师、辩护人、公证人或者曾经从事此类职业者，无正当理由，泄露从事业务所获知的他人秘密时，处六个月以下惩役或十万日元以下罚金。"另外，《保健师、助产师、护士法》第44条之4，《诊疗放射线技师法》第35条，以及《关于临床检查技师等的法律》中也有同样的规定。

[鉴定医泄露秘密]　在奈良县发生的现住建筑物放火、杀人等的少年保护案件中，家庭法院命令精神科医师X对涉事少年进行精神鉴定。为此，X借来了少年的口供笔录等文件的复印件作为资料，并且X让对该案进行采访的自由记者自行阅览、复制记载该鉴定资料和鉴定结果的书面材料。辩护人主张，本案的鉴定是"鉴定人的业务"而非"医师的业务"，既然如此，泄露在该过程中知晓的秘密就不构成泄露秘密罪，而且该少年及其生父并不是该业务的委托人，不具有告诉权人的身份。但一审、二审法院均认为该案属于无正当理由而泄露业务上的秘密，成立泄露秘密罪（《刑法》第134条），判处被告人惩役4个月，缓期3年执行。被告方对此提起上诉，日本最高法院在判决中（最判2012年2月13日刑集

66卷4号405页）指出："像本案这样，在医师根据其知识和经验，被命令进行以包括诊断在内的医学判断为内容的鉴定的场合，该鉴定的实施，可以说是将医师作为业务的实施者，因而对于医师没有正当理由而泄露在实施该鉴定的过程中知晓的他人秘密的行为，作为泄露基于处理业务而获知的他人秘密的行为，构成《刑法》第134条第1项的泄露秘密罪。""在这样的场合，'人的秘密'除鉴定对象本人的秘密之外，还包括在鉴定过程中知晓的鉴定对象以外的其他人的秘密"，既然如此，"被泄露了这些秘密的人属于《刑事诉讼法》第230条所说的'因犯罪而受害的人'，拥有告诉权"，进而驳回了上诉（参见涩谷洋平·百选3版49页）。

2. 制作虚假诊断书罪

医师在应当提交给公务所的诊断书、检验报告、死亡证明书的内容中作虚假的记载时，将被处以3年以下惩役或30万日元以下的罚金（《刑法》第160条）。所谓"虚假的记载"是指违背自己的医学判断，或者与真实情况不符的记载（福冈高判宫崎支判1989年3月14日高刑速报1989年243页）。

三、两罚规定

《医师法》第33条之4规定："当法定代表人、法人或某人的代理人、使用人及其他工作人员，关于该法人或某人的业务而实施了违反前条第三号的行为时，除处罚行为人外，对法人或某人也科处同条的罚金刑。"

本条对上述行政处分调查妨碍罪（《医师法》第33条之3第3号）设置了两罚规定。两罚规定，是指当所属于法人的董事或职员实施了违反有关法人业务的行为时，不仅处罚行为人个人，而且对法人也一并处罚的规定。例如,对于上述行政处分调查妨碍罪,甲医院的理事长 X 在厚生劳动省工作人员调查期间,关于医院的业务作出了虚假的陈述。在该案中,对 X 科处了罚金刑,连同甲医院也一并科处了罚金刑。在《医师法》中,仅对第 33 条之 3 第 3 号的违反行为适用两罚规定。

资　　料

医师法

（昭和二十三年法律第二百零一号）

第一章　总　　则

第一条　［医师的职责］　医师负责医疗和保健指导，助力于提高和增进公共卫生，以确保国民的健康生活。

第一条之二　［相关各方相互的联合与协作］　国家、都道府县、医院或诊所的管理者，基于《学校教育法》（昭和二十二年法律第二十六号）设立的大学（以下简称"大学"），医学医术相关的学术团体、有诊疗相关学识经验者的团体，以及其他相关各方，为了提高和增进公共卫生、确保国民的健康生活，实现提高医师资质的目的，应在进行适当分工的同时，相互联合，努力协作。

第二章　执业资格

第二条　［医师的执业资格］　欲成为医师者，必须通过国家医师考试，并取得厚生劳动大臣的执业许可。

第三条　［绝对的欠格事由］　对未成年人不得给予执业许可。

第四条　［相对的欠格事由］　属于下列情形之一的，不给予执业许可：

一、由厚生劳动省令规定，因身心障碍不能正常履行医师业务的；

二、麻药、大麻或鸦片中毒的；

三、受过罚金以上刑事处罚的；

四、除符合上述情形外，有过医事相关犯罪行为或不当行为的。

第五条 ［医籍］ 厚生劳动省设置医籍，其中规定登记注册时的年月日、第七条第一项规定的相关处分事项以及其他有关医师资格的事项。

第六条 ［资格的授予、医师资格证、医师的报告义务］ 1. 医师资格，由国家医师考试合格者申请注册医籍后取得。

2. 厚生劳动大臣在授予医师资格时，颁发医师资格证。

3. 医师应按照厚生劳动省令规定，将每两年的十二月三十一日时目前的姓名、住所（从事医业者，另加从业场所的地址）及厚生劳动省令规定的其他事项，于翌年的一月十五日前，经由住所地的都道府县知事向厚生劳动大臣报告。

第六条之二 ［意见的听取］ 对于申请了医师资格的申请人，当厚生劳动大臣认为其属于第四条第一号所列，根据同条规定决定不授予执业资格时，应事先将此决定通知该申请人。当申请人提出异议时，应由厚生劳动大臣指定的职员听取其意见。

第七条 ［吊销资格、重新授予资格等］ 1. 医师符合第四条各号规定的情形之一，或者有损害医师品格的行为的，厚生劳动大臣可以进行以下处分：

一、警告；

二、三年以内停止从事医疗业；

三、吊销资格。

2. 即使是根据前项规定受过吊销处分的（属于第四条第三号或第四号，或因有损害医师品格的行为而根据同项规定受到吊销处分的，自受到该处分之日起未经五年者除外），当其被吊销的事由已不存在，或根据其被吊销后的表现认为对其重新授予资格恰当时，可以重新授予其医师资格。此时适用第六条第一项及第二项的规定。

3. 厚生劳动大臣，在作出前两项所规定的处分时，应事先听取医道审议会的意见。

4. 厚生劳动大臣，拟根据第一项的规定作出吊销资格的处分时，应就与该处分有关人员的情况向都道府县知事听取意见，所听取的意见可视为厚生劳动大臣的征询意见。

5.《行政程序法》（平成五年法律第八十八号）第三章第二节（第二十五条、第二十六条及第二十八条除外）的规定，适用于都道府县知事按照前项规定听取意见的情形。适用时，可将同节中的"听闻"和"意见听取"，同法第十五条第一项中的"行政厅"和"都道府县知事"，同条第三项（包括适用同法第二十二条第三项时）中的"行政厅"和"都道府县知事""该行政厅"和"该都道府县知事""该行政厅的"和"该都道府县的"，同法第十六条第四项和第十八条第一项及第三项中的"行政厅"和"都道府县知事"，同法第十九条第一项中的"行政厅指定的职员及其他政令规定的职员"和"都道府县知事指定的职员"，同法第二十条第一项、第二项及第四项中的"行政厅"和"都道府县"，同条第六项以及同法第二十四条第三项中的"行政厅"和"都道府县知事"，依次对应改称。

6. 当都道府县知事要求提供能够证明该处分事实原因的相关文件资料以及其他听取意见时所需的文件资料时，厚生劳动大臣应尽快将相关文件资料发送给该都道府县知事。

7. 都道府县知事，在根据第四项规定听取意见时，在按照适用第五项改称的《行政程序法》第二十四条第三项的规定收到同条第一项规定的调查书及同条第三项规定的报告书时，应在对其进行保存的同时，向厚生劳动大臣提交该调查书及报告书的复印件。此时，对该处分决定有意见时，除提交上述复印件外，还应提交记载了该意见的意见书。

8. 鉴于意见听取结束后发生的事宜，当厚生劳动大臣认为有必要时，可将按照前项前段规定提交的调查书和报告书的复印件，以及按照同项后段规定提交的意见书退回原处，并要求都道府县知事责令负责人重新听取意见。此时，适用《行政程序法》第二十二条第二项正文及第三项的规定。

9. 厚生劳动大臣在作出该处分决定时，应充分参考按照第七项的规定提交的意见书、调查书以及报告书复印件的内容。

10. 厚生劳动大臣拟根据第一项的规定下达停止行医的命令时，可要求都道府县知事听取该处分有关人员的申辩，该申辩的听取可视为由厚生劳动大臣给予的申辩机会。

11. 在根据前项规定进行申辩的听取时，都道府县知事须在距离申辩听取日的相当时期前，就下列内容以书面形式通知该处分有关人员：

一、拟根据第一项的规定作出该处分的要点及内容；

二、成为该处分原因的事实；

三、听取申辩的日期、时间及场所。

12. 除第十项规定外，厚生劳动大臣可以委托医道审议会的委员，代替厚生劳动大臣提供申辩的机会，并听取该处分有关人员的申辩。在这种情况下，可将前项中的"前项"和"后项"以及"都道府县知事"和"厚生劳动大臣"依次对应改称后，适用同项规定。

13. 收到第十一项（包括根据前项后段的规定改称后的适用情况）的通知的人，可让代理人出席，并提交书证或物证。

14. 都道府县知事或医道审议会的委员，根据第十项或第十二项前段的规定听取申辩时，应制作听取记录并保存，同时制作报告书提交给厚生劳动大臣。在这种情况下，当对该处分决定有意见时，应将该意见记载于报告书。

15. 当都道府县知事根据第四项或第十项的规定听取意见或申辩时，厚生劳动大臣应事先通知都道府县知事以下事项：

一、该处分有关人员的姓名及住址；

二、该处分的内容及其依据的条款；

三、成为该处分原因的事实。

16. 根据第四项规定听取意见时，在第五项中改称适用的《行政程序法》第十五条第一项的通知，或根据第十项规定听取申辩时，第十一项的通知，必须基于前项规定中所通知的内容。

17. 在都道府县知事根据第四项或第十项规定听取意见或申辩时，或医道审议会委员根据第十二项前段规定听取申辩时，对于该处分，不适用《行政程序法》第三章（第十二条及第十四条除外）的规定。

第七条之二 ［**再教育研修**］ 1. 对受过前条第一项第一号或第二号所列的处分，或根据同条第二项的规定可重新授予资格的，厚生劳动大臣可命令其接受由厚生劳动省令规定的，有关保持医师伦理或作为医师应具备的知识及技能的研修（以下简称"再教育研修"）。

2. 厚生劳动大臣对根据前项规定接受了再教育研修的，依照其申请，将已完成再教育研修的事实记录于医籍。

3. 厚生劳动大臣完成前项记录后，交付再教育研修结业登记证。

4. 欲接受第二项登记的，以及欲更换领取的再教育研修结业登记证或欲再次领取的，应缴纳根据实际费用计算的按政令规定的手续费。

5. 前条第十一项至第十七项（第十二项除外）的规定适用于拟根据第一项的规定发布命令时。在这种情况下，必要技术的改称，由政令另行规定。

第七条之三 ［**为调查的权限**］ 1. 对于是否应根据第七条第二项的规定对医师作出处分，厚生劳动大臣认为有调查的必要时，可要求该事件的相关人员或参考人员提供意见或报告，并可命令拥有诊疗记录或其他物件的所有者提供相关物件，或指派特定工作人员进入与该事件有关的医院或其他场所进行诊疗记录及其他物件的检查。

2. 根据前项规定准备进行入内检查的工作人员，应随身携带显示其身份的证件。当有关人员要求出示证件时，必须出示其证件。

3. 根据第一项的规定进行入内检查的权限，不得解释为为了犯罪搜查而被认可的权限。

第八条　[委任省政令]　除本章所规定的内容外,有关资格的申请、医籍的登记、更正及注销,资格证的交付、更换交付、再交付、退还与提交,以及住所的登记等必要事项,由政令另行规定;有关第七条第一项的处分、第七条之二第一项的再教育研修的实施、同条第二项的医籍的登记以及同条第三项的再教育研修结业登记证的交付、更换交付,以及再交付的必要事项,由厚生劳动省令另行规定。

第三章　考　试

第九条　[国家医师考试的内容]　国家医师考试,是关于作为医师在临床工作中所必须具备的医学以及公共卫生方面的知识及技能的考试。

第十条　[考试的实施]　1. 国家医师考试以及国家医师考试预备考试,每年至少举行一次,由厚生劳动大臣负责举行。

2. 厚生劳动大臣在决定国家医师考试以及国家医师考试预备考试的科目、考试的实施或合格者的判定方法时,应听取医道审议会的意见。

第十一条　[考试资格]　1. 不属于下列情形之一的,不得参加国家医师考试:

一、在大学完成医学正规课程并毕业的[为了评价大学医学专业学生在临床实习开始前是否具备了应当具备的知识和技能,仅限于通过厚生劳动省令规定的大学共用考试(第十七条之二称之为"共用考试")者];

二、通过国家医师考试预备考试,并在通过考试后经过一年以上的诊疗及公共卫生相关的实地修炼的;

三、毕业于外国医学院校,或在外国取得医师资格,经厚生劳动大臣认定与前两项所列者具有同等以上的学力和技能,且适合应试的。

2. 厚生劳动大臣在制定或修改前项第一号的厚生劳动省令时,应听取医道审议会的意见。

第十二条 ［同前　预备考试］　即使是外国医学院校毕业或是在外国取得医师资格者，如果不符合前条第一项第三号之条件，被厚生劳动大臣认定为不适合应试的，就不得参加国家医师考试预备考试。

第十三条　删除

第十四条　删除

第十五条 ［对不当行为有关人员的处罚］　当国家医师考试或国家医师考试预备考试出现不当行为时，可责令参与不当行为者停止考试，或将其考试成绩作无效处理。而且，在此情形下，亦可规定期限禁止其参加考试。

第十六条 ［委托省令］　除本章规定的事项外，考试科目、应试手续以及其他与考试和实地修炼相关的必要事项，由厚生劳动省令另行规定。

第四章　研　修

第一节　临床研修

第十六条之二 ［期间、研修设施］　1. 欲从事诊疗工作的医师，必须在都道府知事指定的医院或者厚生劳动大臣指定的外国医院进行两年以上的临床研修。

2. 前项规定中的指定，基于欲承接临床研修的医院的开设者之申请来进行。

3. 对于前项申请的医院，若厚生劳动大臣或都道府县知事认为其不符合下列各项标准，则不能根据第一项的规定进行指定。

一、设有进行临床研修所必需的诊疗科。

二、配有进行临床研修所必需的设施和设备。

三、临床研修的内容是在合适的诊疗科实施研修，并且使受训者能够掌握基本的诊疗能力。

四、除前三号所列之外，还须符合厚生劳动省令规定的有关临床研修实施的基准。

4. 当厚生劳动大臣或者都道府县知事认为根据第一项规定指定的医院已不适宜进行临床研修时，可撤销其指定。

5. 当厚生劳动大臣在拟根据第一项规定进行指定，或根据前项规定取消指定时，或者在制定、修改或废止第三项第四号的厚生劳动省令时，应事先听取医道审议会的意见。

6. 都道府县知事在拟根据第一项规定进行指定，或根据第四项规定取消指定时，应事先听取由《医疗法》（昭和二十三年法律第二百零五号）第三十条之二十三第一项规定的地区医疗对策协议会（以下简称"地区医疗对策协议会"）的意见。

都道府县知事在根据前项规定听取了地区医疗对策协议会的意见后，应在根据第一项规定进行指定或根据第四项规定取消指定时，努力让该意见反映其中。

第十六条之三　[研修医的定员]　1. 厚生劳动大臣应设定每年度各都道府县的研修医［即在临床研修医院（即前条第一项规定的都道府县知事指定的医院。在第三项及后条第一项中同样适用）中接受临床研修的医师。以下在本条和第十六条之八中同样适用］的定员。

2. 厚生劳动大臣在拟根据前项规定设定研修医的定员时，应事先听取医道审议会的意见。

3. 都道府县知事应在厚生劳动大臣根据第一项规定为各都道府县设定的研修医定员范围内，设定每年度该都道府县区域内的各临床研修医院研修医的定员。

4. 都道府县知事在根据前项规定设定研修医的定员时，应根据《医疗法》第五条之二第一项的规定，考虑特别需要确保医师数量的区域内的医师数量状况。

5. 都道府县知事在拟根据第三项规定设定研修医的定员时，应先将其内容通知厚生劳动大臣。

6. 都道府县知事在拟进行前项规定的通知时，应事先听取地区医疗对策协议会的意见。

7. 都道府县知事在根据前项规定听取了地区医疗对策协议会的意见后，应在根据第三项规定设定研修医的定员时，努力让该意见反映在其中。

第十六条之四 ［报告的请求等］ 1. 为确保临床研修的业务得到妥当的实施，在认为有必要时，都道府县知事可以要求临床研修医院的管理者或开设者就其相关业务进行报告，或作出必要的指示。

2. 为确保临床研修的业务得到妥当的实施，在认为有必要时，厚生劳动大臣可以要求根据第十六条之二第一项规定由厚生劳动大臣指定的医院的管理者或开设者就其相关业务进行报告，或要求应采取必要的措施。

第十六条之五 ［医师的责任与义务］ 参加临床研修的医师，应当专心于临床研修，为提升其专业资质而努力。

第十六条之六 ［对研修完成者医籍的登记］ 1. 厚生劳动大臣对按照第十六条之二第一项的规定完成临床研修的，依照其申请，将完成临床研修的事项记载于医籍。

2. 厚生劳动大臣完成前项登记后，交付临床研修结业登记证。

第十六条之七 ［登记前的手续费］ 欲接受前条第一项登记的，以及欲领取书面临床研修完成登记证或欲再次领取的，应缴纳根据实际费用计算的按政令规定的手续费。

第十六条之八 ［委托省令］ 除本节所规定的内容外，关于第十六条之二第一项的指定、第十六条之三第一项及第三项的研修医定员的规定、第十六条之六第一项的医籍的登记以及同条第二项的临床研修完成登记证的交付、更换交付及再交付相关的必要事项，由厚生劳动省令规定。

第二节　其他研修

第十六条之九 ［相关各方相互的联合与协作］ 国家、都道府县、医院或诊所的管理者、大学、医学医术相关的学术团体、有诊疗相关学识经验者的团体，以及其他相关各方，在考虑对医疗供给体系（即《医疗法》第三十条之三第一项规定的医疗供给体系。在后条第一项中同样适用）的确保可能产生影响的基础上，为实施医师的研修，应在进行适当分工的同时，相互联合，努力协作。

第十六条之十 ［计划的制定］ 1. 医学医术相关的学术团体以及其他由厚生劳动省令指定的团体，在拟制定或变更医师研修相关计划时（仅限于根据该计划实施研修，可能对医疗供给体系的确保造成重大影响的，按照厚生劳动省令规定的），应事先听取厚生劳动大臣的意见。

2. 厚生劳动大臣在制定、修改或废止规定前项团体的厚生劳动省令时，应听取医道审议会的意见。

3. 厚生劳动大臣在根据第一项的规定发表意见时，应事先听取相关都道府县知事的意见。

4. 都道府县知事在根据前项规定发表意见时，应事先听取地区医疗对策协议会的意见。

5. 第一项中由厚生劳动省令指定的团体，在根据同项的规定听取了厚生劳动大臣的意见后，应努力让该意见反映在同项规定的医师研修相关计划的内容中。

第十六条之十一 ［实施的要求］ 1. 为了确保医师不会因长时间的劳动而损害健康，并能够有机会接受有关医疗最新知识和技能的研修，在认为特别有必要时，厚生劳动大臣可以要求进行或打算进行该研修的医学医术相关的学术团体以及其他由厚生劳动省令指定的团体，实施该研修相关的必要措施。

2. 厚生劳动大臣在拟提案制定或改废前项的厚生劳动省令时，应听取医道审议会的意见。

3. 第一项中由厚生劳动省令指定的团体，在根据同项的规定被厚生劳动大臣要求实施研修相关的必要措施时，应努力响应其要求。

第五章 业　务

第十七条　[非医师的行医禁止]　非医师者，不得行医。

第十七条之二　[临床实习]　对于在大学就读医学专业的学生，通过共用考试者，不论前项规定，在该大学中进行临床实习时，为了学习掌握作为医师所应有的知识和技能，可在医师的指导监督下行医（政令规定的除外，下条同）。

第十七条之三　[保密义务]　依照前项规定行医者，除有正当事由之外，不得将基于业务获得的他人秘密泄露出去。依照前项规定行医者在其不再行医后，亦同。

第十八条　[非医师的医师名称使用禁止]　非医师者，不得使用医师或易与其混淆的名称。

第十九条　[诊疗义务等]　1. 从事诊疗的医师，在面对诊察治疗的请求时，若无正当事由，不得拒绝。

2. 参与诊察、检验或分娩的医师，当被要求出具诊断书、检验报告、出生证明书或死产证明书时，若无正当事由，不得拒绝。

第二十条　[未经诊察的治疗等的禁止]　医师，对未经自己诊察的患者不得实施治疗，出具诊断书或处方笺；对未参与的分娩不得出具出生证明书或死产证明书；对未参与的检验不得出具检验报告。但是，对处在诊疗中的患者在受诊后二十四小时内死亡的死亡诊断书，不在此限。

第二十一条　[异常尸体等的报告义务]　医师对尸体或妊娠四个月以上的死产儿进行尸检，发现存在异状时，应在二十四小时之内向所在地的警察署报告。

第二十二条　[处方笺的交付]　医师认为对患者在治疗上需要调配药剂时，应向患者或目前负责看护的人员交付处方笺。但是，当患者或目前负责看护的人员提出不需要交付处方笺时，或有下列情形之一的，不在此限。

一、在期待暗示性效果时，交付处方笺可能会妨碍此目的实现的情形；

二、交付处方笺有恐因涉及诊疗或疾病的预后等内容给患者带来不安，从而给治疗造成困难的情形；

三、根据病情短时间的变化而用药的情形；

四、诊断或治疗方法尚未确定的情形；

五、作为治疗上必要的应急措施而用药的情形；

六、除需要静养的患者以外没有可以交付对象的情形；

七、使用兴奋剂的情形；

八、在未配置药剂师的船舶内用药的情形。

第二十三条 [疗养方法等的指导义务] 医师在诊疗时，应对本人或其保护者，就疗养的方法及其他促进保健所需事项进行指导。

第二十四条 [诊疗记录] 1. 医师在进行诊疗时，应及时将有关诊疗的事项记录在诊疗记录中。

2. 前项的诊疗记录必须保存五年。其中与医院或者诊所工作的医师进行的诊疗相关的，由该医院或诊所的管理者保存；与其他诊疗内容相关的，则由该医师保存。

第二十四条之二 [对医师医疗等的相关指示] 1. 在公共卫生上有可能发生重大危害的场合，为了防止该危害的发生，在认为有必要时，厚生劳动大臣可对医师就有关医疗或保健指导作出必要的指示。

2. 厚生劳动大臣根据前项规定作出指示时，应事先听取医道审议会的意见。

第六章 医师考试委员

第二十五条 删除

第二十六条 删除

第二十七条 [医师考试委员] 1. 为了管理国家医师考试以及国家医师考试预备考试相关事务，在厚生劳动省配置医师考试委员。

2. 有关医师考试委员的必要事项，由政令另行制定。

第二十八条　删除

第二十九条　删除

第三十条　[不当行为的禁止]　医师考试委员以及主管国家医师考试或国家医师考试预备考试事务的人员，在执行事务时必须保持公正严明，杜绝不当行为的发生。

第七章　其他规定

第三十条之二　[医师姓名等的公开]　为了帮助受诊者以及其他国民确认医师资格并作出有关医疗的适当选择，厚生劳动大臣应公开医师的姓名以及其他政令规定的事项。

第三十条之三　[事务的区分]　根据第六条第三项、第七条第四项及第八项前段、同条第十项及第十一项（包括这些规定在第七条之二第五项中适用的情况）、第七条第五项中适用《行政程序法》第十五条第一项及第三项（包括同法第二十二条第三项中适用的情况）、第十六条第四项、第十八条第一项及第三项、第十九条第一项、第二十条第六项、第二十四条第三项以及在第七条第八项后段中适用《行政程序法》第二十二条第三项中所适用的同法第十五条第三项的规定，由都道府县处理的事务，属于《地方自治法》（昭和二十二年法律第六十七号）第二条第九项第一号中所规定的第一号法定受托事务。

第八章　罚则

第三十一条　[罚则]　1. 属于下列情形之一的，处三年以下惩役或一百万日元以下罚金，或二者并科。

一、违反第十七条规定的；

二、基于虚假或不正当事实取得医师资格的。

2. 犯有前项第一号罪的，当其使用了医师或与之类似的名称时，处三年以下惩役或二百万日元以下罚金，或二者并科。

第三十二条 ［同前］ 根据第七条第一款的规定，被命令停止行医者，在被命令停止的期间内若行医，处一年以下惩役或五十万日元以下罚金，或二者并科。

第三十三条 ［同前］ 违反第三十条的规定，因故意或重大过失导致试题事前泄漏，或故意进行不当评分的，处一年以下惩役或五十万日元以下罚金。

第三十三条之二 ［同前］ 1. 违反第十七条之三的规定，泄露在职务上获知的个人秘密者，处六个月以下惩役或十万日元以下罚金。

2. 对于前项的罪行，如无告诉，不得提起公诉。

第三十三条之三 ［同前］ 属于下列情形之一的，处五十万日元以下罚金。

一、违反第六条第三项、第十八条、第二十条至第二十二条或第二十四条规定的；

二、违反根据第七条之二第一项的规定发布的命令而未参加再教育研修的；

三、违反第七条之三第一项的规定，不陈述，不报告，或进行虚假的陈述或报告，或不提供物件，或拒绝、妨碍、逃避检查的。

第三十三条之四 ［两罚规定］ 当法定代表人、法人或某人的代理人、使用人及其他工作人员，关于该法人或某人的业务而实施了违反前条第三号的行为时，除处罚行为人外，对法人或某人也科处同条的罚金刑。

附　　则（抄）

第三十四条 本法的施行日期，自公布之日起算，不超过九十日的期间内，由政令确定。

第三十五条 《国民医疗法》（昭和十七年法律第七十号，以下简称《旧法》）同时废止。

世界医学会赫尔辛基宣言

——涉及人类受试者的医学研究伦理原则

(2013年版)

前　言

1. 世界医学会（WMA）制定的《赫尔辛基宣言》（以下简称《宣言》），是作为关于涉及人类受试者的医学研究，包括对可确定的人体材料和数据的研究，有关伦理原则的一项声明。

《宣言》应作整体性阅读，其每一段落应在顾及所有其他相关段落的情况下方可运用。

2. 与世界医学会的授权一致，《宣言》主要针对医师。但世界医学会鼓励其他参与涉及人类受试者的医学研究的人员采纳这些原则。

一般原则

3. 世界医学会制定的《日内瓦宣言》用下列内容约束医师："患者的健康是我最先要考虑的。"《国际医学伦理标准》亦宣告："医师在提供医护时应从患者的最佳利益出发。"

4. 促进和保护患者的健康，包括那些参与医学研究的患者，是医师的责任。医师的知识和良心应奉献于实现这一责任的过程。

5. 医学的进步是以研究为基础的，这些研究必然包含了涉及人类受试者的研究。

6. 涉及人类受试者的医学研究，其基本目的是了解疾病的起因、发展和影响，并改进预防、诊断和治疗干预措施（方法、操作和治疗）。即使对当前最佳干预措施也必须通过研究，不断对其安全性、效果、效率、利用可能性和质量进行评估。

7. 医学研究应符合的伦理标准是，促进并确保对所有人类受试者的尊重,并保护他们的健康和权利。

8. 若医学研究的根本目的是创造新的知识,则此目的不能凌驾于受试者个体的权利和利益之上。

9. 参与医学研究的医师有责任保护受试者的生命、健康、尊严、公正、自主决定权、隐私和个人信息。保护受试者的责任必须由医师或其他卫生保健专业人员承担,决不能由受试者本人承担,即使他们给予同意的承诺。

10. 医师在开展涉及人类受试者的研究时,必须考虑本国伦理、法律、法规所制定的规范和标准,以及适用的国际规范和标准。本《宣言》所阐述的任何一项受试者保护条款,都不能在国内或国际伦理、法律、法规所制定的规范和标准中被削减或删除。

11. 医学研究应在尽量减少环境损害的情况下进行。

12. 涉及人类受试者的医学研究必须由受过适当伦理和科学培训,且具备资质的人员来开展。对患者或健康志愿者的研究要求由一名能胜任并具备资质的医师或卫生保健专业人员负责监督管理。

13. 应为那些在医学研究中没有被充分代表的群体提供适当的机会,使他们能够参与到研究之中。

14. 当医师将医学研究与临床医疗相结合时,只可让其患者作为研究受试者参加那些于潜在预防、诊断或治疗价值而言是公正的,并有充分理由相信参与研究不会对患者健康带来负面影响的研究。

15. 必须确保因参与研究而受伤害的受试者得到适当的补偿和治疗。

风险、负担和获益

16. 在医学实践和医学研究中,绝大多数干预措施都具有风险,并有可能造成负担。只有在研究目的的重要性高于受试者的风险和负担的情况下,涉及人类受试者的医学研究才得以开展。

17. 所有涉及人类受试者的医学研究项目在开展前,必须认真评估该研究对个人和群体造成的可预见性的风险和负担,并比较该研究为他们或其他受影响的个人或群体带来的可预见性的益处。

必须考量如何将风险最小化。研究者必须对风险进行持续监控、评估和记录。

18. 只有在确认对研究相关风险已作过充分的评估并能进行令人满意的管理时,医师才可以参与到涉及人类受试者的医学研究之中。

当发现研究的风险大于潜在的获益,或已有决定性的证据证明研究已获得明确的结果时,医师必须评估是继续、修改还是立即结束研究。

弱势群体和个人

19. 有些群体和个人特别脆弱,往往更容易受到胁迫或者额外的伤害。

所有的弱势群体和个人都需要得到特别的保护。

20. 仅当研究是出于弱势群体的健康需求或卫生工作需要,同时又无法在非弱势群体中开展时,涉及这一弱势群体的医学研究才是正当的。此外,应该保证这一群体从研究结果,包括知识、实践和干预中获益。

科学要求和研究方案

21. 涉及人类受试者的医学研究必须符合普遍认可的科学原则,并应基于对科学文献、其他相关信息、足够的实验和适宜的动物研究信息进行充分了解。应当对实验动物的福利给予尊重。

22. 每个涉及人类受试者的研究项目的设计和操作都必须在研究方案中有明确的描述。研究方案应包括与方案相关的伦理考量的表述,应表明本《宣言》中的原则是如何得到体现的。研究方案应包括有关资金来源、资助者、隶属机构、潜在利益冲突、对受试者的奖励,以及对因参与研究而造成的伤害所提供的治疗和(或)补偿条款等。

临床试验中,研究方案还必须说明试验后的恰当安排。

研究伦理委员会

23. 研究开始前,研究方案必须提交给相关研究伦理委员会进行考量、评估、指导和批准。该委员会必须透明运作,要求独立于研究者、资助者及其他任何不当影响,并且必须有正式资质。该委员会必须考虑到开展研究的一国或多国的法律、法规,以及适用的国际规范和标准,但是本《宣言》为受试者所制定的保护条款决不允许被削减或删除。

应当确保该委员会有权监督研究的开展,研究者必须向其提供监督的信息,特别是关于严重不良事件的信息。未经该委员会的审查和批准,不得对研究方案进行修改。研究结束后,研究者必须向该委员会提交结题报告,包含对研究成果和结论的总结。

隐私和保密

24. 必须采取一切措施保护受试者的隐私并对个人信息进行保密。

知情同意

25. 个人以受试者身份参与医学研究必须是自愿的。尽管与家人或社区负责人进行商议可能是恰当的,但是除非有知情同意能力的个人能够自由地表达同意,否则他(她)不能被招募进入研究项目。

26. 涉及人类受试者的医学研究,每位潜在受试者必须获得足够多的信息,包括研究目的、方法、资金来源、任何可能的利益冲突、研究者组织隶属、预期获益和潜在风险、研究可能造成的不适、研究之后的规定等任何与研究相关的信息。必须向潜在受试者告知其有权拒绝参与研究或在任何时候不受惩罚地撤回参与研究的同意。应特别注意为潜在受试者个人提供他们所需要的具体信息,以及提供信息所使用的方法。

在确保潜在受试者理解相关信息后,医师或其他合适的、有资质的人应该设法获得潜在受试者自由表达的知情同意,最好是采用书面形式。如果无法用书面表达同意，非书面同意必须正式记录在案，并有见证人在场。

必须向所有医学研究的受试者提供获悉研究一般结果与成果的选择权。

27. 如果潜在受试者与医师有依赖关系，或有被迫表示同意的可能，在设法获得其参与研究项目的知情同意时，医师必须特别谨慎。在这种情况下，知情同意必须由一位合适的、有资质的、且完全独立于这种关系之外的人来获取。

28. 如果潜在受试者不具备知情同意的能力，医师必须从其法定代理人处设法征得知情同意。这些不具备知情同意能力的人员绝不能被纳入到对他们没有获益可能的研究之中，除非研究的目的是促进该潜在受试者所代表群体的健康利益，同时研究又不能由具备知情同意能力的人员代替参与，并且研究只可能使潜在受试者承受最小风险和最小负担。

29. 当一个被认为不具备知情同意能力的潜在受试者能够表达是否参与研究的决定时，医师除了征得其法定代理人的同意之外，还必须征得其本人的同意。潜在受试者的异议应得到尊重。

30. 当研究涉及身体或精神上不具备知情同意能力的受试者时（比如无意识的患者），只有在妨碍作出知情同意的身体或精神状况正是研究目标群体的一个必要特点的情况下，研究方可开展。在这种情况下，医师必须设法征得其法定代理人的知情同意。如果缺少此类代理人，并且研究不能被延误，那么该研究在没有获得知情同意的情况下仍可开展，前提是参与研究的受试者无法给予知情同意的具体原因已在研究方案中被描述，并且该研究已获得研究伦理委员会批准。即便如此，仍应尽早从受试者或其法定代理人那里获得继续参与研究的同意。

31. 医师必须如实地告知患者在医疗护理中与研究项目有关的所有部分。患者拒绝参与研究或中途退出研究的决定，绝不能对患者与医师之间的关系产生不良影响。

32. 对于使用可辨识的人体材料或数据的医学研究，例如对生物库或类似资源库中储存的材料或数据进行的研究,通常情况下医师必须设法征得对收集、分析、存放和(或)再使用这些材料或数据的同意。有些情况下,同意可能难以或无法获得,或者为获得同意可能会对研究的有效性造成威胁。在这些情况下,研究只有在得到研究伦理委员会的审查和批准后方可进行。

安慰剂使用

33. 一种新干预措施的获益、风险、负担和有效性,必须与已被证明的最佳干预措施进行对照试验,下列情况除外:

(1) 在缺乏已被证明有效的干预措施的情况下,在研究中使用安慰剂或不予干预可以被接受时;

(2) 或者,当出于令人信服的、科学合理的方法论上的理由,有必要使用任何效果弱于已被证明的最佳干预措施、或使用安慰剂、或不予干预,来确定一种干预措施的有效性或安全性时;并且,当接受使用任何效果弱于已被证明的最佳干预措施、或使用安慰剂、或不予干预的患者,不会因未接受已被证明的最佳干预措施而受任何严重或不可逆伤害的额外风险时。

为避免此种选项被滥用,须极其谨慎。

试验后规定

34. 在临床试验开展前,资助者、研究者和主办国政府应为所有仍需要在试验中确定为获益干预措施的受试者提供试验后的可访问性。此信息必须在知情同意过程中向受试者公开。

研究的注册、出版和结果发布

35. 每项涉及人类受试者的研究在招募第一个受试者之前,必须在可公开访问的数据库中进行登记。

36. 研究者、作者、资助者、编辑和出版者对于研究成果的出版和传播都负有伦理义务。研究者有责任公开他们涉及人类受试者的研究结果，并对其报告的完整性和准确性负有说明责任。所有当事人应当遵守有关伦理报告中的公认准则。负面的、不确定的结果必须和积极的结果一起公布，或通过其他途径使公众知晓。资金来源、机构隶属和利益冲突必须在出版物上说明。不遵守本《宣言》原则的研究报告不应被接受发表。

临床实践中未经证明的干预措施

37. 对个体患者进行治疗时，如果被证明有效的干预措施不存在或其他已知干预措施无效，医师在征求专家意见并征得患者或其法定代理人的知情同意后，可以使用尚未被证明有效的干预措施，前提是根据医师的判断，这种干预措施有希望挽救生命、重获健康或减少痛苦。随后，应将这种干预措施作为研究对象，旨在评估其安全性和有效性。在任何情况下，新信息都必须被记录，并在适当的时候公之于众。

事项索引[1]

あ

纹绣美容（Art Makeup） 105

い

医学的适应性 42，100
医业 31，38
——独占 31，200
——类似行为 35
医业停止处分 21
医业停止命令违反罪 205
异型输血过失 98
医行为 32
医师 7
——与患者的关系 49
——的裁量 74
——的职责 7
——的名称独占 31
国家医师考试委员 11

国家医师考试设计表 11
国家医师考试试题泄露、不当评分罪 205
国家医师考试预备考试 9
医师姓名的公开 201
有过医事相关犯罪或不当行为者 15
医师法 1
——学 4
医师名称使用禁止罪 207
医师资格 12
——的授予 17
——证 17
医师类似名称使用罪 204
异种移植 128
医术的正当性 42，46
异状尸体 189
移植医疗 129
医制 2

---

[1] 索引所列页码均为原书页码，即本书页边码。——译者注

医籍 15
医道审议会 11
委托 50
——合同 50
医药分业制度 193
医疗过失 55，91
——诉讼 66
医疗关系者审议会 12
医疗惯例 5，65
医疗关联性 104
医疗合同 46
——的效力 51
——的内容 50
医疗行为 33，103
——的正当化要件 41
——性 32，139
医疗事故 91
医疗从业者 35
医疗侵害 41，63，80
医疗标准 52，88
医疗供给体制 165
医疗保险制度 56
医疗保护入院 155
医疗辅助者 83
文身 34，105
因果关系 98
Intern 制度 25
知情同意 43，61，90，149，156

え
远程医疗 185
延长生命措施 144，146

お
应召义务 160

か
确认 78
角膜移植法 129
过失 92，98
诊疗记录（Karte） 196
川崎协同医院事件 142
护士手足论 84
护士的静脉注射 202
患者的同意 43，152
传染病法 157

き
技能研修 24
嵌合体（Chimaera） 127
行政上的责任 99
行政处分调查妨碍罪 209
业务上过失致死伤罪 97，176
业务上堕胎罪 110
业务上必要的注意 97
业务独占 7

制作虚假诊断书罪 210

く

克隆技术 125
克隆规制法 125

け

刑事上的责任 96
合同的当事人 46
结果回避义务 93
欠格事由 13
结果债务 49
结果预见义务 93
检验报告 178,199
严格责任 94
健康权 164
健康诊断 69
健康保险法 55
检查 65,78
研修医 26
研修义务 28
研修指导医 27
减数堕胎 111

こ

故意 92,98
交付 182
幸福追求权 5

国民医疗法 2
国民皆保险制度 55
误诊 66
个人主义 5
个体的尊重 5
混合诊疗 77

さ

再教育研修 23
再教育研修命令违反罪 209
再生医疗 127
居家医疗 36
债务不履行 55,91,92
重新授予资格 23
——研修 23
作为犯与不作为犯 172

し

自我决定权 5,149
自我决定与说明义务 61
死产儿 190
死产证明书 179
指示、监督上的注意义务 84
自主临床试验 89
设施管理上的注意义务 86
尸体 190
尸体检验报告 178
死胎检验报告 178

事项索引 | 243

实地修炼制度 25
指定医院 28
儿童权利公约 124
死亡诊断书 188
——与尸体检验报告的区别 179
事务管理 47
姓名等不报告罪 207
社会一般观念 101, 105, 106
社会相当行为 105
自由诊疗 76, 77
终末期医疗 140
——的形态 140
终末期状态 143
手术承诺书 153
受精卵（胚胎） 118
手段债务 49
出生证明书 179
产前诊断 112
出身知情权 116, 124, 111
种痘祸事件 79
保密义务 198
准委托 50
准委托合同 55
——说 50
消毒不充分 78
静脉注射 202
省令 4
处方笺 192, 193

——不交付罪 208
人工授精 114
人工流产 109
诊察 62
身心障碍 14
心脏移植 129
人体实验 75
诊断 66
诊断书 178, 199
——拒绝交付 183
信赖原则 85
诊疗义务 160
——违反 161, 168
——的根据 162
——的范围 165
拒绝诊疗与正当事由 167
新疗法 75
诊疗报酬 56
诊疗记录 60
——制作保存义务 196
——不记载、保存罪 208

す

推定的同意 146

せ

精子提供者 117
生殖辅助医疗 112

——相关新法 123
精神保健指定医 155
精神保健福祉法 155
生存权 5，7
活体器官移植 136
制定法 5
性同一性障碍 108
成文法 5
性别匹配手术 107
生命维持治疗 141
——的终止 142
生命保险诊查医 70
誓约书 154
政令 4
绝对的医疗行为 35
绝对的欠格事由 13
说明义务 59
——的根据 150
——的内容 150
说明与同意 58
善管注意义务 51
专断的治疗行为 43，157
专门医制度 19

そ

器官中介机构 135
器官移植 128
——法 128，130

器官的提供 133
器官贩卖事件 137
相对的医疗行为 35
相对的欠格事由 13
组织移植 128
强制入院 155
损害赔偿 91
——责任 92
尊严死宣言书 145

た

终期护理 143
体外受精 117，118，123
面对面诊疗 185
代孕 120
代孕母亲 119
堕胎的自由化 110
文身手术行为 33
文身手术事件 104
单纯错误 78

ち

团队医疗 83
否认法定出生 116
违反注意义务 94
治愈责任 55
治疗 71
——行为 103

事项索引 245

——指南 76

つ

通告 4

て

定期健康诊断 70
转医劝告义务（转医义务） 67
转送劝告义务 68

と

同意书 153
同意堕胎罪 110
同种移植 128
东大输血梅毒事件 52
用药 83
特异体质 81
报告义务违反等罪 207
报告义务的合宪性 191
供者 129
——捐献卡 133, 134
多米诺移植 138

な

秘密分娩 111

に

日本妇产科学会 124

日本专门医机构 20
入院措施 158
入院劝告 158
纽伦堡法典 89
自愿入院 155

の

脑死亡体 131
脑死亡判定 132

は

配偶间人工授精 114, 123
配偶间体外受精 121
混合体 125, 127
被处以罚金以上刑罚者 14
判例 5

ひ

被害人同意 103
非自由入院 156
克隆人胚胎 126
非配偶间人工授精 115
希波克拉底 1
被保险人 56
泄露秘密罪 209
医院开设者 96
医院管理者 96
美容外科 33, 103

美容整形手术　102
病名的告知义务　59

ふ

不应需　174
不应召　174
副作用　79
副反应　79
不作为的因果关系　95
不真正不作为犯　173
不正当取得医师资格罪　203
不在场的出生证明书　188
不孕夫妻　114
不孕手术　107
不法行为（侵权行为）　55，92
初期治疗（Primary Care）　27
Blue Boy 事件　108

へ

并合罪　203
赫尔辛基宣言　89

ほ

法规　5
保险医　55
保健医疗机构　56
保险外（自由）诊疗　56
保险人　56

保险诊疗　56，77
保护责任者遗弃罪　174
母体保护法　107，109
——指定医师　109

み

未确立的疗法　74
早产儿视网膜症　53
民事上的责任　92

む

无过失责任　94
未经检验的检验报告　189
未经诊察的处方笺　188
未经诊察的诊断书　187
未经诊察的治疗　183
未经诊察的治疗等罪　207
无证行医罪　105，201

め

名称独占　40
命令　5
资格证的更换　18
资格证的再交付　18
资格证的交还　18
资格吊销　21

も

问诊单　64

ゆ

有害事态 79，90
输血 82
被允许的危险 75

よ

预防接种 79
——被害人救济制度 94

り

利益衡量 75
两罚规定 211
疗养指导义务 194

疗养担当规则 56
临床研修医的劳动者身份 29
临床研修制度 26
临床试验 88
临床实习制度 39，206
临床实习生泄露秘密罪 206
临床治验 88
伦理委员会 90
伦理研修 24
伦理指南 89

れ

受者 134

法律人进阶译丛

⊙ 法学启蒙

《法律研习的方法：作业、考试和论文写作（第10版）》，〔德〕托马斯·M.J.默勒斯 著，2024年出版

《如何高效学习法律（第8版）》，〔德〕芭芭拉·朗格 著，2020年出版

《如何解答法律题：解题三段论、正确的表达和格式（第11版增补本）》，〔德〕罗兰德·史梅尔 著，2019年出版

《法律职业成长：训练机构、机遇与申请（第2版增补本）》，〔德〕托尔斯滕·维斯拉格 等著，2021年出版

《法学之门：学会思考与说理（第4版）》，〔日〕道垣内正人 著，2021年出版

⊙ 法学基础

《法律解释（第6版）》，〔德〕罗尔夫·旺克 著，2020年出版

《法律推理：普通法上的法学方法论》，〔美〕梅尔文·A.艾森伯格 著，待出版

《法理学：主题与概念（第3版）》，〔英〕斯科特·维奇 等著，2023年出版

《基本权利（第8版）》，〔德〕福尔克尔·埃平 等著，2023年出版

《德国刑法基础课（第7版）》，〔德〕乌韦·穆尔曼 著，2023年出版

《刑法分则Ⅰ：针对财产的犯罪（第21版）》，〔德〕伦吉尔 著，待出版

《刑法分则Ⅱ：针对人身与国家的犯罪（第20版）》，〔德〕伦吉尔 著，待出版

《民法学入门：民法总则讲义·序论（第2版增订本）》，〔日〕河上正二 著，2019年出版

《民法的基本概念（第2版）》，〔德〕汉斯·哈腾豪尔 著，待出版

《民法总论》，〔意〕弗朗切斯科·桑多罗·帕萨雷里 著，待出版

《德国民法总论（第44版）》，〔德〕赫尔穆特·科勒 著，2022年出版

《德国物权法（第32版）》，〔德〕曼弗雷德·沃尔夫 等著，待出版

《德国债法各论（第16版）》，〔德〕迪尔克·罗歇尔德斯 著，2024年出版

⊙ 法学拓展

《奥地利民法概论：与德国法相比较》，〔奥〕伽布里埃·库齐奥 等著，2019年出版

《所有权的终结：数字时代的财产保护》，〔美〕亚伦·普赞诺斯基 等著，2022年出版

《合同设计方法与实务（第3版）》，〔德〕阿德霍尔德 等著，2022年出版

《合同的完美设计（第5版）》，〔德〕苏达贝·卡玛纳布罗 著，2022年出版

《民事诉讼法（第4版）》，〔德〕彼得拉·波尔曼 著，待出版
《德国消费者保护法》，〔德〕克里斯蒂安·亚历山大 著，2024年出版
《公司法的精神：欧陆公司法的核心原则》，〔德〕根特·H. 罗斯 等 著，2024年出版
《日本典型担保法》，〔日〕道垣内弘人 著，2022年出版
《日本非典型担保法》，〔日〕道垣内弘人 著，2022年出版
《担保物权法（第4版）》，〔日〕道垣内弘人 著，2023年出版
《日本信托法（第2版）》，〔日〕道垣内弘人 著，2024年出版
《医师法讲义》，〔日〕大谷实 著，2024年出版

⊙ 案例研习

《德国大学刑法案例辅导（新生卷·第三版）》，〔德〕埃里克·希尔根多夫著，2019年出版
《德国大学刑法案例辅导（进阶卷·第二版）》，〔德〕埃里克·希尔根多夫著，2019年出版
《德国大学刑法案例辅导（司法考试备考卷·第二版）》，〔德〕埃里克·希尔根多夫著，2019年出版
《德国民法总则案例研习（第5版）》，〔德〕尤科·弗里茨舍 著，2022年出版
《德国债法案例研习I：合同之债（第6版）》，〔德〕尤科·弗里茨舍 著，2023年出版
《德国债法案例研习II：法定之债（第3版）》，〔德〕尤科·弗里茨舍 著，待出版
《德国物权法案例研习（第4版）》，〔德〕延斯·科赫、马丁·洛尼希著，2020年出版
《德国家庭法案例研习（第13版）》，〔德〕施瓦布 著，待出版
《德国劳动法案例研习：案例、指引与参考答案（第4版）》，〔德〕阿博·容克尔 著，2024年出版
《德国商法案例研习（第3版）》，〔德〕托比亚斯·勒特 著，2021年出版
《德国民事诉讼法案例研习：审判程序与强制执行（第3版）》，〔德〕多萝特娅·阿斯曼著，2024年出版

⊙ 经典阅读

《法学方法论（第4版）》，〔德〕托马斯·M. J. 默勒斯 著，2022年出版
《法学中的体系思维与体系概念（第2版）》，〔德〕克劳斯-威廉·卡纳里斯 著，2024年出版
《法律漏洞的确定（第2版）》，〔德〕克劳斯-威廉·卡纳里斯 著，2023年出版
《欧洲合同法（第2版）》，〔德〕海因·克茨 著，2024年出版
《民法总论（第4版）》，〔德〕莱因哈德·博克 著，2024年出版
《合同法基础原理》，〔美〕麦尔文·A. 艾森伯格 著，2023年出版
《日本新债法总论（上下卷）》，〔日〕潮见佳男 著，待出版
《法政策学（第2版）》，〔日〕平井宜雄著，待出版